D1753662

Erich Kuby

Aus schöner Zeit
*Vom Carepaket zur Nachrüstung:
der kurze deutsche Urlaub*

Rasch und Röhring Verlag
Hamburg-Zürich

CIP-Kurztitelaufnahme der Deutschen Bibliothek

Kuby, Erich:
Aus schöner Zeit : vom Carepaket zur Nachrüstung:
d. kurze dt. Urlaub / Erich Kuby. - 1. Aufl. - Hamburg:
Rasch und Röhring, 1984.
ISBN 3-89136-005-3

Copyright © 1984 by Rasch und Röhring Verlag, Hamburg
Einbandgestaltung: Studio Reisenberger
Gesetzt aus der Korpus Leamington Antiqua
Satzherstellung: alphabeta, Hamburg
Druck: Kleins Druck- und Verlagsanstalt, Lengerich
Bindearbeiten: Ulli Klemme, Bielefeld
Printed in Germany

Inhalt

Warum dieses Buch?	7
Sehr verspäteter Anfang	15
Die Gans unter dem Büfett	26
Ei-Si-Di	33
DER RUF – eine Fallstudie	57
1500 Kalorien pro Tag	81
Erste Ausgangserlaubnis	95
Berlin? Berlin!	114
The point of no return (1947)	160
Vom »anderen Deutschland« – das Weizsäcker-Syndrom	197
Wintersport der dritten Art	228
Der Betrug: die Wiederaufrüstung	240
Am Tor zur Hölle	274
Anmerkungen	313

Warum dieses Buch?

Wir sind im Vorfeld eines nächsten Krieges mit unvorstellbaren Vernichtungs- und Zerstörungsfolgen angekommen, seitdem die Amerikaner sich eine Rüstung zulegen, die ihnen diesen Krieg als gewinnbar erscheinen läßt. Weil ich die dahin führende Entwicklung aufmerksam verfolgt und der Formel, die Atomrüstung habe uns seit vierzig Jahren den Frieden beschert, niemals getraut habe, dieser oberflächlichen Betrachtungsweise vielmehr entgegenstellte, die Atomrüstung habe uns mit jedem Jahr dem nächsten Krieg näher gebracht, so konnte ich nur Erstaunen darüber empfinden, daß mich die amerikanischen Erklärungen zur »Feindlage« unter dem Motto: *victory is possible* dennoch aufgeschreckt haben. Aufgeschreckt und erschreckt. Daraus wurde dieses Buch.

Der Augenblick liegt vielleicht zwei Jahre zurück, daß ich mich fragte: Wie zum Teufel ist es dahin gekommen? In einem knappen Dutzend Bücher, die mir meine Art von Nationalismus diktiert hatte, hatte ich mich mit der Entwicklung der Bundesrepublik auseinandergesetzt — war darin nicht gesagt, wohin die Reise der BRD gehen würde? Ja und nein! Bei allem Skeptizismus war ich anscheinend doch in Illusionen befangen gewesen.

Dabei war ich nicht nur passiver Zeuge dieses Anfangs gewesen, hatte mich herumgetrieben, wo Anfänge sichtbar wurden, hatte auch ein bißchen versucht, darauf Einfluß zu nehmen, und das nicht ohne Bedenken und Bedenklichkeit. War wirklich damals schon, kaum daß wir uns wieder von der Matte aufgerappelt hatten, auf die wir k.o.-geschlagen niedergesunken waren, ein großer Teil des ehemaligen Deutschland auf den Weg gelenkt worden, und inwieweit hatten wir uns aus eigenem Antrieb auf den Weg begeben, der vor das Tor zur Hölle geführt hat? Es ist der Zeitpunkt gekommen, sich darüber

Rechenschaft abzulegen, zurückzuschauen, nachzuschlagen.
Gleich lief mir ein Amerikaner über den Weg, der, zu Hause in deutscher Geschichte, bereits im September 1944 »Maßnahmen zur Verhinderung eines dritten Weltkrieges durch Deutschland« empfohlen hatte. Es war ein gewisser Henry Morgenthau, der schrieb: »Es sollte Ziel der Alliierten sein, die vollständige Entmilitarisierung Deutschlands in kürzest möglicher Zeit nach der Kapitulation durchzuführen. Das bedeutet: vollständige Entwaffnung der deutschen Wehrmacht und des deutschen Volkes (einschließlich des Abtransportes oder der Zerstörung allen Kriegsmaterials, totale Zerstörung der gesamten deutschen Rüstungsindustrie und Abtransport oder Zerstörung aller anderen Schlüsselindustrien, welche für die Wehrmacht grundlegend sind).«[1]
Morgenthau hat sich bei den Siegern mit seinem Plan, »aus Deutschland eine Wiese zu machen« (oder »einen Kartoffelacker«, wie ihm der in Klischees eingefrorene Chefredakteur der *ZEIT* noch am 1. Juni 1984 so tendenziös wie üblich nachsagte), nicht durchgesetzt. Bei uns hat Morgenthau immer die denkbar schlechteste Presse gehabt. Wenn ich mir aber heute das Territorium der BRD anschaue, auf dem dichter als irgendwo sonst auf der Erde Vernichtungswaffen konzentriert sind, wird die Morgenthausche Wiese für mich geradezu zu einem Wunschtraum. (Die »Grünen« sollten Morgenthau noch nachträglich zu ihrem Ehrenvorsitzenden ernennen!)
Es ist wirklich ein weiter Weg, den wir in relativ kurzer Zeit bis hin zur »Nachrüstung« zurückgelegt haben, im Stechschritt sozusagen. Und wir haben dabei keineswegs nur den Befehlen der Amerikaner gehorcht. Die Nichtschwimmer stürzen sich wieder aus Angst ins Meer.
Haben wir uns tatsächlich in die Stimmung eines Neuanfangs hineingesteigert? Diese Frage beschäftigte mich, die Orest in den *Fliegen*, jenem Stück Sartres, das 1947

die westdeutschen Bühnen eroberte, folgendermaßen beantwortet: Alles ist neu hier, alles ist von vorne zu beginnen. Wäre es so gewesen, so müßten wir Deutsche damals uns als ganz andere Deutsche gefühlt haben. Sollten wir uns tatsächlich dieser Stimmung hingegeben haben, so ist sie längst verschwunden. Wir sind auf die alten Füße gefallen. Was ich mit meiner zeitgeschichtlichen Montage (Demontage?) sagen will, ist die einfache Botschaft, daß es den neuen Deutschen nicht gibt. Wieso sollte es ihn auch geben? Nur deshalb, weil der nicht neue, der sich selbst treue Deutsche mit soviel gutem Willen soviel Unheil angerichtet hat? Solange bestehende gesellschaftliche Verhältnisse nicht umgestürzt werden, »erneuert« sich kein Volk.
Ohne eine solche Wechselwirkung zwischen Bewußtsein und gesellschaftlicher Veränderung bleiben auch wir Deutschen immer dieselben, wie jedes Volk in sich ohne Veränderung seiner gesellschaftlichen Bedingungen dasselbe bleibt. Nur ist diese Konstanz bei uns fragwürdig vom Grunde aus und schrecklich in ihrer Wirkung. Wir waren auch 1946, 1947, 1948 jene, die wir immer waren, denn der Wechsel von der Diktatur zum besetzten Land, vom besetzten Land zu einer verordneten Demokratie, von der verordneten Demokratie zum Wirtschaftswunder, vom Wirtschaftswunder zur stärksten Landmacht auf dem westlichen Kontinent hat uns, erstaunlich genug, im Kern überhaupt nicht berührt. Wir haben uns in der schönen Zeit, in der deshalb schönen Zeit nur nicht getraut, wozu wir jetzt wieder Mut fassen: ein lautes Ja zu uns selbst zu sagen, denn wir hatten zu heftige Prügel bezogen.
Auch damals waren wir jene, die 1914 in Begeisterung in den selbst herbeigeführten Krieg getaumelt sind;
jene, die Hitlers Aufstieg zur Macht teils verursacht, teils passiv hingenommen haben;
jene, die im Frühjahr 1945 im Herzen des Reiches die

eigenen Städte zerstören halfen, um den Krieg doch noch zu gewinnen;
jene, die es zuließen, daß Hitlers wichtigste Komplizen, die Kapitaleigner und Industrieführer, wieder die eigentliche Macht in Händen haben und solche Figuren wie Kohl nach oben schaukeln können;
jene, die sich nur bei Hitler so sicher aufgehoben fühlten und so pudelwohl, wie heute im Schoß der USA;
jene, die von diesem wiederum hochgefährlichen Wohnplatz aus es endlich den Sowjets zeigen wollen, wie sie es unter Hitler gern getan hätten, und dabei tagaus, tagein von Entspannung faseln — was sie nicht abhält, die Helfershelfer der US-Kriegsvorbereitungen zu sein.
Im letzten Krieg konnten wir immerhin drei Millionen Sowjetsoldaten hinter Stacheldraht verhungern lassen; haben in der UdSSR sechs Millionen Gebäude niedergebrannt, 31 000 Industriebetriebe zerstört, 65 000 Kilometer Eisenbahnstrecken mit 4000 Bahnhöfen unbenutzbar gemacht und so weiter.
Das waren durchaus ansehnliche Leistungen, aber diese Kommunisten sind eine zähe Bande. Sie haben sich wieder erholt, sind zur zweiten Weltmacht geworden, was man nicht glauben sollte, weil man zugleich glaubt, der Kommunismus sei die miserabelste Gesellschaftsform, die sich Menschen in den letzten 10 000 Jahren ausgedacht haben.
Also muß alles noch einmal von vorne beginnen. Gott sei Dank sind wir diesmal nicht nur mit den unfähigen Italienern verbündet, sondern auch und vor allem mit den Amerikanern, denen es weder ökonomisch noch politisch noch gar moralisch etwas ausmacht, viele Milliarden Dollar in Kriegsvorbereitungen zu investieren.
Man wird mir entgegenhalten, dies alles sei Unsinn, es drehe sich um die Erhaltung des Friedens, aber die Sowjetunion... Man wird mir insbesondere entgegenhalten, mein Deutschenbild, wie es uns aus den allerersten

Nachkriegsjahren entgegentritt, sei völlig falsch. Waren wir damals nicht das sanftmütigste, servilste Volk Europas, teilbar wie ein Stück Käse — das allerdings! —, auf Frieden und Freiheit eingeschworen und eisern entschlossen, nicht einmal einer Fliege wieder etwas zuleide zu tun? Waren wir es nicht aus innerstem Antrieb und keineswegs nur deshalb, weil die Alliierten im Februar 1945 sich geschworen hatten: »Es ist unser unbeugsamer Wille, den deutschen Militarismus und Nationalsozialismus zu zerstören und dafür Sorge zu tragen, daß Deutschland nie wieder imstande ist, den Weltfrieden zu stören.«[2]

Wir kannten 1946 diesen Text noch nicht, den die Krimkonferenz verabschiedet hat, der also nicht von Henry Morgenthau stammt, aber wenn wir ihn gekannt hätten, dann wäre er uns damals aus dem Herzen gesprochen gewesen. Diesen Eindruck machten wir doch? Diesen Eindruck machten wir, weil wir uns nach Art gewisser Insekten, die sich bedroht fühlen, totgestellt haben. Nur als Scheintote genossen wir Urlaub von uns selbst, von unserer Geschichte.

Meinem Verwundern darüber, wohin wir in knapp vierzig Jahren wieder gelangt sind, nachzugeben und die schöne Zeit noch einmal zu befragen, ob sie nicht vielleicht einen doppelten Boden gehabt habe, den wir nicht so richtig bemerkten, schuf auch das nicht nur formale Problem, ob ich mich zu einer Darstellung entschließen sollte, aus der ich mich selbst ausblendete, so daß ein zeitgeschichtlicher Report entstanden wäre, dessen Objektivität doch nur eine scheinbare hätte sein können. Oder ob ich das historische Gerüst mit eigenen Erfahrungen und Erlebnissen ausfüllen sollte, wobei ich mich immer wieder davor schützen konnte, aus heutiger Sicht zu beschreiben und zu urteilen, weil so vieles schwarz auf weiß vorliegt, so wie ich es damals sah und wie ich dachte. Beim Nachgraben machte ich die Erfahrung, daß ich gründlicher, als meine Erinnerung es wahrhaben wollte, dem damals von vielen geteilten Irrtum aufgesessen war, die unmittelbare Nachkriegszeit für eine offene Situation zu halten, wenn auch nie für eine »Stunde Null«.

Ich habe mich für die zweite Methode entschieden und setze damit das Buch der Gefahr aus, als autobiographischer Versuch mißverstanden zu werden. Ich bitte den Leser, sich nicht auf diesen Holzweg zu begeben. Die Person des Autors hat hier nur die Funktion des Wollfadens, an dem, in eine chemische Lösung gehängt, sich Kristalle absondern.

Ein letztes Wort: Es liegt mir daran, den Leser wissen zu lassen, wie weit die Wurzeln zurückreichen, aus denen alles, was ich geschrieben habe — jedenfalls alles, was als politisch im weitesten Sinne bezeichnet werden darf —, hervorgegangen ist. Unwandelbare Gegnerschaft zu fast allem, was unsere Katastrophenpolitiker seit einem Jahrhundert zu »echt deutschen« Erscheinungen machte und macht, die sich des Beifalls des Volkes stets bis fünf nach zwölf erfreuen durften und dürfen, beruht bei mir nicht auf einer intellektuellen Erziehung, wie sie beispielsweise der großartigen und unglücklichen Ulrike Meinhof durch die nicht minder großartige Renate Riemeck zuteil geworden war. Ich genoß keine Schulung in Gesellschaftswissenschaft oder gar in Marxismus. Am Anfang stand — nun, ein Brief sagt es, den ich am 4. November 1933 an einen jüdischen Freund geschrieben habe (dem es gelungen war, sich als Arzt in die USA zu retten, wo er in einer texanischen Stadt vor einigen Jahren gestorben ist). Ich gebe den Brief stark gekürzt wieder, er ist eine

Standortbestimmung
»Lieber H. L., sind wir beide in der innerlich ähnlichen Lage, weil wir, was sich geräuschvoll um uns abspielt, mit

Mißtrauen und Abneigung betrachten — wenn auch aus verschiedenen Ursachen, ja, mit verschiedener Dringlichkeit. Seit ich Ihnen im Frühjahr aus der Schweiz schrieb, hat sich eine gewisse Beruhigung eingestellt, aber gerade die wachsende Selbstverständlichkeit, mit der radikale Handlungen getan und hingenommen werden, deutet daraufhin, daß sich der Zustand, je länger er währt, desto gewisser konsolidieren wird und an eine Änderung nicht zu denken ist.

Es bleibt uns gar nichts erspart. Die Besen, die an einem irrationalen Stiel befestigt sind, haben es an sich, nicht nur gut zu kehren, wenn sie neu sind, sondern auch immer besser, je länger sie im Gebrauch sind. Jedenfalls müssen wir mit solchen Zeiträumen rechnen, daß wir vielleicht gerade noch, wenn wir hochbetagt, aber nicht hochgeehrt einem Ende zugehen, einen Silberstreifen am Horizont sehen, auf dem geschrieben steht: Es lebe der humane Liberalismus, oder wie man das dann bezeichnen wird.

Sie dürfen mir glauben, daß es mir bedauerlich ist, mich so ganz ausschalten zu müssen infolge meiner anderen Denkart, und ich beneide Sie fast, daß Ihnen ihre Antiposition so zwangsläufig gegeben ist, so unveränderlich. Es ist schmerzlich, erkennen zu müssen, wie bedeutungsvoll im historischen Gang der Nationalsozialismus ist, und sich immer klarer darüber zu werden, daß eine glänzende europäische Epoche liquidiert wird, durch etwas grundsätzlich anderes ersetzt zu werden scheint. Es ist schmerzlich, in einer unerhört tatenfreudigen Welt leben und doch mit dreiundzwanzig Jahren gänzlich beiseite stehen zu müssen.

Es ist so, daß ich Sie um Ihre Zugehörigkeit zum jüdischen Volk beneide, obgleich ich recht gut weiß, was das heute bedeutet. Wenn Sie irgend jemand fragt, was haben Sie gegen den Nationalsozialismus, brauchen Sie nur zu sagen: Ich bin Jude. Wenn aber mich jemand fragt, was soll ich sagen? Sie verstehen, es handelt sich nicht darum, was ich zu anderen, sondern was ich zu mir selbst sage. Es ist nicht damit getan, daß man so ›fühlt‹, so ›empfindet‹, daß man Antipathien hat wie eine hysterische Jungfer oder daß man auf Einzelheiten deutet, wo doch nur das Ganze betrachtet werden muß. Als Nichtjude und Deutscher, das ist mir in diesem halben Jahr klar geworden, kann ich einfach kein Argument finden, welches den NS als Gesamterscheinung derart kritisiert, daß er außerhalb, wie soll ich sagen, der deutschen Diskussion steht, und zwar geht es um dessentwillen nicht, was vorher gewesen ist. Der NS läßt sich nicht getrennt vom Volk betrachten, zu dem ich gehöre. So bleibt letzten Endes doch nichts als dieses allgemeine und sichere ›Gefühl‹ der inneren Gegensätzlichkeit, und da sich mit Gefühlen gegen dritte nicht argumentieren läßt, die sie nicht haben, muß man still sein.«

Dreizehn Jahre später hörte ich auf, still zu sein.

Venedig, im Juni 1984 E. K.

Sehr verspäteter Anfang

An einem schönen Junitag des Jahres 1945 kehrte ich aus dem Krieg und kurzer amerikanischer Gefangenschaft heim. Ich ging das Sträßchen zu unserem Haus hinauf und wunderte mich, daß die hölzerne Scheibe, auf der ein röhrender Hirsch im Gebirgswald aufgemalt gewesen war, nicht mehr an ihrem Platz unter dem kleinen Giebelbalkon an der Vorderfront hing. Mein Vater hatte sie fast zwanzig Jahre zuvor bei einem Offiziersschießen gewonnen, nachdem auch er aus einem Weltkrieg, dem Ersten, heimgekehrt war. Das hielt ihn nicht ab, sich 1939, nun über sechzig, als Hauptmann der Reserve nochmals aktivieren zu lassen mit der Folge, daß er in der Sowjetunion, nahe Briansk, einem Bombenangriff zum Opfer fiel und dort an unbekannter Stelle begraben ist.
Daß ich die Scheibe nicht mehr sah, hatte einen triftigen Grund, es fehlte nämlich auch der Balkon. Die ganze Vorderwand, ja, der ganze vordere Teil des Wohnhauses lag in Trümmern. Sie bedeckten die von meiner Mutter gehegten und gepflegten Blumenbeete und füllten auch das kleine Bassin, in dem zuvor die Enten und Gänse herumgeschwommen waren.
Meine Mutter erschien in der Tür der Küche, die ganz am Ende des Hauses zum großen Obstgarten hin gelegen war. Dort war eine Ecke leidlich heil geblieben, noch geschützt von einem Rest des Daches.
»Da bist du ja. Ich dachte, sie hätten dich nach Amerika gebracht.«
»Nein, ich war in einem Lager in der Bretagne, sie haben mich mit ein paar Dutzend anderer Landwirte und Bergleute in offenen Güterwagen nach Ludwigshafen transportiert und uns dort vor drei Tagen laufen lassen.«
»Du hast gesagt, du seist Landwirt?« Sie lachte.
»Ich werde es sein müssen für einige Jahre. Wie sieht es im Stall aus?«

»Er ist leer, die Amerikaner tun uns nichts, aber die verschleppten Fremdarbeiter nehmen alles mit, was sie brauchen können. Sie haben das Vieh weggetrieben, die Schweine auf einen gestohlenen Lastwagen verladen, eines der Schafe gleich auf der hinteren Wiese geschlachtet und am Spieß gebraten. Sie waren nicht bösartig, sie haben mir sogar ein Stück Fleisch gebracht. Geh mal hinter die Scheune.«
Hinter der Scheune, deren himmelhohe Holzwände unbeschädigt geblieben waren, sah ich drei Männer auf umgestülpten Kisten in der Sonne sitzen. Der Ziegelhaufen neben ihnen und die Hämmer, die sie in Händen hielten, aber nicht benutzten, ließen erkennen, was sie eigentlich hätten tun sollen: den Mörtel von den Ziegeln der geborstenen Mauern abklopfen. Über dem Hosenbund waren sie nackt. Der dickste von den dreien hatte einen Sonnenbrand, er war krebsrot. Ich kannte ihn, er war vor Zeiten in der Volksschule einmal für kurze Zeit mein Lehrer gewesen. Schon vor Hitlers Putsch im November 1923 war er der NSDAP beigetreten und deshalb nach 1933 zum Direktor der Schule bestimmt worden.
»Hallo, meine Herren.«
Sie sahen mich an, als sei ich ein Gespenst.
»Oh«, sagte der Dicke, »das ist aber schön, daß Sie so früh heimkehren durften.«
»Vielleicht wäre es noch schöner gewesen, wenn ich wie Sie keinen Tag von zu Hause fort gemußt hätte«, sagte ich und ging an ihnen vorbei.
Ich konnte mir denken, daß sie nicht freiwillig hier saßen, aber ich fragte sie nicht — aus Berührungsangst, würde man heute sagen.
»Seit wann sind die da?« fragte ich meine Mutter.
»Seit vier Tagen. Du solltest möglichst bald auf die Kommandantur gehen, die ist in der Realschule, wir brauchen Bezugscheine für Baumaterial.«
Der Ami war ein Oberleutnant. Das ausgeräumte Klas-

senzimmer, in dem er residierte (und in dem ich einige Jahre meiner Schulzeit gesessen hatte), teilte er mit einer jungen Deutschen, die außer durch ihre anderen Vorzüge auch deshalb für diesen Mehrzweckposten geeignet war, weil sie leidlich Englisch sprach. Sie war nicht aus der Stadt, die sie nun praktisch regierte. Niemand hatte sie zuvor gesehen, der Ami hatte sie mitgebracht. Ich fragte sie, ob sie diese Nazitypen angewiesen habe, bei uns Wiedergutmachung zu leisten. Sie wußte von nichts.
»Das wird der ›Si-Ei-Si‹ (CIC) veranlaßt haben«, sagte sie, »der macht die politische Überprüfung.«
Die drei erschienen noch zweimal zum Ziegelklopfen, dann blieben sie weg. Genug Sühne für tausend Jahre!
Da war ich nun, ein »unbelasteter« Heimkehrer, der, gerade 35 Jahre alt geworden, sich mit erheblicher Verspätung einen Beruf suchen mußte. Ich war nicht der einzige, der sich 1945 dem Wahn hingab, uns werde erlaubt, ein neues Deutschland von unten nach oben zu bauen. Der Traum von der Voraussetzungslosigkeit wurde von vielen geträumt, und voraussetzungslos war ich. Ich hatte 1939, als ich eingezogen worden war, nichts zurückgelassen, woran ich jetzt hätte anknüpfen können, und ich hatte nichts vorzuweisen, das mich für eine bestimmte Tätigkeit qualifiziert hätte. Was sich aus einer zweifellos vorhandenen Lust zu schreiben machen lassen könnte, wußte ich um so weniger, als mir der Gedanke, Journalist zu werden, ganz fern lag.
Die Hausruine enthob mich zunächst der Entscheidung, was ich unverzüglich zu tun hätte: Mauern hochziehen, Balkendecken legen, Schutt abfahren, in bescheidenem Umfang die Landwirtschaft wieder in Gang setzen, die mein Vater betrieben hatte. Bettelfahrten über Land auf dem uralten Fahrrad meiner Mutter, in Amerika am Anfang des Jahrhunderts mit hölzernen Felgen und hölzerner Lenkstange gebaut und federleicht, galten sowohl der Beschaffung von Balken, Brettern, Kalk, Sand, Zement

wie auch dem Vieheinkauf. Zwei Kühe für Milch und Butter, ein Pferd für Schuttabfuhr und Feldarbeit sowie ein Dutzend Hühner wurden angeschafft und machten uns zu »Teilselbstversorgern«, was gegenüber einer nur auf die Lebensmittelzwangswirtschaft angewiesenen Ernährung gewisse Vorteile bot.

Hilfe bei der Instandsetzung des Hauses war unumgänglich. Als ein dritter Raum wieder bewohnbar und mit einem kleinen eisernen Ofen ausgestattet war, nahm ich zwei Männer auf, Vater und Sohn, letzterer auch schon um die Vierzig, Vertriebene aus dem Sudetenland, wo sie der Hutmacherei erfolgreich nachgegangen waren. Sie belehrten mich, was deutsche Tüchtigkeit heißt. Nie hörte ich von ihnen ein politisches Wort über die Nazizeit, keines über die gegenwärtigen Verhältnisse. Zu ihrem Gewerbe nach und nach wieder zurückzukehren, zu einem bürgerlichen Dasein, das war ihr Ziel. Was ihm nicht diente, existierte für sie nicht, und schon bald arbeiteten sie mehr für sich als für mich. Vor dem Fenster ihres Zimmers zog sich ein Tomatenbeet hin, die Pflanzen waren an Stöcken hochgebunden. Diese benutzten die beiden, um ihre gerade im Suppentopf eingefärbten Filzstumpen zum Trocknen darüberzustülpen, was zur Folge hatte, daß je nach den diesbezüglichen Wünschen der Hutkundschaft entweder blau- oder schwarzgestreifte Tomaten geerntet wurden. Der Sohn fuhr am Sonnabend mit dem Rad ins Moor hinaus, wo es damals noch eine herrlich wuchernde Blumenwildnis gab. Er füllte einen großen Korb mit Dotterblumen und Frauenschuh und verkaufte sie, zu Sträußen gebunden, mit schönem Gewinn am Sonntag in der Stadt.

Bis München waren es fünfzig Kilometer. In einem nahegelegenen Bergwerk, in dem ich einmal in den Semesterferien als Lehrhauer gearbeitet hatte, wurde wieder Kohle gefördert. Kohlenzüge fuhren täglich bei uns vorbei nach München. Im Bremserhäuschen eingeklemmt, machte ich meine ersten Nachkriegsfahrten in die bayrische Hauptstadt. Dort gab es noch ein paar Freunde mit zumeist literarischen Ambitionen. Sie hatten nicht emigrieren müssen und waren in sogenannter »innerer Emigration« auch der Verhaftung und dem KZ entgangen. Sogar mit dem Militär hatten sie nur noch ganz zuletzt in Form des »Volkssturmes« Bekanntschaft machen müssen, ohne daß es wirklich gefährlich geworden wäre. So fehlte es mir nicht an Einblick in früheste Regungen des befreiten deutschen Geistes. Sie waren eher peinlich als eindrucksvoll.

Aus dem Gebrüll von gestern war über Nacht ein Winseln geworden, heuchlerisch und verlogen, indes die schneidige Unmenschlichkeit zuvor wenigstens echt und aufrichtig gewesen war. Der gute deutsche Ton im Elend klang beispielsweise folgendermaßen: »Unsagbar ist das Ausmaß der deutschen Katastrophe. Noch nie hat ein Volk einen solchen Fall getan. 1918 ging eine Staatsform verloren, 1945 aber der ganze Staatsinhalt, ja, die ganze Volksordnung. Es ist, als habe plötzlich für eines der größten Völker der Erde der geschichtliche Ablauf aufgehört, als sei es aus allen Zusammenhängen von Zeit und Raum ausgeklammert worden.«

Oder so: »Gottes Vorsehung hat die Welt in die schrecklichste Katastrophe seit Menschengedenken stürzen lassen. Die Menschheit sollte wohl zur Sühnung der hundertjährigen Sünde des Materialismus und der tausendfältigen Nebenwirkungen dieser Sünde bis ins Mark angepackt und dezimiert werden dadurch, daß es Satan gestattet ward, Menschengeist und menschliche Gesittung oder Materie zu unterjochen. Hoffen wir, daß die Menschheit jetzt die Wege Gottes erkennt.«

Oder so: »Die deutsche Tragödie ist ohne Beispiel in der modernen Geschichte. Wohl nie zuvor ist ein Volk, das in der ersten Reihe der Kulturnationen stand, so tief in sittliches und materielles Chaos versunken. Niemals seit den

Tagen eines Nero oder Caligula. Laßt die am Besitz Hängenden ihre Häuser und ihren Hausrat ausgraben. Ihr aber sollt Gott ausgraben unter den Trümmern.«
Gottes Vorsehung und deutsche Tragödie: »... die sich mit religiösen, philosophischen und erdichteten Gefühlen ernähren, die wie in Milch aufgeweichte Semmeln sind.« (Robert Musil, *Mann ohne Eigenschaften*) Mir war, als würde mir zugemutet, meine eigene Pisse zu trinken. Kam ich von solchen Entdeckungsfahrten in die Tiefen der deutschen Seele wieder nach Hause, wo eine doch recht mühselige Arbeit getan werden wollte, so war das unvergleichlich erholsam. Eine ganz ähnliche Wirkung übte auch das reale München auf mich aus. Es gereichte mir geradezu zur Befriedigung, die Stadt auf den Trampelpfaden zu durchqueren, zu denen ihre Straßen geworden waren, und den blauen oberbayrischen Himmel über den Ruinen anzupeilen. Da war denn doch eine Quittung erteilt worden, von der ich meinte, sie könne nicht einfach vom deutschen Tisch gewischt werden. Dieser optimistische Irrglaube, das Volk Hitlers sei belehrbar, war bestimmend für das Lebensgefühl, mit dem ich die allerersten Jahre nach dem Krieg genossen habe. In dieser Stimmung formte sich in mir der Ausdruck »die Zeit der schönen Not«.
Alles in allem lief sich die eigene Hauswirtschaft ein, während die allgemeine Wirtschaft, Handel und Wandel, Versorgung auf Karten einschließlich »Sonderzuteilungen« immer weiter absanken. Ins Blühen kamen nur der Schwarzmarkt, vorwiegend aus illegalen Quellen der Besatzungsmacht beliefert, und die innerdeutsche Tauschwirtschaft. Der Anteil der sogenannten DPs, *displaced persons*, an dieser ökonomischen Subkultur war enorm. Eines Vormittags war ich gerade dabei, die Wände der Vorratskammer zu kalken, als ich ein Geräusch im Flur hörte. Eine männliche Stimme rief: »He, Chef!« Der meint vielleicht mich, dachte ich und legte die Kalkbürste aus

der Hand. In der geöffneten Haustür stand ein untersetzter Mann mit schwarzem Menjoubärtchen und dicken, schwarzen Brauen. Sein hellbrauner Anzug hätte noch eleganter gewirkt, wenn in den Schultern nur ein halbes Kilo Watte und beim Hosenboden ein viertel Meter Stoff weniger verarbeitet gewesen wären. Er trug einen grauen Hut, ein wahres Schildkrötengehäuse von Hut, mit einem sehr breiten, eingefaßten Rand.

»'ntag«, sagte der Mann, »was könnense brauchen?«
Ich wischte mir die Hände ab und erwiderte:
»Das kommt darauf an.«
»Stoffe! Aber nix gewöhnliche Stoffe, beste Auslandsware, primaprima. Und billig. Kaufen Sie Stoffe, die können Sie mitnehmen.«
»Ich stehe nicht auf der Liste der wichtigen Volksgenossen, die von den Amis mitgenommen werden, wenn die Russen kommen«, antwortete ich.
»Ich bin kein Hausierer«, sagte er, »es ist, wir wandern aus, mein Kompagnon und ich. Es ist nicht wegen Geld, wir haben Dollars und Gold genug, aber wir können die Ware nicht mitnehmen, was wir haben eingekauft bis jetzt. Ist das eine Gelegenheit für Sie oder keine, ich frage Sie?!«
»Es ist eine Gelegenheit für S i e«, erwiderte ich. »Wohin geht's denn?«
»Wir machen erst nach Portugal und dann nach Südamerika, da werden wir bleiben«, gab er Auskunft.
»Da werden Sie sogar übrigbleiben«, bemerkte ich, »aber wissen Sie, ich habe kein Geld.«
»Was heißt Geld«, empörte er sich, »reine Wolle, primaprima, 75 Mark, ist das Geld? So einen Anzug habense noch nicht gehabt, kommense mit ans Auto, sehen Sie sich an.«
»Mein lieber Herr«, sagte ich, »was brauche ich einen so feinen Anzug, ich fahre wirklich nicht nach Südamerika. Sie sehen, ich streiche meine Wände an.«

»Was sagense da, Ihre Wände streichense an, no, hab ichs ja gesehen, aber wieso denn, könnense die Wände mitnehmen? Nix könnense mitnehmen, es ist schad für die Farb.«
»Es ist nicht schad für die Farb, es sieht wenigstens freundlicher aus, solange sie stehen.«
»Wennse meinen«, antwortete er und gab es auf. Wir gingen nebeneinander auf dem Gartenweg langsam zum Wagen.
»A schöns Haus«, sagte er abschließend, »aber lästig.«
Diesen herzerfrischend realistischen Zeitgenossen hätte ich gern jenen Interpreten von Gottes Willen vorgeführt, die mit Genehmigungsvermerken der Militärregierung auf gelblichem Holzschliffpapier Besinnungs- und Bekenntniselaborate drucken ließen, statt die neue Freiheit dazu zu nutzen, endlich von Krupp, Flick, IG-Farben und anderen tragenden Säulen des Dritten Reiches zu reden. Mir ging der Mann tagelang nicht aus dem Kopf. Es war ihm gelungen, meine Überzeugung zu erschüttern, daß ich mit Ruinenflickerei und Gartenarbeit der historischen Stunde gerecht werden könnte. Die alten Herrschaftsstrukturen, auch die Weimarer, waren zusammengebrochen, die Ersatzherrschaft, im Städtchen repräsentiert vom Oberleutnant aus Missouri, würde vielleicht lange währen, aber nicht bleiben. Wir hatten uns auf den Tag vorzubereiten, an dem die Sieger die auf dem Schlachtfeld gewonnenen Vollmachten uns zurückgeben würden, und zu zeigen, daß sie es bald tun durften. Mit der Herstellung (Wiederherstellung?) leidlicher Lebensbedingungen im privaten Raum konnte es nicht getan sein.
Mit solchen Gedanken setzte ich mich zuweilen abends bei Kerzenlicht — ab 21 Uhr war Stromsperre, das waren die guten Tage, zuweilen blieb der Strom ganz aus — an die Schreibmaschine. Was dabei aufs Papier kam, brachte mich der Lösung des Problems, wie ich mich in die Situation irgendwie einklinken könnte, um keinen

Schritt näher. An Appellen fehlte es nicht, je pathetischer sie klangen, desto unbrauchbarer waren sie für die eigene Lebensplanung: »Das Reformationswerk, zu dem wir aufrufen, soll die geistig-moralische Grundlage bilden, auf welcher der dauerhafte Bau eines neuen freiheitlichen Reiches sich erheben kann. Wir stehen, wenn wir diesem hohen Werk uns weihen, auf der Lichtseite unserer Geschichte, verbündet mit den Besten unseres Volkes.«[3]
Ich sah keine Lichtseite, und die Besten unseres Volkes — wo waren sie zu finden? War das »andere Deutschland« gemeint? Was ich an den Abenden so schrieb, war eine monologische Auseinandersetzung gerade mit diesem »anderen Deutschland«, dessen Impotenz mir nie klarer geworden war als jetzt; eine Phalanx würdiger Greise und edler Dulder, Idealisten, Ästheten und Moralisten betrat die zerstörte Bühne. Sie deklamierten ihre Texte von Schuld und Sühne. Sie kamen nicht aus dem Nichts. Schon im Kriege hatten sie sich bemerkbar gemacht.
Eine Freundin hatte mich in Frankreich wie in Rußland mit Hervorbringungen von Autoren versorgt, die versteckterweise, sehr versteckterweise, bekunden wollten, daß ihnen nicht alles gefiel, was um sie herum geschah. Statt zu schweigen, hatten sie sich in die fernsten Winkel des Idylls verkrochen oder über die alten Ägypter geschrieben. Nach intakten Maßstäben hätten ihre Bücher der Lächerlichkeit anheimfallen müssen, aber diese Maßstäbe waren derart außer Kurs gesetzt gewesen, daß sogar ein so hanebüchener Mumpitz wie Ernst Jüngers *Marmorklippen* als Signal inneren Widerstandes hatte aufgefaßt werden können.
Jetzt waren sie frei, hätten schreiben können, was sie wollten, aber sie änderten ihren Tonfall nicht, stießen nicht zur Realität durch und kamen aus einem unerträglichen Moralisieren nicht heraus.
In einer Münchner Buchhandlung, die ihren bescheide-

nen Bestand in einer Bretterbude anbot, stieß ich auf das jüngste Werk Ernst Wiecherts, eines jener Propheten des einfachen Lebens und der echt deutschen Innerlichkeit — bei ihm garniert mit ostpreußischem Waldesrauschen —, aus deren Werken das kulturbeflissene deutsche Publikum Kunsthonig saugte. Hinsichtlich des Konsums solcher Literaturkost hatte sich das »andere Deutschland« vom nazistischen nicht unterschieden. Der Buchhändler hatte Wiecherts *Rede an die Jugend* gerade hereinbekommen. Er berichtete, die zwanzig Exemplare seien nach drei Tagen verkauft gewesen.
»An junge Menschen?«
»Durchaus nicht«, antwortete er, »sie waren alle vierzig und älter.«
Ich konnte ihn überreden, mir für ein paar Tage sein eigenes Exemplar zu leihen. Ich las das Opus zu Hause unterm Apfelbaum, während ich auf einen Schwarzhändler wartete, der mir versprochen hatte, fünf Sack Kalk gegen einen Teppich zu liefern. Von so simplen Dingen wie Kalk, aus dem ich Mörtel für Mauern machen mußte, weil sie unter einer amerikanischen Bombe zusammengefallen waren, erzählte Wiechert der deutschen Jugend 1946 nichts; statt dessen: »Erinnert euch des Vogels im Märchen, der alle tausend Jahre kommt, um ein Körnchen aus dem Diamantberg zu brechen. Erinnert euch daran, was vor euch steht und daß es in der ganzen Weltgeschichte niemals eine größere Aufgabe gegeben hat als die eurige, das Blut eines Volkes zu erneuern und die Schande von dem Gesicht des ganzen Volkes abzuwaschen. Glaubt nicht an die jahrtausendalte Lüge, daß Schande mit Blut abgewaschen wurde, sondern an die junge Wahrheit, daß Schande nur mit Ehre abgewaschen werden kann, mit Buße, mit Verwandlung, mit dem Wort des verlorenen Sohnes: ›Vater, ich habe gesündigt, und ich will hinfort nicht mehr sündigen.‹ Klagt nicht, daß wir barfuß gehen werden, daß wir hungern werden...«[4]

Diesen barfuß gehenden, hungernden deutschen Dichter wollte ich mir aus der Nähe ansehen. Daß es ohne Schwierigkeiten möglich sei, erfuhr ich, als ich am darauffolgenden Montag wieder in München war, um einen Ziegeleibesitzer aus Niederbayern zu treffen, dem ich geschrieben und der mir wunderbarerweise geantwortet hatte, er sei bereit, mir tausend Falzziegel gegen Bezahlung in Reichsmark zu liefern, ich könnte sie in München übernehmen. Als ich den Wiechertschen Erguß zurückgab, hörte ich, der Dichter lebe auf seinem Besitz im Isartal, erst kürzlich sei er in der Stadt gewesen und habe an einem Treffen von Künstlern und Schriftstellern teilgenommen, die einen lokalen Kulturbund ins Leben rufen wollten. Nicht erst in seiner *Rede an die Jugend* hatte Wiechert sich als Antifaschist stilisiert. Die Geste christlicher Demut hatte er salbungsvoll in seinen Büchern auch zwischen 1933 und 1945 durchgehalten, für kurze Zeit hatte er sogar ein KZ von innen kennengelernt. Wäre jetzt nicht für ihn der Augenblick der Freiheit gekommen gewesen zu verkünden, es habe sich nur um Tarnung gehandelt, um nun ohne Scheu und Angst über das Verbrecherregime zu sagen, was er schon immer mit sich herumgetragen hatte. Das heißt: Erkenntnisse auszubreiten, anstatt die Verderbnis zu beklagen!

Nichts davon! Es war nicht Tarnung gewesen, sondern Natur, eine in dieser Hermetik nahezu bewundernswerte, seinen Stil formende intellektuelle Beschränktheit, die ihm erlaubte, als Schriftsteller weiter in dem Nebel zu existieren und zu produzieren, in dem für ihn lebenslänglich alle gesellschaftspolitischen Zusammenhänge unsichtbar geworden waren. Freilich war er damit nur einer unter vielen, jedoch mit seiner unglaublichen Popularität zu einem Idol des »anderen Deutschland« geworden, das den lieben Gott zur Hand hatte zwecks innerer Säuberung wie den Waschlappen im Badezimmer zur äußeren.

An einem Sonntag um sieben Uhr früh setzte ich mich aufs Rad und fuhr durch die traumschöne Spätherbstlandschaft, in der nichts an den Krieg erinnerte, zum Isartal hinüber. Es ging hügelauf, hügelab, im Süden stand die Alpenkette im Sonnenlicht wie aus Blech geschnitten, wie von Segantini gemalt. Ich ließ mir Zeit, und ich will nicht verschweigen, wie lebenswert ich das Leben wieder fand.

Die Gans unter dem Büfett

Es war noch die telefonlose Zeit. Ich stand unangemeldet vor der Haustür, betätigte einen Glockenzug aus Messing und löste eine nicht allzu freudige Überraschung aus. Es war mir unangenehm, den Dichter mit den Seinen noch um das sonntägliche Mahl versammelt zu sehen, und konnte nicht verhindern, daß ich an den Tisch gebeten wurde. Zu Rosenkohl und Kartoffelbrei gab es eine ausnehmend wohlschmeckende Bratensauce. Ich fiel in Kindheitsgewohnheiten zurück, formte im Kartoffelbrei eine Vertiefung, darin die Sauce einen kleinen See bildete. Die Kunst besteht darin, so lange als möglich den See unverletzt zu lassen. Der Geschmack der Sauce entlockte mir die Bemerkung, im Hause müsse eine ganz hervorragende Köchin tätig sein, der es gelungen sei, die Sauce wie das Produkt eines Gansbratens schmecken zu lassen, obwohl ein solcher doch nicht vorhanden.
»Nun ja«, sagte der Hausherr, »in solchen Zeiten muß man eben zaubern können.«
Schon bei der Begrüßung hatte ich erklärt, ich sei gekommen, weil ich seine *Rede an die Jugend* gelesen hätte und mit ihm darüber sprechen wolle.
»Ach ja«, war seine Antwort gewesen, »es ist ganz erstaunlich, welches Echo da zurückkommt, ich habe wohl weitverbreiteten Gefühlen Ausdruck gegeben.«

»Das haben Sie«, hatte ich ihm bestätigt, wollte aber die Diskussion darüber erst eröffnen, nachdem wir vom Tisch aufgestanden waren; unvorhergesehene Umstände verhinderten, daß ich zum Zuge kam.

Als zum Nachtisch vor jeden ein Apfel auf ein Meißner Tellerchen gelegt worden war, erschien der dienstbare Geist und meldete einen weiteren Besucher an. Wiechert ging hinaus und kehrte mit einem amerikanischen Captain in Uniform zurück, der von einem bildschönen Dobermann begleitet war. Nun standen wir alle vom Tisch auf. Zu dritt, der Captain, der Dichter und ich, setzten wir uns im Wohnraum in eine erkerartige Fensternische, von der aus man einen großartigen Ausblick über das Flußtal und die Alpen bis zu den Chiemseebergen hatte.

Das Gespräch kam mühelos in Gang, der Captain sprach akzentfrei deutsch, in Berlin noch Winfried Söllmann, war er in den USA Walter Selman geworden (Name geändert). Wiechert wußte, wen er vor sich hatte, ich erfuhr es jetzt: Selman war in einer Kulturabteilung der Militärregierung für Bayern tätig, bei »Ei-Si-Di« (ICD, Information Control Division). Ihm, zusammen mit anderen Offizieren, oblag die Lizensierung neuer bzw. die Wiederzulassung alter Buch- und Zeitschriftenverlage und die Genehmigung ihrer Programme. Der übertriebene Eifer, mit dem sich der Dichter um den Gast bemühte, war demnach nur zu verständlich.

Für Wiechert war ich nicht mehr vorhanden, aber der Amerikaner erkundigte sich, ob ich im Krieg gewesen sei und was ich jetzt tue. Ich sagte ein paar Sätze über meine Erfahrungen im Gefangenenlager, und daß ich damit beschäftigt sei, unser zerbombtes Haus wieder unter Dach zu bringen. Das sei wohl kein Dauerberuf, meinte der Captain. Das konnte ich ihm nur bestätigen, und eigentlich wäre nun die Frage fällig gewesen, was ich im ganzen vorhätte, aber sie kam nicht. Der Captain notierte sich meine Adresse. Zum Hausherrn sagte er:

»Ich habe Ihre Rede gelesen.«
»Ich auch«, sagte ich.
Es war mein Tonfall, der den Amerikaner bewog, mir einen Blick zuzuwerfen, in dem ich so etwas wie Belustigung zu erkennen glaubte. Eine der Hausgenossinnen kam ins Zimmer. Diese Gelegenheit benutzte der Hund, um aufzuspringen und hinauszurennen.
»Andy!« rief der Captain, »Andy!!«
Aber der Hund gehorchte nicht. Man hörte ihn jaulen. Sein Herr stand auf.
»Entschuldigen Sie!«
Er ging dem Hund nach. Das Jaulen wurde zum Gebell. Wir standen nun auch auf, die Auseinandersetzung zwischen Herr und Hund führte uns ins Eßzimmer zurück. Andy kauerte vor einem Möbel an der Längswand, von dem meine Großmutter, im Besitz eines ähnlichen, gesagt haben würde: Mein Büfett, meine Burg!
»Komm sofort her«, rief der Captain nun auf englisch, aber Andy dachte gar nicht daran. Er verschwand mehr und mehr unter dem Büfett.
»Vielleicht eine Maus?« meinte der Captain, beugte sich zu Andy hinunter, faßte ihn an den Hinterbeinen und zog. Der Hund knurrte und widersetzte sich.
»Verdammt, was hat er?!« sagte der Captain.
Als Andys Kopf hervorkam, zeigte sich, was er hatte: im Maul eine gebratene Gans, der schon viel fehlte von ihrem Fleisch.
Da der Amerikaner nicht wußte, daß ich an der Mahlzeit nicht von Anfang an teilgenommen hatte, konnte er sich keinen Vers auf die Gans unter dem Büfett machen, aber er spürte, daß Andys Entdeckung dem Hausherrn peinlich war.
»Eine Bombe ist es jedenfalls nicht«, sagte er lachend.
Das Hausfaktotum trug die Gansreste, dem Hund mühsam entrungen, hinaus. Wir blieben im Flur stehen. Ich nutzte die Gelegenheit, mich zu verabschieden.

Zu Hause genehmigte ich mir für den Rest des Tages Freiheit von der Handarbeit, setzte mich an die Schreibmaschine und brachte zu Papier, was ich dem berühmten Mann eigentlich über seine *Rede an die Jugend* hatte sagen wollen. Daraus wurde im Mai 1948 »Die erste und einzige Rede deutscher Jugend an ihren Dichter« — der Anlaß war dessen 60. Geburtstag. Zu dieser Zeit war ich Chefredakteur des *RUF*, darin druckte ich den Text ab, aus dem ich im folgenden gekürzt zitiere:
»Wie ist Dir zumute, edler und gerechter Mann, an Deinem Ehrentage, an dem Du mehr als in jedem anderen Augenblick Deines begnadeten Lebens die Blicke Deiner Millionen Leser wie Lanzen in Deinem Rücken fühlen mußt? So manches Mal haben wir uns vorgestellt, wie Dich der Schlaf floh, weil eine Stimme in Dir war, die schrie: Johannes, steh auf und schreibe, Deine Gemeinde harrt Deines Wortes! Gehorsam dem inneren Befehl, erhobst Du Dich, armer müder Mann, um zum andern Male die deutsche Sprache zu Schlagrahm zu quirlen und daraus eine Mauer um uns zu bauen, auf daß uns die böse Welt nicht überwältige...
Aber welcher Wahn erfüllt Dich, daß Du glaubst, Deuter unserer Sehnsüchte zu sein, unser Stecken und Stab im finsteren Tal? Wer hat dir erlaubt, uns mit ›Du‹ und ›Ihr‹ zu traktieren, so daß wir jetzt als die Jüngeren aus Höflichkeit diese Anrede zurückgeben müssen?...
Wir wissen, wieviel Du getan und durchgemacht hast, seitdem Du aus den fernen ostpreußischen Wäldern mit leichtem Ränzlein aufgebrochen bist. Sichtbar hat Du wahrhaft Zeugnis abgelegt für Deine Gesinnung, die, wäre sie allgemeiner verbreitet gewesen, uns vor vielem bewahrt hätte. Oh, wir bestreiten es nicht. Es ist Dein Unglück (aber Du liebst ja das Unglück, wenigstens auf Distanz), daß desungeachtet ein Mann nicht für uns sprechen darf, der allzu rasch an Gott verzweifelt...
Daß Dir ein Gott gab zu sagen, was Du nicht leidest, ist

Deine Sache. Du bist weder der erste noch der einzige, der dabei vortrefflich gedeiht. Daß Du Dich aber vermißt zu sagen, was wir leiden, veranlaßt uns nun andererseits zu diesem Dementi. Möchtest Du doch endlich Dein Versprechen wahrmachen und uns aus dem Spiel lassen! Deine Leser werden Dich auch so bewundern, wenn Du gänzlich in der Art von Dichtern auftrittst und im Werke wohlig ruhst – der Du uns vielleicht die Liebe tust?«[5]
Als ich das letzte Wort geschrieben hatte, war mir wohler. Mich des komplizenhaften Blickes erinnernd, den mir der Amerikaner zugeworfen hatte, entschloß ich mich, ihn wissen zu lassen, was ich über Wiechert und seinesgleichen dachte. Beim nächsten München-Aufenthalt machte ich mich zu Fuß aus dem Zentrum nach Nymphenburg auf, es kam der Wanderung aus Kriegsgebiet in das Idyll einer Villenvorstadt gleich. Das verfärbte Laub der Kastanienalleen bedeckte die unbeschädigten Gehsteige fußhoch.
Ein Hinweisschild auf ICD gab es nicht, aber Selman hatte mir beschrieben, wo ich seine Dienststelle fände: im ehemaligen Verlagshaus von Albert Langen-Georg Müller, ein belletristisches Unternehmen erster Ordnung, das bereits Jahre früher schon einmal beschlagnahmt worden war, damals von einer Kulturorganisation der NSDAP.
Das noble Gebäude, in dessen Fenstern keine Scheibe fehlte, war weder bewacht, noch gab es einen Pförtner. Ich wartete in der Diele, bis ein kleiner, zierlicher Leutnant vorbeihuschte, den ich anhielt und auf englisch bat, meinen Brief Captain Selman auszuhändigen.
»Sie können deutsch reden«, sagte der Ami, natürlich auch ein Emigrant, »wollen Sie Selman sprechen?«
»Nein, nein.«
»Sie wollen nicht zufällig eine Lizenz für eine Hölderlin-Gesamtausgabe?«
»Absolut nicht, wer ist Hölderlin?«

Er zeigte sich amüsiert.
»Sind Sie ein Nazi?« fragte er und wedelte mit meinem Kuvert.
»Eher nein, es wird Sie nicht überraschen, schon wieder kein Nazi, aber das ist ein weites deutsches Feld.«
Er schaute mich an und grinste.
»Sie sind ja eine ulkige Nummer«, stellte er fest und ging die Treppe hinauf, tänzelte die Treppe hinauf.
Ich sah ihm nach und begriff in dieser Sekunde eigentlich erstmals seit Kriegsende, daß wirklich eine neue Zeit angebrochen war; begriff es, weil ich einer verschwundenen begegnet war, von der ich in Berlin 1932 gerade noch ein Zipfelchen mitbekommen hatte. Lieber Himmel, dachte ich, das gibt's also noch, die Juden sind wieder da, die deutschen Juden, als Amerikaner kostümiert, schlagfertig und witzig wie ehedem. Davon konnte freilich keine Rede sein, daß »die« Juden wieder da waren, aber immerhin, einer von der Sorte, deren ich manche gekannt hatte und von denen ich noch nicht wußte, aber vermutete, sie lebten nicht mehr, war mir gerade über den Weg gelaufen.
Nur wenige Tage später hielt ein Jeep vor der erneuerten Gartentür, ihm entstieg Captain Selman.
»Sie sind ja schon ganz schön weit«, sagte er und meinte das Haus.
Er wollte alles sehen. Ich führte ihn herum, zeigte ihm an Mauerresten, wie groß das Haus früher gewesen war, und nannte den Tag, einen der letzten des Krieges, an dem die Bombe, die eigentlich den Bahnanlagen gegolten hatte, im Vorderhaus detoniert war.
»Ich war nicht bei den Fliegern«, sagte er.
Er blieb zum Mittagessen, es gab Kartoffeln mit Sauermilch. Er holte aus dem Wagen, wo der Hund angebunden lag und unglücklich war, Nescafé und Milchpulver in Kilodosen.
»Lassen Sie Andy doch herein«, sagte ich.

»Sie haben keine Gänse?« Er grinste.
»Nein, die fressen zu viel, aber Hühner.«
»Dann lassen wir Andy angebunden.«
Ich führte ihn auch in den oberen Stock, wo eine provisorische Holzwand das Schlafzimmer von dem Eckraum abtrennte, in dem der Schreibtisch, die Bücher und ein Klavier standen. Er klappte den Deckel auf und schlug ein paar Töne an.
»Spielen Sie?« fragte ich.
»Leider nein, ich höre gern Musik. Bei meinen Eltern in Zehlendorf...«
Er beendete den Satz nicht. Ich wagte nicht, ihn zu fragen, ob auch seine Eltern den Gaskammern entkommen seien; zudem war ich mir bei ihm, anders als bei dem kleinen Leutnant, nicht sicher, ob er Jude war.
»Ja, die deutsche Hausmusik...«, sagte ich.
»Sie verharmlost alles.«
»Das ist nicht immer wahr. In Rußland, Mittelabschnitt, 25. Dezember 1942, hörten wir über Radio die Weihnachtslieder von Cornelius. Meine Mutter hat sie an jedem Weihnachtstag gesungen. Ich kannte jeden Ton, und ich kann nicht sagen, daß sie über Radio die Situation verharmlost hätten.«
»Ein Extremfall beweist nichts«, sagte er.
Wir setzten uns an den runden Tisch unter dem Apfelbaum, der schon abgeerntet war. Der Captain sah ungeheuer adrett aus, frisch gebügelt von oben bis unten. Die braunen Halbschuhe waren auf Hochglanz poliert.
»Sie haben mir etwas geschickt.«
Zweifellos war mein Wiechert-Pamphlet der Anlaß für seinen Besuch, aber während der vier oder fünf Stunden, die er schon da war, hatte er sich jeden Hinweises darauf enthalten. Ich sagte nichts.
Er holte aus einer der aufgesteppten Taschen seines auf Taille gearbeiteten Uniformrockes zusammengefaltete Papiere heraus.

»Wissen Sie, was das ist? – Das sind Sie! Ihre Personalakte, nicht ganz vollständig. Ich habe diese Papiere angefordert beim CIC, nachdem ich Ihr Manuskript gelesen hatte.«
»Ach so, und...?«
»Bei der Partei waren Sie nicht?«
»Bei welcher Partei?«
»Na, na«, sagte er, als wolle er zum Ausdruck bringen: Darüber keine Scherze, bitte!
»Es ist wenig, was die Akten über Sie wissen. Beim Militär hatten Sie Ärger?«
»Man kann es so nennen.« Noch erkannte ich nicht, worauf er hinauswollte. Erst bei seiner nächsten Frage ging mir ein schwaches Licht auf.
»Wenn Sie keine Mauern verputzen, nicht im Garten arbeiten, nicht über schreckliche deutsche Sachen schreiben, was tun Sie dann?«
»Schreckliche deutsche Sachen schreiben.«
»Wozu, für wen?«
»Es ist eine Art Hobby. Sind Sie jetzt im Dienst?«
»Teils, teils.«

Ei-Si-Di

Es verging eine weitere Woche, da erschien ein motorisierter Bote und händigte mir einen Brief aus, englisch geschrieben, der mich aufforderte, gelegentlich Selman zu besuchen. Er bot mir einen Schreibtisch in dem beschlagnahmten Verlagsgebäude und ein Gehalt an, das mit Besatzungskosten verrechnet wurde. Er wollte, ich solle gleich anfangen, aber das war unmöglich, das Haus war noch nicht winterfest. Mitte Januar 1946 nahm ich die Arbeit bei der Information Control Division (ICD) auf. Jüngst (1984) fand in Münchens Stadtmuseum eine Ausstellung über die »Trümmerzeit« statt. Aus dem be-

achtenswerten Katalog habe ich erfahren, ich sei Cheflektor bei der amerikanischen Informationskontrolle gewesen. Das war mir neu. Bei deutschen Hilfskräften auf dieser unteren Ebene waren Rangstufen unbekannt.
Daß es keine interne Geschäftsanweisung gab, keinen Katalog der Kriterien, nach denen die Anwärter auf Lizenzen und Papier auszuwählen, Verlagsprogramme mit ihren einzelnen Titeln zu beurteilen waren — so pauschale Begriffe wie Antimilitarismus und Antifaschismus waren bei der praktischen Arbeit wenig hilfreich —, machte nicht die eigentliche Schwäche einer mit autoritären Lenkungsvollmachten ausgestatteten Kontrollbehörde aus. Dieser Mangel konnte weitgehend wettgemacht werden durch tägliche Gespräche mit den Offizieren — ihre Zahl schwankte zwischen drei und sechs, zwei davon bildeten die nicht wechselnde Kernmannschaft —, von denen aber die endgültigen Entscheidungen zum Beispiel über eine Lizenzvergabe nicht gefällt werden konnten, weil die Unterlagen dafür von München aus an das Zentralamt in Bad Nauheim geleitet werden mußten. Von dort aus wurde die gesamte für die amerikanische Besatzungszone bestimmte Propaganda und Publizistik, angefangen von den eigenen Heereszeitungen (die im Juni 1945 eine Gesamtauflage von fast fünf Millionen erreichten) bis zur *Neuen Zeitung,* von Lizenzen für literarische Verlage und politische Zeitschriften bis hin zur Lizenz für eine Schmiedezeitung gelenkt. In Bad Nauheim beschränkte man sich in nahezu allen Fällen darauf, die Vorschläge aus München abzusegnen — auf die in die Nachkriegsgeschichte eingegangene Ausnahme werde ich zurückkommen —, so daß alles in allem das nachnazistische bayrische Buch- und Zeitschriftenwesen im zweckentfremdeten Verlagshaus von Albert Langen-Georg Müller in Nymphenburg aufgebaut worden ist, dieser einstigen Hochburg feinster europäischer Literatur.
Ziemlich rasch wurde mir klar, daß diese Offiziere poli-

tisch aus der hohlen Hand lebten. Sie hätten nicht einen Tag lang ihre Arbeit tun können, die ja nur mit deutschen Partnern getan werden konnte, wenn sie nicht der Überzeugung gewesen wären, daß es Deutsche gab, die Vertrauen verdienten. Wenn sie aber in ihren Geheimakten nachschlugen, so konnten sie dort unter der Chiffre JCS 1067 eine von Präsident Truman abgezeichnete Direktive der amerikanischen Stabschefs an den Oberbefehlshaber der US-Besatzungstruppen in Deutschland finden, in der es unter anderem hieß:
»Es muß den Deutschen klargemacht werden, daß Deutschlands rücksichtslose Kriegführung und der fanatische Widerstand der Nazis die deutsche Wirtschaft zerstört und Chaos und Leiden unvermeidlich gemacht haben und daß sie nicht der Verantwortung für das entgehen können, was sie selbst auf sich geladen haben.
Deutschland wird nicht besetzt zum Zwecke der Befreiung, sondern als ein besiegter Feindstaat... Die Verbrüderung mit deutschen Beamten und der Bevölkerung werden Sie streng unterbinden...
Alle Mitglieder der Nazipartei, die nicht nur nominell in der Partei tätig waren, alle, die den Nazismus oder Militarismus aktiv unterstützt haben, und alle anderen Personen, die den alliierten Zielen feindlich gegenüberstehen, sollen entfernt und ausgeschlossen werden aus... Presse, Verlagsanstalten und andere der Verbreitung von Nachrichten und Propaganda dienenden Stellen...«[6]
Die Direktive JCS 1067 war das Grundgesetz, nach dem die amerikanische Militärregierung ihre Arbeit auf deutschem Boden durchführte; sie erfuhr auf der Potsdamer Konferenz Korrekturen, die jedoch am Grundsätzlichen nichts änderten. Die in oberster Instanz für ihre Durchführung dem Präsidenten verantwortlich waren — den Deutschen hat sich nur der Name eines von ihnen nachhaltig eingeprägt: General Clay (es gibt eine Clay-Allee in Berlin-Dahlem) —, mußten feststellen, daß sie nicht

sinnvoll hätten arbeiten können, wenn sie ständig mit diesem Grundgesetz unter dem Arm herumgelaufen wären. Das haben sie nicht getan und sich darum bemüht, daß JCS 1067 durch eine neue Direktive ersetzt wurde. Um es so einfach wie möglich zu sagen: Die Bevölkerung Westdeutschlands wäre im ersten Nachkriegsjahr verhungert und erfroren, nicht der geringste Fortschritt in der (Wieder-)Herstellung industrieller Produktionskraft hätte erreicht werden können, wenn die US-Besatzungsmacht nicht auf eigene Verantwortung Zugeständnisse gemacht hätte, die mit einer wörtlichen Auslegung von JCS 1067 nicht vereinbar waren.
Zwar konnte jede Besatzungsmacht in ihrer Zone tun, was sie wollte — sie hat es auch getan —, zwar gab es noch keine Abreden über Meßdaten für die Minimalversorgung der Bevölkerung, aber daraus darf nicht geschlossen werden, daß das Vorgehen der Amerikaner nur im Bereich ihrer Zone wirksam wurde. Sie waren die einzigen Sieger, die über eine ungebrochene Wirtschafts- und Finanzkraft verfügten (der Krieg hatte sie nicht ärmer, sondern reicher gemacht). Was sie taten oder unterließen, übte bereits lange vor den Interzonenabkommen, deren wichtigstes die Bizone schuf — diesen eigentlichen Vorläufer des Weststaates —, auf die britische und französische Zone maßgeblichen Einfluß aus.
Die Statthalter in Berlin handelten unter dem Druck einer Notlage, deren Abmilderung keinen Aufschub duldete. In Washington war man sich durchaus darüber klar, daß JCS 1067 in der Praxis nicht eingehalten wurde. Wenn es für Clay und seine Mitarbeiter trotzdem weder Verwarnungen noch Vorwürfe gab, so sind dafür auch jene Berichte von Augenzeugen aus dem besetzten Land der Grund gewesen, die alle Befürchtungen übertrafen: »Die Amerikaner kamen in große und kleine Städte, in denen es totenstill war, die nach Tod und Zerstörung rochen. Sie kamen in Dörfer, wo vor jeder Tür eine weiße Fahne hing

und wo man die Gesichter hinter den verbarrikadierten Fenstern ahnen, aber nicht sehen konnte.« Aus Berlin: »Das gleicht eher einer Mondlandschaft als irgendeiner Stadt, die ich mir je vorgestellt hätte.« Als Truman zur Potsdamer Konferenz flog und auf der Fahrt vom Flugplatz dorthin Berlin durchquerte, schrieb er, es habe ihn deprimiert, vorbeizufahren »an einer langen, unabsehbaren Prozession alter Männer, Frauen und Kinder, die ziellos durch die Straßen irrten und den Rest ihrer Habe trugen, vor sich herschoben oder hinter sich herzogen.«[7]

Dennoch war den Ersatzherrschern bei ihrer Arbeit nicht wohl, sie fühlten sich beobachtet und kritisiert. Ende Juni 1945 schrieb General Clay nach Washington: »Jeder Schritt, den wir jetzt tun, um ein Minimum an Wirtschaftstätigkeit zu erzielen, was nun einmal eine gewisse Industrieproduktion erfordert, wird mißverstanden und von der Presse als Schritt zum ›weichen‹ Frieden dargestellt.«[8]

Die Weltmeinung über die Auschwitz-Deutschen war letztlich die Hauptursache dafür, daß JCS 1067 erst 1947 außer Kraft gesetzt wurde. Das heißt, daß fast zwei Jahre lang die Dienststellen der US-Militärregierung von ganz oben bis ganz unten sich mit nahezu jeder Entscheidung in einer Konfliktsituation befanden zwischen dem Befohlenen und dem unausweichbar Notwendigen, dem die Not Wendenden.

Damit ist vor allem auf Maßnahmen abgehoben, die Versorgung und Produktion, also das Materielle, betreffen. Darüber hinaus gab es einen zweiten, geradezu programmierten Konflikt, der viel tiefer ging, den zwischen »Bestrafung« und »Umerziehung«. Mit ihm kam ich bei Information Control auf eigenartige Weise in Berührung. ICD war für »Bestrafung« gar nicht zuständig, für »Umerziehung« nur im allerweitesten Sinne insofern, als den lizenzierten Verlegern mit ihren Produktionen bei der Verbreitung demokratischer Ideen eine nicht unwichtige

Rolle zukam. Auf direkte Weise »umzuerziehen« lag nicht in der Funktion, nicht in den Möglichkeiten von ICD. Vielmehr mußte sie davon ausgehen, daß es Deutsche gab, die weder zu bestrafen noch zu erziehen, sondern a priori Demokraten waren, Antimilitaristen, Antifaschisten. Gab es solche nicht, dann durften keine Lizenzen ausgegeben werden. Gab es sie, dann war die ganze Kollektivschuldthese Blödsinn, welche davon ausging, daß die Deutschen einen minderwertigen Nationalcharakter hätten. (Daß die Sowjets trotz der entsetzlichen Verbrechen, die von uns in ihrem Land begangen worden waren, noch einen geschichtlich abgeleiteten Begriff »deutsches Volk« kannten, das für sie nicht identisch war mit den Nationalsozialisten, hat den Bewohnern der heutigen DDR die ganze moralische und politische Korruption erspart, die in den Westzonen das Ergebnis der »Reinigung« gewesen ist und bis heute nachwirkt.)
Nach der Kollektivschuldthese zu handeln war unvereinbar mit einer *gleichzeitigen* Bemühung, das schuldhafte Verbrechervolk in ein braves, demokratisches »umzuerziehen«. Sie hätte verlangt, in zwei aufeinanderfolgenden weiträumigen Strategien vorzugehen: zu strafen, die Strafaktion als beendet zu erklären und dann erst zu »erziehen«, was gleichbedeutend gewesen wäre (und war!), den als nicht schuldig befundenen Deutschen Eigenverantwortlichkeit auf allen Gebieten zurückzugeben — auf allen, nur an die Strafaktion hätte man auch sie nicht heranlassen dürfen, nachdem man ihnen die Kollektivschuld um die Ohren geschlagen hatte, die einen Solidarisierungseffekt bewirkt hatte.
Für dieses Nacheinander blieb aus zwei Gründen keine Zeit: Die materielle Not erforderte auf der Stelle freiwillige Mitarbeit deutscher Organisationen, die dafür aus dem Boden gestampft wurden. Es mußte deshalb Deutsche geben, und zwar sehr viele, die nicht in die Verbrechen der Nationalsozialisten verstrickt, also keine Natio-

nalsozialisten gewesen waren, denn nur unter dieser Annahme war ein vernünftiges Hand-in-Hand-Arbeiten zwischen Besatzungsmacht und Deutschen vorstellbar. Also doch keine Kollektivschuld? Die Antwort war die verhängnisvollste, die gegeben werden konnte: Jein!
Nachdem im Sommer 1945 bereits sämtliche Beamte entlassen worden waren, ganz gleich, wie groß ihre Verantwortlichkeit in der NS-Verwaltung gewesen war, erging, was wir heute »Berufsverbot« nennen würden, im Herbst auch für die private Wirtschaft. Damit hatten ein paar Millionen Menschen zunächst ihren bürgerlichen Status verloren, und nun erhob sich die Frage, wie sie zu bestrafen seien im Rahmen des Programmes der »Entnazifizierung«, das am 5. März 1946 im »Gesetz zur Befreiung von Nationalsozialismus und Militarismus« in München kodifiziert wurde. Mein Vorschlag, einen Sonderdruck des Gesetzes jedem unserer Kunden auszuhändigen anstelle nichtvorhandener positiver politischer Richtlinien, fand keine Gegenliebe.
Die Besatzungsmächte mußten erkennen, daß ihnen für die Durchführung ihres Gesetzes die Voraussetzungen sowohl qualitativ wie quantitativ fehlten und sie nicht in der Lage waren, die papierenen Gebirge aus Fragebogen, die ihre Dienststellen blockierten, sinnvoll abzutragen. So wurde der eigentliche Straf- und Reinigungsprozeß in deutsche Hände gelegt und hatte damit aufgehört, dem beabsichtigten Zweck zu dienen: der politischen wie juristischen Vergangenheitsbewältigung. Mit »Persilscheinen«, die ein Nazi dem anderen ausstellte — in Bayern allein zweieinhalb Millionen —, befreiten sich die Deutschen durch aufgelegten Lug und Trug, für jedermann erkennbar und von fast jedermann gutgeheißen, zwar nicht vom Nationalsozialismus, aber doch von der Strafverfolgung durch amerikanische Militärbehörden.
War die praktische Zusammenarbeit zwischen Besatzern und Besetzten vom ersten Augenblick an unvermeidbar,

so daß aus der Kollektivschuldthese nichts anderes entstehen konnte als die Verwandlung von Millionen Deutscher in Millionen beleidigter Leberwürste, so tat auch die weltpolitische Entwicklung alsbald das Ihre dazu, daß sich die Einstellung zu den Deutschen fundamental änderte. Aus einem noch heute bestaunenswert kurzen Umorientierungsprozeß der Politik der westlichen Alliierten ging die Sowjetunion gewissermaßen ersatzweise für den nicht mehr vorhandenen Weltfeind Nazideutschland als der neue Weltfeind Nummer eins hervor.

Allerdings gingen die ersten Sprünge im Kriegsbündnis bereits auf den Tag zurück, an dem Truman nach Roosevelts Tod Präsident der Vereinigten Staaten geworden war. Sogar schon auf der Potsdamer Konferenz, auf der noch Siegereintracht demonstriert wurde, waren hinter vorgehaltenen westlichen Händen bereits Zweifel laut geworden, ob die beschlossene Aufteilung des verbliebenen Reichsgebietes in jenen Teil, aus dem die Westmächte, und in einen zweiten, aus dem die Sowjetunion Reparationen entnehmen sollte — für das Ruhrgebiet wurde eine Sonderregelung ins Auge gefaßt —, nicht zwangsläufig auch zu einer politischen Aufspaltung führen müsse — eine im August 1945 in Potsdam noch eher befürchtete als angestrebte Perspektive.

Ich habe hier nicht Zeitgeschichte zu repetieren, kann aber diesen kurzen Blick auf den weltgeschichtlichen Hintergrund nicht ganz unterlassen, weil ich einen Begriff davon geben will, in welch totaler Verwirrung gegensätzlicher Leitlinien der Besatzungspolitik eine für den Demokratisierungsprozeß so wichtige Behörde wie Information Control ihre Arbeit verrichtete.

Indem ich meine Arbeit aufnahm, geriet ich, politisch betrachtet, in eine Klinik, in der die Ärzte nicht wußten, ob sie ein Darmgeschwür mit Hustensaft behandeln oder es operieren sollten. Aber alle waren entschlossen, von den so schwer erkrankten Deutschen diejenigen zu heilen,

die von den Militärgesetzen genötigt waren, ihre Klinik aufzusuchen; Ziel der Behandlung war, den Behandelten zu erlauben, selbst eine therapeutische Tätigkeit auszuüben. Bayerns Alt- und Neuverleger und schockweise Schriftsteller, die sich wieder bzw. endlich gedruckt sehen wollten, frequentierten ICD in Nymphenburg.
Waren mir auch keine *regulations* ausgehändigt worden, mit denen die Militärregierung sonst so verschwenderisch umging, so hatte mir doch Captain D., der Chef dieses Zweiges der Informationskontrolle, bei meinem Eintritt eröffnet, was von mir erwartet wurde. Ein Satz aus diesem Programm — das sich im Laufe eines Jahres erheblich erweiterte — blieb mir besonders gut im Gedächtnis: »Halten Sie uns das elende Zeug vom Leibe, mit dem uns hier die Türen eingerannt werden, und versuchen Sie, im bayrischen Kultur- und Literaturteich interessantere Fische zu fangen als Hölderlin, Eichendorff und Kants ›Schrift vom ewigen Frieden‹!« Hölderlin schien ein ganz besonderer Dollpunkt der kulturbeflissenen Amerikaner geworden zu sein, auch solcher, die, wie Captain D., zu Hause eine Geflügelzüchterzeitschrift betreut hatten.
Ob es nur an meiner Unfähigkeit lag, die Angel an den richtigen Stellen auszuwerfen, will ich nicht entscheiden, jedenfalls hing schon seit zwei Monaten gegen meinen lebhaften Widerspruch das Schild »Mr. Kuby« über meiner Tür — diesbezüglich schien es eine *regulation* der Armee zu geben —, und noch war nichts vorbeigeschwommen, was sich von dem »elenden Zeug« — häufig die harmlosesten Werke unserer Klassiker — deutlich unterschieden hätte; nichts, was neu, aktuell, der konkreten Situation angemessen gewesen wäre.
Darüber unterhielt ich mich zuweilen mit dem kleinen, zierlichen Leutnant, dem ich jenen Brief an Selman ausgehändigt hatte, auf den letztendlich zurückzuführen war, daß ich hier saß. Heinz Berggruen, so hieß der als

US-Leutnant verkleidete Mitarbeiter der amerikanischen Zeitschrift *Heute* und der *Neuen Zeitung*, als diese erst unter Hans Habe, dann unter Hans Wallenberg, zwei jüdischen Journalisten von Rang, ihre große Zeit hatte. Ob er auch auf der Gehaltsliste von ICD stand, wurde mir nie klar. Er trieb sich fast täglich bei uns in Nymphenburg herum, während *Heute* doch in Schwabing gemacht wurde. Offenbar fand er Gefallen daran, sich mit mir zu unterhalten, ich aber genoß seinen ironischen Witz. Wir lästerten über meine Kundschaft und ihre Ware. Ob unsere Gespräche dazu beitrugen, daß er anfing, Satiren zu schreiben, kann ich nicht sagen, kam jedoch auf diese Vermutung, nachdem er eines Tages zwischen die Lizenzanträge, die den Schreibtisch bedeckten, ein Manuskript gelegt und gesagt hatte:
»Vielleicht lesen Sie das einmal, ich brauche es aber zurück.«
»Von Ihnen?«
»Sie werden schon sehen.«
Das Manuskript war in kurze Abschnitte eingeteilt mit Titeln wie: »Im Hintergrund der Alte Fritz«, »Das gründlichste Volk der Welt«, »Widerstand gegen den Widerstand«. Dazwischen waren eingefügt, was heute in Unterhaltungsblättern »Fundsachen« genannt wird, bemerkenswerte Nachrichten aus Tageszeitungen: »Franz Haselmeyer-Odenbach aus Berlin-Dahlem wurde wegen Fragebogenfälschung zu fünf Jahren Gefängnis und 25 000 Mark Geldstrafe verurteilt. Er hatte vergessen, daß er Mitglied der NSDAP und 1925/26 Gauobmann der Partei in Hessen gewesen war.« »Der ehemalige Oberbürgermeister von Ingolstadt, Dr. Listl, wurde von der Spruchkammer entlastet. 23 von 25 Entlastungszeugen waren ehemalige Parteigenossen.« »Nach einer Meldung der DENA [Deutsche Nachrichtenagentur, Vorgängerin von dpa, Anm. d. Verf.] wurden in Bayern während der allgemeinen Waffenamnestie über 1000 Gewehre,

1700 Seitenwaffen, 570 Jagdgewehre und 1000 Pistolen und Revolver abgegeben. Weiterhin meldete die Landespolizei die Abgabe von 20 Maschinengewehren, 20 Maschinenpistolen, 3 Panzern, 21 Geschützen und einem Torpedo.«
Das Kapitel über die »Zubereitung des literarischen Kulturcocktails, der als Wochenschrift, Vierteljahresschrift und so weiter... serviert wird«, hatte Berggruen mit einem roten Ausrufezeichen versehen. Ich las:
»Es handelt sich zunächst um die Wahl eines schlagkräftigen Titels. Für den Titel kommen verschiedene Themenkreise in Frage. Zu den beliebtesten gehört zur Zeit der Themenkreis Demokratie. Genannt werden: Die Aussprache. Das Zwiegespräch. Das Problem. Der Knoten. Der gordische Knoten. Das Hin und Her. Für und Wider. Pro et Contra. Warum? Warum nicht? Die Aussprache. Das Zwiegespräch...
Der zweite Themenkreis hat den Wiederaufbau zum Gegenstand. In Frage kommen: Frischer Westwind. Frischer Ostwind. (Je nach Zone.) Die Erneuerung. Die Ernüchterung. Das Kommende. Der Hoffnungsstrahl. Das Morgenrot. Der Holzweg. Der geclearte (sprich: geklirte) Weg. Munter voran! Morgen. Übermorgen.
Themenkreis III sieht die Zeitschrift als ein Gefährt des Geistes an und verwendet sinnvoll die Nomenklatur der Fortbewegungsmittel. Zu nennen wären: Das Segelboot. Das Dampfschiff. Das Floß. Der Jeep (für die amerikanische Zone). Der Schlitten. Die Tragbahre. Das Untragbare.
Nach Wahl des Titels muß sofort ein Untertitel gewählt werden. Im Untertitel wird ausgedrückt, was eigentlich im Titel stehen sollte. Empfehlenswert ist vielleicht: Eine neue deutsche Zeitschrift für Kultur, Kunst, entnazifizierte Menschen, das Heim, die junge Generation und die moderne Hausfrau. Mit englischem Sprachkurs.
Jetzt kommt das Problem der Herausgeber und Mitar-

beiter. Der Herausgeber ist nicht sehr wichtig, wichtiger sind die Mitarbeiter. Einen literarischen Cocktail zuzubereiten, ohne sich der bewährten Zutaten Wiechert, Reinhold Schneider, Kästner, Bergengruen, Hausmann und Hausenstein zu bedienen, bedeutet literarischen Selbstmord.

Sonst wäre eigentlich nichts mehr zu erwähnen. Ach ja, der Inhalt. Mein Gott, der Inhalt ergibt sich von selbst. Manche fangen mit einem Gedicht an, manche mit einem Leitartikel. Schlüsselworte für den Leitartikel sind: Aufgaben. Ziele. Die jungen Menschen. Besinnung. Besinnlichkeit. Bestandsaufnahme. Das Zukunftsträchtige. Die Kollektivschuld.

Nicht zu empfehlen, außer in Anführungszeichen: Der germanische Mensch. Kameradschaft der Tat. Geopolitische Ziele. Nationales Bewußtsein. Der totale Staat.

Kein Kulturcocktail sollte serviert werden ohne leidenschaftliche Bekenntnisse zur modernen Kunst. Zu den reizvollsten Themen gehören: Caspar David Friedrich als Vorläufer Picassos (mit Abbildungen). Der Existentialismus auf der Leinwand.

Größere Aufsätze sollten sich mit originellen Themen befassen wie: Was wird aus der jungen Generation? Meine Erlebnisse in Dachau. Weshalb ich nach Buchenwald kam. Ernst Jünger und Thomas Mann, eine Abrechnung.

Hier und da sollen schmucke Zitate aus klassisch-freiheitlichem Bestand eingestreut werden. Wer geduldig im Büchmann blättert — zumindest unter geflügelten Worten aus griechischen und lateinischen Schriftstellern —, wird das eine oder andere finden. Bei dem weisen Lucilius (gestorben 103 vor Christus) steht zum Beispiel: ›Quis leget haec?‹ (Wer wird das Zeug lesen?)«[9]

In der Bücherproduktion sah es nicht viel anders aus. Kästner war immer lesbar und nicht selten von einer Treffsicherheit, für die es in der Literatur des Jahrhunderts nur mit Tucholsky ein zweites Beispiel gibt. Wie-

chert, Schneider, Carossa — auch ihre Bücher waren die schlimmsten nicht, wenn man auch nur darum beten kann — ohne freilich sicher zu sein, erhört zu werden —, daß diese schauderhafte deutsche Innerlichkeit und Betulichkeit niemals wieder einen Markt finden wird. Damals hatte sie ihn. Daß es Wiechert gelungen war, mit seinem *Totenwald*, dem Bericht der Erlebnisse von »Johannes« (=Ernst Wiechert) mit der Gestapo und im Lager Buchenwald während einer halbjährigen Haft, sogar diese Höllenwelt mit dem ranzigen Öl der Demut zu glätten, in fürchterlicher Unangemessenheit des Stils zum Inhalt, macht dieses Buch zu dem peinlichsten von allen, die er geschrieben hat, aber es paßte um so besser in die Situation. So vortrefflich, daß der gebildetste »Kulturcocktail« jener Jahre, die Halbmonatsschrift *Die Gegenwart*, darüber ausführlich berichtete und ein Stück des Textes, das qualvolle Sterben eines geschundenen alten Mannes, abdruckte und kommentierte: »So ist denn auch nichts ausgelassen worden. Alles ist notiert, geschildert, ohne ein Ausweichen. Am Ende hat der Leser eine ungeheuerliche Phantasmagorie vor sich, eine Szene des Schreckens und der Ohnmacht... Bluthund, Holzbock und Galgen fehlen auch nicht. Über dieser ›Welt der Rätsel und des Grauens‹ der unerreichbar hohe Himmel, mit leuchtendem Gewölk, mit Sonne, Mond und Stern; und nahebei prangende Buchen, ein ganzer Totenwald aus Buchen.«[10]
Am schlimmsten waren pseudo-philosophische Analysen über »Wie konnte das geschehen«, die das Geschehene behandelten, als sei es noch immer nicht möglich, die konkreten Zusammenhänge aufzudecken. Ich war gehalten, nicht nur zu Manuskripten kurze kritische Stellungnahmen zu verfassen, die mit den Lizenzanträgen vorgelegt wurden, sondern auch zu Büchern, die mit kürzlich erteilter Verlagslizenz soeben erschienen waren. Ich glaube mich zu erinnern, daß ich die böseste Kritik

über ein politisch ohne Zweifel gutgemeintes Buch mit dem Titel *Führer und Verführte* geschrieben habe. Motto: »Für den Frieden der Welt, gegen den Geist der Masse«. Schon der erste Satz darin war nur mit gesträubten Haaren zu lesen: »Diese Schrift ist keine eigentliche politische ... Aber hinter ihren Seiten steht ein mächtigeres Diktat: das Leid von Millionen Menschen, in Deutschland und draußen in der Welt.« Hitler heißt darin »der Retter«. Der Begriff wird natürlich kritisch benutzt, soll besagen, er sei als Retter begrüßt worden, was zweifellos zutrifft. Im »analytischen Teil« wird die Frage: »Wie also wurde die geschichtlich beispiellose Machtposition des Retters überhaupt möglich?« folgendermaßen beantwortet: »Sie wurde möglich: In erster Linie durch die Gunst der Stunde. Es war eine Stunde der Not. [Die Stunde dauerte von November 1918 bis Januar 1933, Anm. d. Verf.] Sie wurde ferner möglich durch faszinierte Volksmassen. Und sie wurde möglich durch die dem deutschen Volk eingeborene Disziplin. Und schließlich dank der Leichtgläubigkeit und Hingabefähigkeit des deutschen Volkes.«
Und wie wird es weitergehen?
»Vielleicht hat dieser fürchterlichste aller Kriege den ›Menschen guten Willens‹ geschaffen«, weltweit, denn der »Dämon im Nacken des Volkes war nicht nur ein deutscher Gegenstand, er war ein Stück Menschheit und darum ein Stück Tragik dieser Menschheit«[11].
Die den Mut hatten, derartigen Schwachsinn pathetisch über Hunderte von Seiten durchzuhalten, das Manuskript zum Verleger zu bringen — möglichst zu einem, der schon eine Lizenz besaß — und es drucken zu lassen, waren zumeist Amateure, literarische Eintagsfliegen, denen, wie einst dem »Retter Hitler«, »die Gunst der Stunde« gnädig war. Andere, Bessere, waren schon in der Weimarer Zeit Schriftsteller gewesen, hatten sich einen Namen erschrieben, waren nicht tot, aber mundtot gemacht wor-

den und verwendeten nunmehr ihr gefälliges Talent, um mit Hitler im Tonfall von snobistischem Gesellschaftsklatsch abzurechnen, wodurch sie dem Leser ihre angeborene Erhabenheit über das NS-Rowdytum bewußt zu machen suchten.
Die Glanzleistung in dieser Sparte vollbrachte Kasimir Edschmidt mit seinem 1946 (!) bei Desch erschienenen Wälzer *Das gute Recht*[12]. Er beschreibt darin das schwere Schicksal der Familie Rotenhan, im Klartext: das eigene, das mir so naheging, daß ich mich mit ihm noch auf andere Weise als nur auf der Desch-Liste für Papierzuteilung beschäftigte. Im *Münchner Tagebuch* schrieb ich darüber (Auszug): »Die Rotenhans hatten vor dem Kriege auf graziöse Weise in Italien vagabundiert. Dann siedelten sie sich in Tirol an. Leider war es ihnen des Krieges wegen nicht mehr möglich, Trauben essend in ihrer *seggiola* zu sitzen, indes sogar der *bagnino* hin und wieder respektvoll die Schönheit von Dolly Rotenhan bewunderte. Dollys Fruchtbarkeit besaß etwas Eigentümliches, dank dessen sie nach angemessenen Fristen Pony und später Bibi gebar.
Soweit uns die zahllosen vornehmen und geldigen Freunde der Rotenhans vorgeführt werden, hat ihnen der Autor duftige, durchsichtige Schleier übergezogen, mehr preisgebend als verhüllend. Er nennt sie Pamela, Tankred, Sylvia, Mammse, O. v. P., Marion, Dona Ximenes, Juan. Ihre Berufe: Minister, Botschafter, Erben. Zuweilen verschenken sie in Nebensätzen Schlösser und andere Nippes.
Rotenhans ziehen auf einen Bauernhof im Chiemgau, der nunmehr ›die Ranch‹ heißt. Wenn Dolly bei Nachbarn heimgarten geht, trägt sie, Krieg hin, Krieg her, einen weißen Rock und darüber einen Pullover aus schwarzer Angorawolle. Keine Strümpfe und an den Füßen sehr hohe, braungebeizte Holz-Zoccoli mit einigen Schnüren schwarzen Wildleders über den Knöcheln befestigt.

Rotenhan selbst trägt Knickers aus braun und weißer Schappseide und einen hauchdünnen stahlblauen Leinenrock, ein blaues Hemd dazu ohne Krawatte. Auch in dieser Aufmachung ist Rotenhan ungeheuer verfolgt gewesen.
Zu rechter Zeit improvisiert er über zehn Seiten Leitartikel, und Dolly, die gescheite, tüchtige und schöne, wird in Privatvorlesungen über die Welträtsel im allgemeinen aufgeklärt und bei bedeutungsvollen Stellen gefragt: Verstehst du? In jeder Hinsicht viel zu spät bringt sich schließlich der Chef des Regimes, ein gewisser Hitler, um und Rotenhan sein Manuskript früh genug zum Verleger. Trotz aller Behinderungen war es ihm gelungen, eintausendneunundachtzig Seiten zu schreiben. Der Verlag kündigt das Werk als den ersten großen deutschen Roman unserer Zeit an, ›als ein Dokument des Widerstandes gegen die Mächte der Finsternis und der Zerstörung‹, als ›ein Buch von den wahren und unverlierbaren Menschenrechten‹.«[13]
Als sich Rotenhan-Edschmid in München mit dem *Guten Recht* Freunde verschaffte, die nicht nur Minister und Botschafter waren, kamen über Berlin täglich 30 000 Vertriebene ins Restreich. Sie erhielten, bevor sie weiterziehen mußten, einen Teller Suppe und 300 Gramm Brot. Der Winter 1946/47 kam, die Energieversorgung war zusammengebrochen. Die Deutschen übten sich in der Kunst des Überlebens; Not macht erfinderisch: In Arnsberg im Sauerland zum Beispiel wurde aus Holz Leberwurst hergestellt; ganze Züge wurden geplündert, ganze Alleen abgeholzt. Deutschland fiel in den Zustand archaischer Naturalwirtschaft zurück. Die Zigarette war die neue Leitwährung, bei reichen Bauern häuften sich Schmuck, Porzellan, Klaviere. Die Briten setzten die tägliche Minimalration auf 1150 Kalorien fest.[14]
Zu hungern und zu frieren war das »gute Recht« fast aller, jedenfalls der Städter, die Wirklichkeit zu verhöhnen

das gute Vorrecht vieler Intellektueller, ob sie nun selbst hungerten oder die Gans unter dem Büfett vor ungebetenen Gästen versteckten. Die des Denkens und/oder des Schreibens mehr oder weniger fähige Elite eines Volkes hat sich in extremer Situation selten in einem so jämmerlichen Zustand präsentiert wie die deutsche 1945, 1946, 1947. Was in normalen Zeiten gar nicht wahrgenommen wird, daß nämlich das sogenannte kulturelle Leben für die Mehrheit der Bevölkerung nicht existiert, nahm angesichts einer quicklebendig emporsprießenden Kulturproduktion auf allen Gebieten unter den Bedingungen der ersten Nachkriegsjahre einen geradezu provokatorischen Charakter an. Es schien jedoch der Umstand, daß die zahllosen Kulturveranstaltungen in eiskalten Notunterkünften gleich bunten Luftballons über den Ruinen, dem Elend, der Kälte hingen, auf die Produzierenden wie auf die Konsumierenden einen Reiz auszuüben, der heute nicht mehr nachzuempfinden ist. Er wurde noch gewaltig dadurch verstärkt, daß zwölf Jahre der Abschließung, der Zensur, des Kulturdiktats vorausgegangen waren. Dem physischen Hunger, der für viele lebensbedrohlich wurde, entsprach ein Zustand geistigen Ausgehungertseins, für dessen Stillung keine Bezugsscheine ausgegeben werden mußten. Weil der Markt leer war vom Nützlichen und Notwendigen, floß das deshalb nahezu wertlose Geld in breiten Strömen auf den Markt des — nein, ich will nicht sagen: des Unnützen und Überflüssigen, denn ich gehörte ja zu den Konsumenten und bald auch zu den Produzenten.

Nicht von ungefähr hatte ich mir ein paar Sätze Hugo Balls (1927!) zur Kritik der deutschen Intelligenz auf einen Bogen geschrieben und neben dem Schreibtisch an der Wand befestigt. Darauf stand:

»Rücksichtslos gilt es, die ganze Erbärmlichkeit des sogenannten deutschen Geisteslebens aufzudecken, und erst wenn wir dahintergekommen sind, wie viel hier gesündigt, versäumt und getäuscht worden ist; wenn Männer unter uns selbst den Mut finden einzugestehen, daß wir in Sachen der Menschheit und Menschlichkeit die hinterhältigste, feigste und bequemste Nation der Welt gewesen sind, erst dann werden wir festen und sicheren Boden finden, an der Gerechtigkeit mitzubauen und uns dem Sumpf zu entwinden, wo man noch immer verkappte Servilität für Finesse und Tiefsinn hält, Religion, Kunst und Philosophie aber für eine Maske vor dem Tiergesicht.«[15]

Das Mobiliar des Büros, zu dem lederbezogene Sessel und Wandschränke gehörten, war schwarz und einmal teuer gewesen. Das angeheftete Blatt war vor schwarzem Hintergrund unübersehbar und konnte mir deshalb außer zur eigenen Belehrung auch zu einem kleinen Test dienen, dem ich meine Besucher unterzog, ohne daß sie es bemerkten. Sie befanden sich in einer amerikanischen Dienststelle, die über ihr ökonomisches Wohl und Wehe durch Erteilung oder Verweigerung der Berufserlaubnis, durch Zuteilung oder Reduzierung des für den Druck nötigen Papieres entschied. Wie die in jedem Sinn improvisierte Behörde arbeitete, von welchen Schwankungen der amerikanischen Deutschlandpolitik die Entscheidungen der obersten Instanzen und damit auch, auf dem Befehlswege, die eines Captain S. oder Captain D. beeinflußt wurden, blieb den Deutschen zumeist verborgen, die hier eher als Bittsteller denn als ihr Recht fordernde, am Wiederaufbau eines ehemals ansehnlichen Verlagswesens beteiligte Kulturschaffende auftraten.

Es gab allerdings auch Ausnahmen; sie im Detail und mit Namensnennungen zu beschreiben, zöge mir vielleicht noch nach vierzig Jahren Prozesse wegen übler Nachrede auf den Hals. Und wozu auch? Zu so vielen Millionenvermögen sind damals die Startpositionen auf Schleichwegen und mit Bestechung von Funktionären der Besatzungsmächte geschaffen worden, daß es ganz unsinnig wäre, einzelne Fälle noch anzuprangern. Es genüge der Hinweis, daß es im ruinierten Deutschland Objekte gab, in München zum Beispiel komplette Tafelgeschirre aus der Nymphenburger Porzellanmanufaktur, 18. Jahrhundert, die sich ein Captain, ein Major, auch ein Colonel in seinem Hause in Denver/Colorado oder San Antonio/Texas nicht vorstellen konnten, ohne weich zu werden. Im heutigen Klima der Bundesrepublik Deutschland würde man sagen, daß es sich um Spenden für den guten Zweck gehandelt und den Spendern wie den Empfängern das Unrechtsbewußtsein gefehlt habe. Halb- und Ganznazis, die schlau genug waren, solche Möglichkeiten auszuschöpfen, und dafür triftige Gründe hatten, weil sie auf legalem Wege nicht zum Zuge gekommen wären, solange der Lizenzzwang bestand, waren auch intelligent genug zu erkennen, wo die Musik wirklich spielte, und damit will ich sagen: Im zweiten Stock des Hauses Hubertusstraße 4, München 19, erschienen sie nicht.

Ich hatte es, und damit komme ich auf das angeheftete Blatt zurück, mit einer Klientel zu tun, die vor Offizieren der Militärregierung, mit denen sie in amtlicher Eigenschaft zu tun hatte, soviel Hochachtung empfand, um es freundlich zu sagen, daß sie selbst im Büro einer deutschen Hilfskraft verlegen war. Das schloß aus, sich bei mir in aller Unbefangenheit umzusehen, aufzustehen und zu sagen: Was haben Sie sich denn hier an die Wand gehängt? Die Kunden kamen mit ihren Problemen und Wünschen und behandelten mich in aller Regel, als sei ich Amerikaner, während doch nichts natürlicher gewesen wäre, als auf der Basis: »Bayern unter sich« auf Solidarität zu pochen, zumal niemand daran hätte zweifeln können, daß ich vor allem dazu da war, Wege zu ebnen.

Wer in der kapitalistischen Betriebshierarchie je von einem Platz hinter dem Schreibtisch vertrieben worden ist, hat die Erfahrung gemacht, daß sich dieser von dem

Platz vor dem Schreibtisch wie Tag und Nacht unterscheidet. Vorbei ist es dann mit der Selbstsicherheit, mit dem Wechselspiel »zwischen hilfreicher Gottheit und finsterem Richter« (Henry Miller, sich eigener Bürotätigkeit erinnernd). Während meines ganzen Berufslebens habe ich in diesem Sinne nur während der bei ICD verbrachten Monate hinter dem Schreibtisch gesessen, aber diese Erfahrung hat genügt, mich zu belehren, daß man an diesem Platz keine Chance hat, dem Mißverständnis zu entgehen, Freundlichkeit sei Herablassung.
Wendete einer der vor dem Schreibtisch Sitzenden doch einmal interessiert den Kopf, erhob er sich, um zu lesen, was auf dem Zettel an der Wand stand, so ließ ich nicht erkennen, daß ich mit einer gewissen Spannung auf seine Reaktion wartete. Ich habe keinen erlebt — und es waren immerhin Verleger, Verlagsangestellte und Schriftsteller —, der gesagt hätte: Ach, Sie schätzen Ball oder etwas Ähnliches, dem zu entnehmen gewesen wäre, daß ihm der Name etwas sage. Daß sich buchstäblich niemand auf eine Diskussion über die Aussage der Ballschen Sätze einließ, hätte den Grund darin haben können, daß man als Deutscher 1946/47 genug Kritik und Vorwürfe einzustecken hatte, um sich nicht auch noch von einem offenbar deutschen Kritiker sagen zu lassen, man gehöre zur hinterhältigsten, feigsten und bequemsten Nation der Welt. Das heißt, ich hätte in dem stummen Achselzucken, mit dem der Ballsche Text, wenn überhaupt, zur Kenntnis genommen wurde, ein Zeichen von Niedergeschlagenheit und schlechtem Gewissen sehen können, wäre das Verhalten der Volksgenossen, mit denen ich insgesamt umging — angefangen bei dem Sachbearbeiter des Wohnungsamtes bis zu den Trägern sehr berühmter Verlagsnamen —, im mindesten dazu angetan gewesen, diesen Schluß zu ziehen. Genau das Gegenteil war der Fall.
Daß es ein paar Erschütterte im Volk gegeben hat, sei selbstverständlich nicht bestritten, und erst recht nicht,

daß zur genetischen Erforschung der Schuldfrage das historische Gelände bis Luther umgegraben wurde und außer ihm sich auch Friedrich II., Wagner, Nietzsche den Vorwurf gefallen lassen mußten, an Hitler schuld zu sein. Davon spreche ich nicht, sondern von meinen alltäglichen Erfahrungen. Sie waren erschreckend, weil Larmoyanz und Selbstmitleid in aller Regel Hand in Hand mit der Überzeugung gingen, es bestehe nicht der geringste Anlaß, vor der eigenen Tür zu kehren, Lehren aus der Vergangenheit zu ziehen, noch gar, sich von Fremden belehren zu lassen. Das Achselzucken nach Lektüre der Ballschen Sätze war der Ausdruck äußerster Entschlossenheit, sich von niemandem in die Suppe spucken zu lassen. Hätte aber Captain S. oder Captain D. verlangt, daß die Verlagslizenz vor ihren Schreibtischen im Knien entgegengenommen werden müsse — wovon sie freilich sternenweit entfernt waren —, so hätten sie erleben können, daß diese Vertreter eines oberen Abhubs des gebildeten Deutschland schon von der Tür weg auf Knien gerutscht gekommen wären.

Ich hatte als Soldat eine fast sechsjährige Lehrzeit in und mit den breiten Schichten unseres Volkes hinter mir und erfahren, wie sie sich, straffster Führung selig angeschmiegt, hatten verkaufen und verraten lassen, ohne eine Miene zu verziehen. Nunmehr befand ich mich in einem Schnellkurs für Psychologie geschlagener Deutscher, deren Energie, den Schaden wettzumachen, bewundernswert war.

Es gab allerdings Augenblicke, in denen ich mich gern aus diesem amerikanischen Milieu fortgestohlen hätte, von dem schwer zu sagen war, wovon es mehr bestimmt wurde: von seiner Eingliederung in die Armee mit allen Konsequenzen fürs Befehlen und Gehorchen oder von einer fast bohemehaften Lässigkeit im Umgang sowohl untereinander wie gegenüber den deutschen Hilfskräften. Mir wurde mulmig, wenn Captain S., Captain A. oder

der Chef, Captain D., ein besonders kriecherisches Auftreten eines ihrer deutschen Klienten mit innerem Hohn quittierten, der mich, wenn ich eine solche Szene miterlebte, um so schmerzhafter berührte, als man sehr genau hinschauen mußte, um ihn zu bemerken. Durch seine Verhaltenheit gewann er an vernichtender Schärfe, der nur dann mit Trotzhaltung zu begegnen gewesen wäre, wenn hier US-assimilierte Emigranten ihr deutsches Publikum grundsätzlich mit Verachtung behandelt hätten. Davon aber konnte keine Rede sein.
Hätte meine Arbeit nur darin bestanden, mit der »Kundschaft« umzugehen, mir ihre Anliegen anzuhören, ihnen eine Form zu geben, in der sie weitergeleitet werden konnten, so wäre sie rasch zur Routine erstarrt. Was sie davor bewahrte, waren zum einen die Berichte, die ich wöchentlich über die angefallene Arbeit abzufassen hatte, und die Kritiken, die von mir sowohl zu den Verlagsprogrammen wie zu fertig produzierten Büchern erwartet wurden, soweit es sich nicht gerade um Hölderlin oder Andersens Märchen handelte. Sie zu schreiben machte mir mehr und mehr Vergnügen, und wenn ich daran zurückdenke, wird mir klar, daß ich mich damit zum erstenmal an einer Form schriftlicher Aussage versuchte, die nicht jene mir nur allzu geläufige war, die des Briefes.
Dann aber geschah etwas, woraus sich eine ganz grundsätzliche Veränderung in meinem Verhältnis zu meiner Arbeit bei ICD, in meinem Engagement für sie ergab: Zu den für die Lizenzierung anstehenden Projekten kam eines hinzu, für dessen Durchsetzung ich in einer Weise tätig wurde, die zu fast täglichen Besprechungen und kontroversen Diskussionen mit den Amerikanern führte. Ich geriet dadurch zu ihnen in eine lebhaftere Beziehung, als sie sich bisher ergeben hatte. Sie konnten nicht mehr umhin, die nützliche Hilfskraft als einen jener problematischen Deutschen zur Kenntnis zunehmen, mit denen

sie es durch ihre Arbeit immer wieder zu tun bekamen. Obwohl diese Leutnants, Captains und Majors einmal Deutsche gewesen waren, standen sie 1946 vor der Psyche und Denkweise vieler Deutscher, von denen sich nicht wenige aufführten, als müßten sie die Amerikaner belehren, was Demokratie sei, wie der Ochs vorm neuen Scheunentor, und nicht selten wurde ihr ohnehin begrenztes Verständnis von ausgesprochenem Unbehagen blockiert. Nur deshalb, weil ich bisher meine Arbeit zu ihrer Zufriedenheit erledigt hatte, waren sie in dem Fall, von dem ich nun zu berichten habe, ernsthaft bemüht, ihn in meiner Beleuchtung zu sehen. Es ging dabei nicht mehr um die formale Anwendung des bürokratischen Verfahrens für Lizenzierung und Papierzuteilung, jedenfalls nicht in der Hauptsache, es ging um Klärung politischer Positionen. Derartiges war nicht vorgesehen gewesen.

Hatte mir die Gans unter dem Büfett die Arbeit bei ICD eingebracht, so wurde ich mit dem Projekt, das zunächst bestimmend für eine erhebliche Zunahme des Engagements wurde, mit dem ich meine Pflichten bei ICD absolvierte, durch einen weiteren Zufall bekannt, dadurch nämlich, daß ich am 19. März 1946 die Uraufführung eines Theaterstückes *Lilith* in einer Nymphenburger Turnhalle besuchte, dessen Verfasser Rüdiger Syberberg hieß.

Die *Süddeutsche Zeitung* hatte in jenen Jahren mit Gunter Groll einen Theaterkritiker, wie er ihr in solcher Qualität nach dessen Ausscheiden nicht mehr beschieden war. Dieser scharfsinnige und scharfzüngige Autor schrieb in der Ausgabe vom 22. März 1946 »ein Wort zur Münchner Theaterkrise«. Nachdem er beklagt hatte, daß »am Nullpunkt unserer Geschichte« die »unvergleichliche geistige Chance« eines Neubeginns von Münchens Theatern nicht genutzt worden sei, lobte er Stück und Aufführung von *Lilith* über den grünen Klee. Seit der *Kleinen*

Stadt des Amerikaners Wilder — diesem damals vermutlich meistgespielten, unglaublich überschätzten Stück — sei *Lilith* der anregendste und interessanteste Münchner Theaterabend seit dem Krieg gewesen: »Das Publikum folgte fasziniert und brachte am Ende begeisterte Ovationen.«
Darunter befand sich ein junger Mann, der ganz anderer Ansicht war. Er pfiff auf dem Hausschlüssel und gab Rufe äußersten Mißfallens von sich. Weil er deshalb vom Publikum beschimpft, ja, fast tätlich angegriffen wurde, stand ich ihm ein wenig bei. Wir verließen zusammen die Turnhalle und gingen durch die stillen Alleen, deren Bäume noch nicht begrünt waren, zu einem Haus, wo er provisorisch bei Bekannten wohnte.
»Seien Sie bitte leise«, sagte er unter der Tür, »es gibt hier Kinder.«
Wir setzten uns in eine Art Abstellraum bei Kerzenlicht auf ein Bett, das aus einem Luftschutzraum stammte. Er zauberte auf einem Spirituskocher Nescafé. Als er erfuhr, welche Tätigkeit ich unweit der Turnhalle ausübte, holte er den geklebten Entwurf einer Zeitschrift hervor, auf deren Umschlag ich in Blockschrift las: DIE VERLORENE GENERATION.
»Das will ich machen.«
Er machte »das« nicht, aber es wurde gemacht. Als aus der geklebten Nullnummer fünf Monate später das erste gedruckte Exemplar geworden war, gab es keine »verlorene Generation« mehr.
Die Zeitschrift hieß: *DER RUF. UNABHÄNGIGE BLÄTTER DER JUNGEN GENERATION.*

DER RUF – eine Fallstudie

> *DER RUF. UNABHÄNGIGE BLÄTTER DER JUNGEN GENERATION* existierte vom August 1946 bis März 1949. Er erlebte in diesem Zeitraum vier Redaktionen, von denen die erste, geführt von Alfred Andersch und Hans Werner Richter bis April 1947, und die zweite, anschließend geführt von mir bis zum Ende des Jahres 1947, versuchten, dem Titel gerecht zu werden, für die junge Generation zu schreiben, ihrer Stimmung, ihren Hoffnungen, ihren Enttäuschungen Ausdruck zu geben.
> Über den *RUF* sind zwei Bücher erschienen, die eine Auswahl von Beiträgen aus den Heften 1 bis 16 bieten, also aus jenen, die unter der Leitung Andersch/Richter erschienen bzw. auch von ihnen geschrieben worden sind.[16]
> Über den *RUF* gibt es zwei Doktorarbeiten, eine aus der DDR, von der ich nur weiß, die ich aber nie zu Gesicht bekommen habe, und eine von einem in der BRD lebenden Franzosen. Sie liegt in deutscher und französischer Sprache vor und ist auch im Druck erschienen.[17]
> Artikel über den *RUF*, Funksendungen und mehr oder weniger ausführliche Erwähnungen in zeitgeschichtlichen Werken, die sich mit der unmittelbaren Nachkriegszeit beschäftigen, sind unübersehbar und noch nirgendwo registriert.

Würde mir heute ein junger Mann erklären, er wolle eine Zeitschrift ins Leben rufen, und ein Exposé vorlegen, das, auf gegenwärtige Zustände bezogen, von ähnlicher Aktualität wäre, wie es jener Entwurf war, auf den ich nach der *Lilith*-Aufführung in später Nachtstunde einen flüchtigen Blick geworfen hatte, so sähe ich darin mit hoher Wahrscheinlichkeit nichts sonderlich Aufregendes und würde den jungen Mann womöglich mit der Bemerkung entmutigen: Wissen Sie, es gibt schon ein paar hundert

Zeitschriften. Und was ihn angehe, so hätte er verdammte Mühe, sich noch etwas Originelles einfallen zu lassen.

Damals aber, in einem literarischen Klima, in dem, wie gesagt, Wilders *Kleine Stadt* um ihrer liebenswürdigen Harmlosigkeit willen, deren wir so gründlich entwöhnt worden waren, wie eine Offenbarung normalen Lebens wirkte, erschien mir »Die verlorene Generation« allein schon durch die unverblümte Sprache der Beiträge als geradezu revolutionär. Es war ein noch ganz undifferenzierter, allererster Eindruck, der mich bewog, am Morgen nach der *Lilith*-Aufführung Captain A. aufzusuchen und zu sagen: »Ich glaube, ich habe heute nacht einen Fisch gefangen.«

Das war maßlos übertrieben, gefangen war da noch gar nichts.

Der Hausschlüsselpfeifer, ein fast puritanisch wirkender, betont bürgerlich auftretender Typ, erwies sich als der Sohn eines vor dem Dritten Reich bekannten Nationalökonomen, Werner Sombart, mit Vornamen Nikolaus. Nach vielen Jahren sah ich ihn kürzlich wieder. Er war lange beim Europarat in Straßburg tätig gewesen, hat sich jetzt mit einem Lehrauftrag nach Berlin transferieren lassen, bereitet ein Buch über Kaiser Wilhelm II. vor, über den er schon mehrfach publiziert hat. Wie in seiner eigenen findet das Wetterwendische in vielen Biographien von Intellektuellen jener Generation drastischen Ausdruck, die sich zwischen Kriegsende und heute in Kurven von ihren Anfängen fortbewegt haben.

Am 21. März 1946 suchte er mich im Büro auf. Wir gingen bei Tageslicht in Ruhe den Entwurf zur »Verlorenen Generation« durch. (Bei der fragmentarischen Beschreibung der Geschichte des *RUF* folge ich meinem Arbeitskalender von 1946/47.) Bei diesem zweiten Treffen wandte ich ein, man könne nicht jede Woche oder alle vierzehn Tage verloren sein, der Titel sei unmöglich und

überdies würde ich ihn nicht verstehen. Sei er, Sombart, verloren? Sei ich verloren? Seien jene verloren, die, knapp zwanzig, noch zum Kriegsdienst gepreßt seien? Wenn tot, dann verloren, aber die kämen als Leser ohnehin nicht mehr in Frage.
Das war ihm zuviel Zynismus. Er erklärte den Titel damit, daß jene, die vor dem Krieg zwischen zwanzig und fünfundzwanzig Jahre alt gewesen, durch den Krieg um jede soziale Entwicklung gebracht worden seien und nun, zwischen dreißig und fünfunddreißig, vor einem Trümmerhaufen stünden, mit der Anklage der Kollektivschuld konfrontiert. Es sei kein Wunder, daß sie ihrerseits die Vätergeneration anklagten, sie in das Unglück hineingeritten zu haben, während sie ausschließlich Opfer, aber nicht Verursacher seien. Ich hielt ihm entgegen, daß ich mich nach dieser Definition selbst zur verlorenen Generation rechnen müßte, mein Bewußtsein aber nicht im mindesten Verlorenheit signalisiere. Wenn er, Nikolaus Sombart, höchstens ein paar Jährchen jünger, nun diese Zeitschrift vorbereite, so gehe doch auch daraus hervor, daß er optimistisch die Ärmel aufkrempeln wolle. Verspäteter Start, das schon, aber dafür ein leergeschossener Bauplatz, ein ideales Gelände, Neues zu wagen.
Das müßten wir in einem größeren Kreis diskutieren, sagte Sombart, hinter dem Projekt stünden noch andere. Er brachte einen hochgewachsenen jungen Mann an, der Alfred Andersch hieß. Mit ihm fand wenige Tage später ein erstes ausführliches Gespräch in dem kahlen Zimmer statt, wo ich, wenn ich in der Stadt blieb, als Untermieter hauste. Ich erfuhr, er habe mit anderen in einem amerikanischen Gefangenenlager eine Lagerzeitschrift mit dem Titel *Der Ruf* gemacht, und nun gehe es darum, diesen *Ruf* in Freiheit als ein Organ der jungen Generation fortzusetzen.
Der Neuanfang, von dem Andersch so begeistert sprach,

ohne die Metapher von der »Stunde Null« zu benutzen (die »Umerziehung« in dem gutversorgten amerikanischen Lager hatte eine Stunde-Null-Erfahrung nicht zugelassen!), war auch im ganz persönlichen Sinn der seine, machte ihn so überzeugend.

Er glaubte daran, die »junge Generation« sei formbar, weil aus allen Ordnungen gestoßen. In dieser gänzlich falschen Hoffnung trafen wir uns, nur hatte ich, im Gegensatz zu ihm, keine Vorstellung, wie die neue Form beschaffen sein sollte, die dem Zustand der »Heimatlosigkeit« — ein Ausdruck, der in den Nachkriegsjahren die Scheinautorität des Modischen gewann — und des »Verlorenseins« ein Ende bereiten würde. Statt dessen glaubte ich genau zu wissen, wie sie nicht aussehen sollte. Bereits nach den ersten Vorgesprächen mit Andersch, wie ich sie in ähnlicher Direktheit noch mit keinem von denen hatte führen können, die ich intern »unsere Kundschaft« nannte, war ich sicher, daß für die verschmockten Seelentaucher, wie sie sich schockweise in den lizensierten Verlagsprogrammen zu Wort meldeten, im *RUF* kein Platz sein würde.

Der Begriff »verlorene Generation« im Untertitel der Zeitschrift wurde durch »junge Generation« ersetzt, eine Begriffsprägung von Hans Werner Richter, der er eine progressive Sinndeutung bereits im Umerziehungslager gegeben hatte.

Nikolaus Sombart verschwand allmählich aus den *RUF*-Gesprächsrunden — aus welchen Gründen, habe ich nie ganz durchschaut. (Im Bannkreis des *RUF* formierte sich das Cliquenwesen sehr bald.) Anfang 1947 scheint sich Sombart endgültig mit den Herausgebern überworfen zu haben.

Der Name Hans Werner Richter, der heute immer zusammen mit dem von Andersch genannt wird, wenn vom *RUF* die Rede ist, taucht in meinen Arbeitsnotizen noch lange nicht auf. Er war noch nicht in München. Es ist im-

mer nur Andersch, mit dem Besprechungen erwähnt werden. Ich muß von ihm erfahren haben, es bestehe die Absicht, den *RUF* in einen neu zu gründenden Verlag einzubringen, in dem außer der Zeitschrift auch Bücher erscheinen sollten. »Andersch will die Lizenz nicht für sich selbst«, steht unterm 26. März 1946. Offenbar war mir diese Information so verwunderlich, daß ich sie notierte.
Ich würde meiner eigenen Erinnerung nicht trauen, könnte ich nicht nachlesen, daß ich am Abend des 27. März, bei Freunden zu Gast, mir den Namen für diesen Verlag ausdachte und auf einen Zettel schrieb: Nymphenburger Verlagshandlung. Mir stand ein in seiner Produktion avantgardistisches Unternehmen vor Augen, zu dem sich der betont altmodisch-biedermeierliche Ausdruck »Verlagshandlung« in einem propagandistisch verwertbaren Spannungsverhältnis befinden würde. Diesem Irrtum wäre ich vermutlich nicht erlegen, wenn ich außer Andersch und Sombart schon die Verleger gekannt hätte, die sich dann in der Nymphenburger zusammenfanden. Noch in der Nacht zeichnete ich eine Art Briefkopf (im Notizbuch »Geburtsurkunde« genannt) für die neue Firma, mit einer stilisierten Silhouette von Schloß Nymphenburg. Es spricht für den legeren Ton bei ICD, daß ich damit anderntags zu Captain A. ging und ihn aufforderte, mit mir zusammen dieses Scherzdokument zu unterschreiben. So geschah es, und siehe da, es war nicht nur ein Scherz, der Name blieb, wie man weiß.
»Haben Sie die Verleger gefragt, ob sie mit dem Namen einverstanden sind?« erkundigte sich der Offizier, und ich mußte antworten, daß ich noch keinen von ihnen kannte.
Ich hatte keine Kompetenz, mich in die Ehe zwischen Verlag und Redaktion einzumischen, sie wurde in meinem Beisein weder politisch noch weltanschaulich analysiert, und so habe ich bis zum heutigen Tag nicht begriffen, wie es zu ihr hat kommen können. Aus ihr läßt sich

zutreffender die traurige Entwicklung der Zeitschrift herleiten als aus Eingriffen der Amerikaner.
Zum organisatorischen Weg bis zur Lizenzerteilung am 26. Juli 1946 (Lizenz Nr. 174) nur noch zwei Daten: Am 9. April erarbeitete ich mit Andersch einen Entwurf des Lizenzantrages, dem ich am 21. April die Form gab, in der er nach Bad Nauheim zu Colonel Waples, dem obersten Chef, geleitet wurde.
Am 27. Mai kam ich aus Hamburg und Berlin von meiner ersten Nachkriegsreise zurück, auf der ich unter abenteuerlichen Umständen bei einem Braunkohletagbau nahe Helmstedt die Grenze zur sowjetischen Zone illegal in beiden Richtungen überschritten hatte. ICD erweiterte an diesem Tag meine Pflichten und Zuständigkeiten, am Abend fand eine Besprechung statt, die bis um drei Uhr früh dauerte. Der Verlag, von fünf Personen repräsentiert, war komplett anwesend, die Redaktion, die zunächst mangels besserer Unterkunft im Vorort Krailing residierte, war nur durch Andersch vertreten.
Am 15. August erschien die erste Nummer. Das Titelfoto, ersichtlich eine Kunstlichtaufnahme, zeigte einen deutschen Soldaten, der die Arme hochreckt zum Zeichen, daß er nicht mehr kämpfen werde. Die Bildunterschrift, der die herausgehobenen Worte: »Bedingungslose Übergabe« vorangestellt waren, zitierte Roosevelt mit einer Botschaft, die den Satz erhielt: »Wir klagen nicht das deutsche Volk als solches an, denn wir können nicht glauben, daß Gott irgendein Volk auf ewige Zeiten verdammt habe.« Der amerikanische Präsident wiederholte damit nur Stalin, der, ohne Gott zu bemühen, gesagt hatte, die Hitlers kämen und gingen, die Völker blieben.
Die Unterschrift paßte zum Foto, es war aber dennoch denkbar unglücklich gewählt, weil es dem optimistischen Titel und Ton des Leitartikels Abbruch tat: »Das junge Europa formt sein Gesicht.« »Allen pessimistischen Voraussagen zum Trotz bilden sich neue Kräfte- und Wil-

lenszentren. Neue Gedanken breiten sich über Europa aus. Der auf die äußerste Spitze getriebenen Vernichtung entsprang, wie einst dem Haupt des Jupiter die Athene, ein neuer, jugendfrischer, jungfräulich-athenischer Geist.« Wir befänden uns »im Prozeß einer Weltwende.« Dann ließ Andersch die Weltwender aufmarschieren: Sartre, Camus, Simone de Beauvoir, Mounier, Aragon in Frankreich, Silone und Ferruccio Parri in Italien, und schon hier sieht der Autor im Sieg der Labour Party, die in den Wahlen des Vorjahres dem Kriegshelden Churchill den Laufpaß gegeben hatte, »eine innere Erneuerung der Arbeiterbewegung«.

Welchen Gesamteindruck mir diese erste Nummer machte, besagt eine Aktennotiz, die ich am 22. August für die ICD diktierte (Auszug): »Aus zahlreichen Urteilen, die ich mir über die erste Ausgabe der Zeitschrift ›DER RUF‹ verschafft habe, geht hervor, daß sie beim Publikum mehr, als wir von diesem Platz aus beurteilen können, als proamerikanisch angesehen wird. Durch solche Urteile wird nicht der objektive Wert dieser Zeitschrift herabgesetzt, und ich habe bisher auch niemand getroffen, der nicht gespürt hätte, daß hier ein neuer Ton angeschlagen wird und eine besondere geistige Spannkraft zum Ausdruck kommt. Immerhin bedeutet bei der gegenwärtigen politischen Lage der Verdacht, daß der ›RUF‹ in eine Linie mit der ›Neuen Zeitung‹ und ›Heute‹ zu stellen sei, eine Gefahr für seine Wirkung. Die beabsichtigte Veröffentlichung der Nürnberger Dokumente als Buch in der Nymphenburger, die durch die gestrige Besprechung der Verwirklichung ein großes Stück nähergerückt ist, würde den Verlag, wenn er sie tatsächlich herausgibt, und damit auch den ›RUF‹, noch mehr in eine Situation manövrieren, in der er dem Publikum als amerikanisches Propaganda-Instrument erscheinen muß.*

* Zu diesem Zeitpunkt war der Hauptkriegsverbrecherprozeß in Nürnberg noch im Gang. Die Urteile wurden Anfang Oktober 1946 gespro-

Es ist notwendig, von unserer Seite alles zu tun, daß der Verlag nicht auf eine bestimmte Richtung festgelegt wird. Nur wenn er als ein absolut objektives *deutsches* [Unterstreichung im Original] Unternehmen angesehen wird, kann er eine Erziehungsaufgabe erfüllen.«
Captain D. ließ mich kommen und sagte, er halte meine Bedenken für übertrieben. Die Nymphenburger sei das eine, *DER RUF* das andere. Niemand könne diese erste Nummer lesen und dabei auf den Gedanken kommen, das Blatt betreibe amerikanische Propaganda. Andersch proklamiere in seinem Leitartikel ein sozialistisches Europa. Kaum anzunehmen, sie seien dafür in den Krieg gezogen.
»Dafür sicher nicht, aber ...«, sagte ich und schlug vor, die Diskussion schriftlich fortsetzen zu dürfen, sie sei wichtig.
Meine zweiten Ausführungen anläßlich der ersten Nummer des *RUF*, für den amerikanischen Hauptmann bestimmt, füllten mehrere Seiten. Ich kann nur aus einzelnen Passagen zitieren; der volle Text des Originals liegt mir nicht mehr vor, sondern nur eine viel später hergestellte Abschrift einzelner Abschnitte. Sie entstand, als ich mich mit der (nicht ausgeführten) Absicht trug, die Geschichte des *RUF* aus meiner Sicht zu schreiben und über das »Institut für Zeitgeschichte« in München zu veröffentlichen. Ich schrieb:
»Wir müssen uns diesen Sozialismus näher ansehen. Andersch setzt ›links‹ in Anführungszeichen. Europas Jugend stehe ›links‹, und dann tritt der ›Menschengeist‹ auf, der den privaten Besitz von Produktionsmitteln nicht mehr dulde. Ein zweites Gänsefüßchenpaar finde ich

chen. Im Jahr 1946 erschien bei der Nymphenburger in völliger Abänderung des mit dem Lizenzantrag vorgelegten Programms nur ein Buch: *Das Urteil von Nürnberg*, der vollständige Wortlaut der Urteile gegen Göring u.a., herausgegeben im direkten Auftrag der Militärregierung.

dort, wo ›links‹ definiert wird als ›kulturelle Aufgeschlossenheit, Ablehnung nationaler und rassischer Vorurteile‹. Dieses ›links‹ erfährt im nächsten Absatz eine noch viel stärkere Abwertung, wenn dort vom ›alten orthodoxen Marxismus‹ gesprochen wird, der, würde er angestrebt, die Jugend veranlaßte, ›das Lager des Sozialismus zu verlassen‹. Was hier vom Sozialismus gesagt wird, und wie, läßt m. E. klar erkennen, daß der Verfasser durch eine amerikanische Schulung für Demokratie gegangen ist. Er bekennt sich sogar ausdrücklich zu einer ›Erziehung (die) wie eine alles mitreißende Woge über das Land geht‹. 30 000 deutsche Kriegsgefangene seien von dieser Erziehung in einem amerikanischen Lager zu neuen Menschen erzogen worden — so nicht wörtlich, aber dem Sinne nach.

Was hier im ›RUF‹ konzipiert wird, hat mit einer sozialistischen Gesellschafts- und Wirtschaftsordnung nur dem Anschein nach etwas zu tun. Es ist allenfalls ein bißchen progressiv. Es ist der humanistische Sozialismus des bayerischen Ministerpräsidenten Högner, den Sie, ich meine die Militärregierung, vor einem knappen Jahr ernannt hat. Ich kann nicht erkennen, daß der Leitartikel in jedermanns Augen ein Beweis für die im Titel herausgestellte ›Unabhängigkeit‹ des ›RUF‹ sein muß ...

Ich bin kein Kommunist und verstehe vom Marxismus gar nichts, aber ich halte mich dennoch für ›links‹, und zwar auf eine Weise, die es mit unmöglich macht, im Leitartikel des ›RUF‹ eine wirklich linke Position zu entdecken. Meine Erfahrungen reichen in die Weimarer Republik zurück; damals wurde die Auseinandersetzung über eine linke und eine konformistische Sozialdemokratie leidenschaftlich geführt. Ich wünschte, daß ein Artikel wie der von Andersch Anlaß böte, auf dem Forum des ›RUF‹ diese Diskussion neu zu führen. Damit wäre in der Tat Unabhängigkeit dokumentiert, ein eminent deutsches Thema aufgegriffen, das unsere Geschichte reflek-

tiert, nicht nur die aktuelle Lage des besetzten und besiegten Landes ...«
Hans Werner Richter schrieb zweieinhalb Monate später über »Die Wandlungen des Sozialismus und die junge Generation«: »... Sozialismus und Freiheit, ja! Unterordnung des einen unter den anderen, nein! Denn Unterordnung der Freiheit unter die sozialistische Planung bedeutet erneute Versklavung, bedeutet Kasernenhof, Konzentrationslager, Galgen und Krieg ... Diese junge Generation ist sozialistisch ...«[18]
Heute liegen umfangreiche literaturgeschichtliche und -soziologische Analysen über die Rolle vor, welche die *RUF*-Mannschaft in der Folgezeit für die literarische Entwicklung in Westdeutschland gespielt hat. (Zur eigentlichen Wirkung kam sie erst, als sie des *RUF* ledig geworden war!) Tatsächlich war der *RUF* bereits in einem erheblichen Teil seines ohnehin schmalen Umfangs fast eine Kultur- und Literaturzeitschrift. »Ungeachtet des politischen Primats wählten sie [genannt sind in dem Zitat Alfred Andersch, Hans Werner Richter, Walter Kolbenhoff, Gustav Reńe Hocke und Walter Mannzen, Anm. d. Verf.] von Anfang an die Literatur (zunächst das zeitkritische Essay) als das Medium ihrer aufklärerischen Bemühungen und verwiesen, wenn sie von ›Freiheit‹ sprachen, auf die Implikationen der modernen amerikanischen Prosa (Hemingway, Steinbeck, Faulkner, Wolfe) für den ›Stil des freiheitlichen Menschen‹.«[19]
Es wäre falsch, all die literarischen Ingredienzien im *RUF*, diese Ausflüge in den Realismus und Surrealismus (bei denen sogar der Antifaschismus von Andersch zu Bruch ging, indem er eine politisch so dubiose Figur wie Ernst Jünger positiv auftreten ließ!) als Feuilletonismus abzutun. Sie gehören in die politische Botschaft des *RUF*, der es an solider Verankerung im Hier und Heute, in den realen Bedingungen des von kapitalistischen Mächten vereinnahmten Reichsteiles dermaßen gebrach, daß

Schriftsteller wie Hemingway, Steinbeck und Faulkner als die Repräsentanten einer Großmacht angesehen wurden, die eben deshalb, weil sie eine solche Literatur hervorbrachte, zu der Hoffnung berechtige, daß im Gefolge ihres grandiosen Sieges der humane Sozialismus, wie er schon Roosevelt vorgeschwebt habe, über die Welt ausgebreitet werde, soweit sie ihrem Einfluß offenstehe. Indes diese Großmacht, vertreten durch die militärischen Chefs der Besatzungsarmee, sich gerade anschickte, auf Weisung ihres Präsidenten, der den kalten Krieg bereits vom Zaun gebrochen hatte, den Wirtschaftseliten des Dritten Reiches eine neue Chance zu geben. Soweit diese ausbeuterischen NS-Sklavenhalter zu Freiheitsstrafen verurteilt worden sind, sahen sie alle binnen kürzester Zeit die Gefängnisse von außen und ihre Firmen wieder von innen.
Der literarisch verpackte Begriff vom »humanen Sozialismus« verdiente, daß ihm einmal sorgfältig nachgegangen würde. Die deutsche Intelligenz, auch jene, deren freiheitliches Engagement über jeden Zweifel erhaben ist, bewegte sich gesellschaftspolitisch im luftleeren Raum, ohne jeden Rückhalt am Klassenbewußtsein von Massenorganisationen. Die sich neu formierenden Gewerkschaften machten von ihrer Chance, die im Zusammenbruch lag, keinen Gebrauch. Eine Verfassung wie die hessische, die eine sozialistische Wirtschaft verlangte, blieb nicht allein deshalb Papier, weil die Besatzungsmacht verkündete: Revolution findet nicht statt, sondern weil es deutscherseits am revolutionären Elan fehlte. Diesen Mangel mit der materiellen Notlage zu erklären, läßt deutsche Geschichte außer acht — es war nie anders.
In einer breiter angelegten Untersuchung, wo denn die Grenzen des politischen Engagements deutscher Intellektueller prinzipiell gezogen sind, würde sich zeigen, daß sie es mit Ausnahmen, die an einer Hand herzuzählen sind, nie gewagt haben, die unter wechselnden histo-

rischen Bedingungen jeweils errichteten Tabuzonen als Herrschaftsschwindel zu durchschauen. Ja, nicht einmal zu durchschauen, geschweige, wirksam in ihrer wahren Funktion bloßzustellen. Am Zaun der heute errichteten hängen Schilder mit der Aufschrift: Achtung, Achtung, hier beginnt der Kommunismus! Oder: Achtung, Achtung, die Sowjets lügen! Aus dem Einbau dieser Zonen in die eigene Denkweise und Argumentation entsteht die jeweils fällige »Daseinsverfehlung der Deutschen«. Die Kriegsvorbereiter einst und jetzt versuchen ihre Handlungsweise damit zu rechtfertigen, daß sie behaupten, sie verfolgten mit Vernunft die eigenen Interessen. Aus der Unfähigkeit dazu erwächst die »Daseinsverfehlung«.
Auf die aktuelle Situation, wie sie sich seit 1945 entwickelt hat, angewendet, heißt das, daß die sehr bunte Gesellschaft der in die öffentliche Meinung bewußt hineinwirkenden Intellektuellen, unter denen Grass und Böll die bekanntesten sind, ein kleinstes gemeinsames Vielfaches aufweisen: Sie sind sich einig in der Überzeugung, daß nur *ein* gesellschaftspolitisches System individuelle Freiheit zuläßt – der real existierende Kapitalismus, wie er sich unter amerikanischer Führung entwickelt hat. Sie alle leben in einem ideologischen Gefängnis.
Ich bin nicht so weit vom *RUF* abgekommen, wie es vielleicht den Anschein macht. Er ist in dieser Zeit das prominente Beispiel für das Gesagte. Im Rahmen dieser »Fallstudie« bleibt mir, darüber zu informieren, wie es dahin gekommen ist, daß sich die von Andersch und Richter geführte erste *RUF*-Redaktion schon im April 1947 den Kopf an der Informationskontrolle der US-Militärregierung einrannte. Es geschah mitnichten, weil sie sich für Kafka und Sartre einsetzte und verkündete, das neue Europa werde ein sozialistisches sein.
Wären dieser ins Leere gehenden Behauptung konkrete Gebrauchsanweisungen für die Herbeiführung eines neuen Europas gefolgt, dann allerdings wäre es mit Si-

cherheit darüber zum Konflikt mit der Besatzungsmacht gekommen. Dafür gibt es Beispiele, das schändlichste wurde mit der Behandlung geliefert, die der linke Sozialdemokrat Viktor Agartz erfahren hat, der von Januar bis September 1947 Vorsitzender des Verwaltungsamtes für die Wirtschaft der soeben formierten Bizone war, man könnte sagen irrtümlicherweise. Er wurde bei erster Gelegenheit mit Einwirkung der Militärregierung gefeuert, Jahre später auch seiner führenden Stellung als Theoretiker des Gewerkschaftsbundes ledig, und 1957, als das Unternehmertum seine unter Hitler eingenommene dominierende Stellung wiedererlangt hatte, sah er sich wegen »hochverräterischer Beziehungen« zum Gewerkschaftsbund der DDR angeklagt. Er war, weil links ohne Gänsefüßchen, ein Widersacher der deutschen Seele.
Der *RUF* war es mitnichten, in dem die mit dem ersten Leitartikel eingeschlagene Richtung in 16 Ausgaben immer neu bestätigt wurde. Der Gänsefüßchen-Sozialismus wölbte sich über dem Blatt als der blaue Ideologiehimmel der Hoffnung, aber nichts davon war geeignet, einem jungen Menschen zu sagen, wie er sich denn nun als Bürger zu verhalten habe, was er tun solle, um am Neubau konkret mitzuwirken. (Es wäre allerdings ungerecht, nicht zu erwähnen, daß es Mitarbeiter gegeben hat – hervorzuheben wäre Walter Mannzen –, die weit links vom Sozialdemokratismus der Herausgeber zu Hause waren.) Was nicht erst jetzt in meinen Augen die Schwäche des Journalismus ist, wie er unter den ersten Herausgebern betrieben wurde, war der Appellcharakter fast aller Beiträge, soweit sie nicht literaturkritischer Art waren. In der schönen Zeit genügten die Verheißungen von einem nagelneuen deutschen und europäischen Zeitalter, um die Herzen zu erwärmen, der totale Mangel an Praxis wurde kaum empfunden.
Es gibt keine zweite politische Zeitschrift aus den Not- und Trümmerjahren, der nachträglich eine derart lob-

hudlerische Aufmerksamkeit zuteil geworden wäre wie dem *RUF.* Woher kommt diese Voreingenommenheit, die so weit geht bis zum heutigen Tag, daß das Märchen, Andersch und Richter sei wegen des »Sozialismus« im *RUF* das Recht, ihn herauszugeben, aberkannt worden, ja, der *RUF* sei deshalb verboten worden (er wurde überhaupt nicht verboten!), zum festen, von keiner Recherche ins Wanken gebrachten Fundament der *RUF*-Apologie in der Zeitgeschichte geworden ist. Warum? Weil unsere angeblich kritische, mit »links« liebäugelnde Schickeria mit dem Schwanz wedelt und sich ganz toll vorkommt, wenn sie Anlaß findet, sich als Sympathisant linker Gesinnung präsentieren zu dürfen, sofern es sich dabei nicht um einen ernsthaften Versuch handelt, die kapitalistischen Kühe zu schlachten. Dieser Wasch-mir-den-Pelz-und-mach-mich-nicht-naß-Heuchelei kam der *RUF,* solange er ideologisch aufgedreßt war, auf ideale Weise entgegen, ungeachtet der lauteren Gesinnung derer, die ihn machten.

Aus alledem geht unter anderem hervor, daß ich meine Diskussion mit Major D., er war inzwischen befördert worden, unter der irrigen Voraussetzung geführt hatte, die Kontrolleure könnten Anstoß an der Proklamation eines »linken« Europa nehmen und es nütze dem *RUF,* wenn man sie herunterspiele. Die Empfindlichkeit hoher Instanzen in der amerikanischen Militärregierung wurde vom *RUF* auf ganz andere Weise strapaziert und schließlich überstrapaziert.

Meine Überzeugung, das Blatt sei ein kostbarer Hecht im Karpfenteich, erlitt durch Sätze wie: »Europa wird sozialistisch sein, oder es wird nicht sein« keinen Schaden, jedoch andere Artikel oder Artikelpassagen konnte ich nur mit Entsetzen lesen. Zum Beispiel: »Die erstaunlichen Waffentaten junger Deutscher in diesem Kriege und die ›Taten‹ etwas älterer Deutscher, die gegenwärtig in Nürnberg verhandelt werden, stehen *in keinem Zusammenhang*

[Hervorh. v. Verf.]. Die Kämpfer von Stalingrad, El Alamein und Cassino, denen auch von ihren Gegnern jede Achtung entgegengebracht wurde, sind unschuldig an den Verbrechen von Dachau und Buchenwald.«
Ich übertreibe nicht, es benahm mir den Atem, der in ihren schrecklichen Folgen gar nicht zu überschätzenden These von den zwei Deutschland, dem guten und dem schlechten, in einem politischen Blatt zu begegnen, das von erklärten Gegnern des Faschismus, des vergangenen und jedes möglichen, geschrieben wurde. Daß die Kämpfer von Stalingrad, El Alamein und Cassino eben dadurch, daß sie für ein Verbrecherregime so fabelhaft gekämpft, die »Endlösung« ermöglicht hatten – das stellte keinen Zusammenhang her? Lauter unschuldige Helden und nur ein paar schuldige Führer – so einfach war das? So einfach für einen Mann wie Andersch, der für seine Person die radikale Konsequenz aus diesem Zusammenhang gezogen hatte und an der Front übergelaufen war? Wurden hier Gesinnungsunterscheidungen nach Generationen geordnet, nur um der »Zielgruppe«, der jungen Generation, schön zu tun, oder warum?
Wären mir damals schon die Exilgedichte Brechts bekannt gewesen, ich hätte gewünscht, sie im *RUF* abgedruckt zu sehen:

»Warum habe ich den Rock des Räubers angezogen?
Das war doch nicht aus Hunger
Das war doch auch Mordlust nicht.
Nur weil ich ein Knecht war
Und es mir geheißen ward.
Bin ich ausgezogen zu morden und zu brennen.
Und muß jetzt erschlagen werden.«

So konnte man die Heimkehrer aus diesem Krieg nicht anreden? Wenn man glaubte, daß sie dann den *RUF* nicht lesen würden, mußte man deshalb ins andere Extrem verfallen und schreiben: »Ich glaube, daß dieser

zweite große Krieg eine der Geburtswehen eines neuen anbrechenden Zeitalters war. Deutschland hatte das Unglück, in diesem Kampf die Kräfte der Vergangenheit gegen diejenigen der Zukunft zu vertreten.«
Sieh an, die Kraft Amerikas war die Kraft der Zukunft? Was jeder Klippschüler des Sozialismus, wenn er denn ein Sozialist sein will, wie es die meisten *RUF*-Mitarbeiter von sich behaupteten, als Folge kapitalistischer Machenschaften hätte erklären können, wurde im *RUF* zum »Unglück«? Da fehlte nur noch das »Schicksal«!
Meine Besorgnis, die Amerikaner könnten gegen den *RUF* vorgehen, wurde nicht nur von Äußerungen genährt, deren Ohrenzeuge ich im Dienstbetrieb war. Anfang Februar 1947 veröffentlichte ein deutscher Mitarbeiter der *Neuen Zeitung*, der auch im *RUF* mit wesentlichen Beiträgen vertreten war, C. H. Ebbinghaus, einen offenen Brief an die *RUF*-Herausgeber, in dem er gegen deren Nationalismus anging und das Kind mit dem Bade ausschüttete, indem er in verklausulierter Form zum Nationalisten stempelte, wer die Alliierten kritisiere.
Das gab dem auch in meinen Augen berechtigten Nationalismusvorwurf einen Dreh, der, politisch beurteilt, schlicht eine Schweinerei war und außerdem die zuständigen Instanzen der Militärregierung auf den Gedanken bringen konnte, gegen den *RUF* aufgrund der Direktive vorzugehen, die jede gegen die Besatzungsmacht gerichtete Handlung verbot.
Der offene Brief in der *Neuen Zeitung* wurde für mich der Anlaß, aus meiner Reserve hervorzutreten. Unter dem später noch häufig verwendeten Pseudoym Alexander Parlach veröffentlichte ich in der *Süddeutschen Zeitung* vom 8. November 1947 den Artikel »Nationalismus und Kritik«. Ich gebe ihn mit starken Kürzungen wieder:
»60 Millionen sind in einen Zylinder gepreßt, und mit wachsender Verelendung geraten sie täglich unter stärkeren Druck. Unter solchen Umständen die Jugend anzu-

reden, ohne in den nationalistischen Jargon zu verfallen, ist eine unmäßig schwere Aufgabe, zumal wir nicht auf einer Insel leben. Ebbinghaus will uns glauben machen, der ›RUF‹ spreche aus Taktik in diesem Jargon. Ich glaube es nicht, es ist ein stattlicher Rest echten Nationalismus ...
Wenn der ›RUF‹ sich seines Nationalismus enthalten könnte, würde seine Kritik viel fruchtbarer, weil sachlicher und schärfer werden ...
Alles in allem: Kritik an wem auch immer ist nicht an sich nationalistisch. Wer aber hierzulande Kritik übt, sollte es nur im Namen der Vernunft und der Menschlichkeit tun. Er würde dadurch beweisen, daß er aus der Geschichte gelernt hat.«
Es dürfte sowohl aus dem offenen Brief von Ebbinghaus, der als Redaktionsmitglied der *Neuen Zeitung* über nicht weniger gute Informationen über innere Vorgänge bei der amerikanischen Nachrichtenkontrolle verfügte als ich bei ICD, wie aus meinem Artikel hervorgehen, was die Amerikaner auf die Palme getrieben hat.
Im Februar tauchte in einem Gespräch, das ich mit einem der Lizenzinhaber führte, für mich erstmals der Begriff »Nihilismus« in Verbindung mit dem *RUF* auf, zweifellos ein Schreckenswort für Spießbürger. Was unter Umständen dazu herhalten konnte, den Nihilismus-Vorwurf zu begründen, bleibe dahingestellt. Wenn jemand dazu keinen Anlaß bot, dann Andersch. Nachdem er seine Leser lange mit politischen Leerformeln abgespeist hatte, stellte er schließlich doch ein praktizierbares, ja, praktiziertes sozialistisches Modell vor: den Labour-Sozialismus. Befangen in kapitalistischen Konventionen, ging Andersch von einem Gegensatz zwischen dem bürgerlichen und dem sozialdemokratischen Lager aus. Selbst von Amerika weiß er zu sagen, es werde »früher oder später die Bildung einer dritten Partei, einer sozialistischen Massenpartei, erleben«[20].

Daß die Realpolitiker der Labour-Regierung von Andersch zu Schlüsselfiguren in einem in sozialistischer Entwicklung befindlichen Westeuropa gewissermaßen ernannt wurden, konnte geradezu als Garantie dafür angesehen werden, daß dem *RUF* um seines Linksdralls willen keine Gefahr seitens der US-Besatzungsmacht drohte, die gerade im Begriff war, auf die Londoner Marschroute zum kalten Krieg hin einzuschwenken, wodurch dieser erst seine eigentliche Dynamik bekam.

Dennoch war ich im März 1947 nicht mehr frei von ernsten Befürchtungen, wie es um die Zukunft des *RUF* bestellt sei. »Meine« Offiziere hatten aufgehört, mit mir bei Kaffee oder Whisky über die gerade erschienene letzte Ausgabe zu sprechen, was sie zuvor ausgiebig getan hatten. Auch war von ihnen kein Wort zu meinem Artikel in der *Süddeutschen* gekommen, zu dem ich mich selbstverständlich bekannt hatte. Vor allem aber erreichten mich aus der Nymphenburger immer unfreundlichere Äußerungen über das Blatt und seine Herausgeber.

Hier muß ein bisher nicht erwähnter Lizenzträger genannt werden, der in Starnberg wohnende Berthold Spangenberg, der in der Nymphenburger die Zeitschrift *Deutsche Beiträge* herausgab, ein Sammelsurium großbürgerlicher Selbstfeiern. (Bis 1974 blieb er der Nymphenburger als Verleger verbunden.)

Am 10. März 1947 notierte ich: »Abends bei Spangenberg in Starnberg, wegen der letzten Nummer des ›RUF‹. Aufforderung ging von ihm aus.«

Es handelte sich um Heft 14. Dem Verlag gefiel nichts mehr an seinem Blatt, mir gefiel vieles nicht. Spangenberg beklagte sich über die »Unlenksamkeit« der Herausgeber, es komme zu immer neuen Auseinandersetzungen. Meinen Einwand, die Redaktion sei autonom, ließ er nicht gelten. Daß ein Gebot des Verlages bereits bei der Redaktion lag, wonach der Bürstenabzug jeder neuen Nummer dem Verlag vor Druck vorgelegt werden müsse, erfuhr ich von Spangenberg nicht, aber wir gerieten auch ohnedem über seinen klar vorgebrachten Anspruch, sich als zweite Kontrollinstanz neben der ICD aufzubauen, hart aneinander. Die Folge war, daß ich während der nächsten Wochen auch von ihm über den offen ausgebrochenen Streit zwischen Redaktion und Verlag nicht mehr informiert wurde, in dem Andersch und Richter ihre Stellung mutwillig unterminierten, indem sie ihre Verträge mit dem Verlag am 1. April per Brief kündigten. Es war ein Schuß, der die Herren Verleger unter Druck setzen sollte, aber er ging nach hinten los.

Was dann geschah, war für mich immer noch ein Blitz, aber nicht mehr ein Blitz aus heiterem Himmel. Am 2. April 1947 notierte ich so lakonisch wie immer: »Mist gefahren aufs Feld. Anruf von Spangenberg wegen ›RUF‹.« Kein Wort mehr, aber dessen bedurfte es auch nicht. Indem sich Spangenberg wieder an mich wandte, gab er zu erkennen, daß für den Verlag der Streit mit den Herausgebern zu deren Ungunsten entschieden sei.

Natürlich habe ich Spangenberg gefragt, ob der Verlag im Einverständnis mit ICD handle. Zurückhaltend, diplomatisch und mit leiser Stimme, wie es in seiner Natur liegt, wich er einer klaren Antwort aus. Es gehe wohl darum, sagte er, daß sowohl ICD wie die politische Abteilung (CIC) sich vergeblich fragten, welcher Linie das Blatt eigentlich folge. Daß die Kontrolleure nicht fürchteten, der *RUF* könne einer prokapitalistischen Besatzungspolitik gefährlich werden, steht für mich außer Frage; desgleichen aber auch, daß ihnen die nationalistischen Töne seit langem mißfielen. Es ist daran zu erinnern, daß 1946/47 die Amerikaner ihre »Werwolf«-Hysterie, die eine so eminente Rolle in der zögerlichen und übervorsichtigen Art spielte, mit der sie das Reich 1944/45 allmählich vereinnahmten, noch nicht überwunden hatten.

Was weiter konnte die Amerikaner veranlassen, aus ihrer demokratischen Rolle zu fallen? Ich möchte hier ein Wort einführen, das *DER SPIEGEL* erst viel später in seinen Jargon aufgenommen und seither immer wieder verwendet hat — es lautet »aufmüpfig«. In der Tat, an Aufmüpfigkeit hat es weder die erste noch die zweite Redaktion fehlen lassen. (Auf ihr beruhte, nebenbei gesagt, ganz wesentlich der Erfolg des Blattes bei seinen Lesern.) Es war diese politisch nicht zu fassende, eher psychologisch auszumachende Tonlage des *RUF*, mit der das Blatt die Toleranzschwelle der Amerikaner, die nicht niedrig lag, vielleicht zu häufig überschritten hat.

Der 4. April 1947 war Karfreitag. Am 5. April notierte ich: »Telefon von Spangenberg, ob ich den ›RUF‹ übernehmen will.«[21]

Erst am 9. April ging beim Verlag die schriftliche Anweisung von ICD ein, das Erscheinen des *RUF* zu unterbrechen, bis weitere Weisung erfolge. Dieses Schreiben ist später immer wieder als Verbot des *RUF* interpretiert worden.

In einer Sendung des Bayerischen Rundfunks hat Richter am 12. Oktober 1974 folgendes Stimmungsbild von dem Augenblick skizziert, in dem er mit Andersch das Büro der Militärregierung verließ, wo ihnen gerade eröffnet worden war, daß sie den *RUF* nicht mehr leiten dürften: »Wir gehen hinaus, ohne Handschlag, ohne Gruß. Andersch voran, ein gekränkter, empörter, selbstbewußter Mann, der seine Verachtung denen hinterläßt, die zurückbleiben. Wir gehen schweigend den Korridor hinunter. Es ist ein Spätnachmittag, April 1947, ein halbsonniger Tag ... Andersch sieht mich an, und hinter seinen Brillengläsern bemerke ich ein spöttisches Lächeln. Er sagt: ›Laß sie doch machen, was sie wollen. Wir stehen auf unseren Federn.‹«[22]

Diese spontane, emotiale Reaktion auf den skandalösen Vorgang ist nur zu verständlich. Daß die Betroffenen aber später niemals zum Ausdruck gebracht haben, welches Glück ihnen damit widerfahren war, daß sie den *RUF* so rasch wieder loswurden, ist hingegen verwunderlich. Die Biographien beider beweisen, daß sie sich mit der Herausgeberschaft des *RUF* — auf Lagersentimentalität zurückzuführen — und mit ihrer Artikelschreiberei als quasi-politische Journalisten einem Mißverständnis über sich selbst hingegeben haben. Es war situationsbedingt, ist nach wie vor höchster Achtung wert, war aber Resultat seltsamer Blindheit gegenüber den eigenen Anlagen, Neigungen, Fähigkeiten. Es muß in diesem Umerziehungslager geschehen sein, daß sie sich ins falsche Kostüm politischer Journalisten hatten stecken lassen. Nur so ist zu verstehen, warum es dem *RUF* tatsächlich an einer Linie fehlte, wie es zu der Überwucherung mit ästhetischen Analysen kommen, wie ein Ernst Jünger Anerkennung finden konnte und, nicht zuletzt, wie sich die absurde Personalkonstruktion der Nymphenburger als Verlag des *RUF* überhaupt erklären läßt. Die *RUF*-Mannschaft ließ, »verstärkt in den Beiträgen von Alfred Andersch, Züge erkennen, die die enge Bindung dieser Frontgeneration an die spätbürgerlichen Idealisten bezeugen, Unstimmigkeiten, die sich vielfach in den Beiträgen der ›älteren Generation‹ fanden: unter propagiertem Sozialistentum elitärer Ästhetizismus, hinter bekundetem Pan-Europäismus nationalistisches Sendungsbewußtsein«[23].

Anderschs und Richters Engagement für eine freie und humane Gesellschaft blieb ungebrochen, jedoch ein Bekenntnis zum Sozialismus im »Stunde Null«-Pathos des *RUF*-Stils war weder vom einen noch vom andern je wieder zu hören.

Im April 1947 war der Superästhet Andersch zu sich selbst befreit worden, der bemerkenswerte Schriftsteller, der Autor seiner großartigen späten Gedichte, darunter dieses:

»Zwar schreibe ich jetzt nicht mehr
nur noch
für mich

andererseits schreibe ich nur was
mir
spaß macht

ausgeschlossen
sagen viele moral und
vergnügen
schließen sich aus

ich aber schreib's in
eine
Zeile

empört euch der himmel ist blau.«[24]

Dieses Talent war zu stark, hat eine zu deutliche Richtung, als daß bezweifelt werden dürfte, Andersch wäre nicht unter allen Umständen zu sich selbst gekommen. In seinem Falle hatte das Komplott ICD/Nymphenburger nur eine beschleunigende Wirkung. Von Richter läßt sich dasselbe nur mit starkem Vorbehalt sagen, denn zu offensichtlich ist, daß er die Entdeckung seines Talents zum Literaturmanager nur den Umständen zu verdanken hatte, wie sie durch die Entlassung entstanden waren. Daß die erste Schriftstellerzusammenkunft in Oberbayern, aus der die »Gruppe 47« hervorgegangen ist, quasi der Ersatz für das verlorene Forum des *RUF* gewesen sei — wieso eigentlich ist eine interne Gesprächsrunde Ersatz für eine politische Zeitschrift? —, diese Motivationsthese gewinnt dadurch nichts, daß sie einer vom andern abgeschrieben hat. Doch wie dem auch sei, hier fand Richter zu seiner lebensbestimmenden

Funktion (womit seine literarischen Hervorbringungen nicht herabgesetzt werden sollen). Mit lächelndem Terror hat er es durch die Jahre verstanden, jede klare politische Orientierung der Gruppe zu unterbinden. Erst der antiamerikanische Ausbruch der nächsten jungen Generation gegen die Verbrechen in Vietnam setzte die aus ganz unerfindlichen Gründen als »links« verschriene »Gruppe 47« unter politischen Zugzwang; sie sonderte im November 1965 eine Erklärung zum Vietnamkrieg ab. Wer es aber auf den Tagungen wagte, der auf hohen Stelzen einhergehenden literarischen Kritik an den vorgelesenen Texten eine politische Dimension zu geben, sie an der Realität festmachen zu wollen, wurde angesehen, als habe er gerade vor dem Plenum aufs Podium geschissen. Ich weiß, wovon ich spreche, ich war dabei.
Damit sei der *RUF* als Fallstudie verlassen, soweit er das Produkt der ersten Redaktionsgemeinschaft war.
Daß die Nymphenburger den *RUF* nicht einstellen würden, unter wessen Leitung auch immer, mußte ich Spangenbergs Erklärungen entnehmen. Das war für mich entscheidend, das Angebot anzunehmen. Ich wollte den *RUF* nicht einem Herrn X überlassen. Eigentlich hätte ich mir sagen müssen: Du sollst alle vierzehn Tage zum vorgesehenen Termin eine Nummer fertig haben, der du selbst die graphische Form am Setztisch geben mußt, denn du hast für diese Arbeit niemanden — und nichts dergleichen hast du je getan —, kannst du es denn? ICD hätte so fragen können. Die Verleger hätten so fragen müssen. Für sie war ich die bequemste Lösung, die in ein paar Tagen gefunden werden mußte, sollte das nächste Heft rechtzeitig auf dem Markt sein. Die Hebamme des *RUF*, die Persona gratissima bei der Besatzungsbehörde — dieser Mann war für sie die Rettung in der auf unverantwortliche Weise herbeigeführten Situation. Und ich? Es wird schon gehen, dachte ich, und es ging.
10. April: »Gartenarbeit bis 17 Uhr, dann Schlaf und

Bohnenkaffee. Leitartikel für *RUF* geschrieben.«
11. April: »Ich übernehme die Redaktion des ›RUF‹. Besprechungen in der Druckerei und in der Sitzung des Verlegerverbandes. Bei Major D., bei Isenstedt (CIC).«
12. April: »Erste Redaktionssitzung. [Die Namen von sechs Teilnehmern sind genannt, fünf gehörten der bisherigen Redaktion an, vom Verlag nimmt Spangenberg teil.] Entwurf der ersten Nummer. Nach Hause, an der Schreibmaschine, dann Steine vom Acker gesammelt.«
Gedanken machte ich mir im Hinblick auf die Verleger. Hatte ich seinerzeit von Andersch den Eindruck gewonnen, für ihn sei das Problem, wer die Verleger des *RUF* seien und was sie dächten, beispielsweise politisch, bedeutungslos gewesen − nichts hätte so gründlich vor der Lizenzierung ausdiskutiert werden müssen! −, so galt für mich jetzt, daß über personelle Zusammensetzung und Eigentumsrechte auf der Verlegerseite nicht mehr zu diskutieren war. Ich sah Konflikte mit dem Verlag voraus, aber ich dachte: Wir wollen erst einmal sehen, wer sich durchsetzt.
1947 war das an die Lizenz gebundene Eigentumsrecht eher politischer als ökonomischer Natur, besaß den Charakter eines Privilegs; der zum Erwerb dieses Privilegs notwendige Aufwand an eigenen finanziellen Mitteln war nicht der Rede wert. Es gehört Unverfrorenheit dazu, kapitalistische Interessen ohne Kapitalbesitz gegen geistiges Eigentum auszuspielen. Kein Mensch kannte die Verleger Vinz oder Spangenberg, aber Zehntausende von *RUF*-Lesern − oder waren es Hunderttausende? − kannten Andersch und Richter.
Ich erklärte den Herren Verlegern schriftlich, mit meiner Berufung sei das nun auch mein Blatt, und ich beabsichtigte nicht, ihnen einen Strohmann abzugeben. Auch schrieb ich an Spangenberg, er möge sich darüber klar sein, daß er auch künftig mit jeder neuen *RUF*-Ausgabe einkalkulieren müsse, daß die Lizenz in Gefahr gerate.

Ganz blind war ich also nicht, und wie Andersch hielt ich »den privaten Besitz von Produktionsmitteln« für aller Übel Quelle, wenn ich auch nicht glaubte, »der Menschengeist« sehe darin eine Wirtschaftsordnung, »so überholt wie die Sklaverei«. Viel Skepsis war der Freude über die neue Aufgabe beigemischt. Dennoch sah ich nicht voraus, daß sich das ganz schmutzige Theater ein knappes Jahr später wiederholen würde. Bei der zweiten Aufführung war die Hauptrolle neu besetzt, ich war es, der gefeuert wurde.

1500 Kalorien pro Tag

Daß es den Deutschen, die auf deutschem Boden die ersten beiden Nachkriegsjahre durchgestanden haben, schlecht gegangen ist; daß sie gehungert und gefroren haben; daß einige Tausende verhungert oder an den Folgen der Entbehrungen gestorben sind — das ist unter den Älteren wie unter jenen, die damals Kinder oder Jugendliche waren, unvergessen. Die heute jung sind, wissen davon so viel wie vom Dreißigjährigen Krieg, von dem eine Dreizehnjährige in einem Aufsatz geschrieben hat: Der Dreißigjährige Krieg war ziemlich schlimm. In der Tat, auch von 1945 bis 1947 war es ziemlich schlimm. Liest man aufmerksam, was damals in den Zeitungen oder in seither veröffentlichten privaten Aufzeichnungen über Not und Tod geschrieben worden ist, zeigt sich erstens: daß die Kriegsnot, die selbstverschuldete, schon verdrängt gewesen ist; zweitens: daß nur über die eigenen Leiden gejammert wurde, ohne einen Gedanken daran, welche Leiden das Volk, dem man angehörte, über Europa gebracht hatte, und das nicht in irgendeiner fernen Vergangenheit, sondern sozusagen gestern; drittens: daß von den Siegern erwartet wurde, sie hätten umgehend der Not in Deutschland ein Ende zu machen, und

ihnen vorgeworfen wurde, sie benähmen sich unmenschlich, weil die Hilfe auf sich warten ließ.
Wenn ich daher für diesen Abschnitt, in dem an die Zeit der gar nicht so schönen Not erinnert wird, die im übrigen angewandte Methode, die Zeugnisse der Zeit sprechen zu lassen, ebenfalls angewendet hätte, so wäre ich in die Notwendigkeit versetzt gewesen, immer wieder an die deutschen Verbrechen zu erinnern, um das aktuelle Geschehen nicht etwa zu beschönigen oder zu entschuldigen, sondern um es in seinen historischen Zusammenhang zu stellen und dem Selbstmitleid entgegenzutreten. Es erwies sich, daß eine um Gerechtigkeit bemühte Kommentierung sowohl physischer Lebensgefährdung wie gesetzloser Selbsthilfe auf unerträgliche Weise ins Moralisieren ausgeartet wäre. Ich sah mich genötigt, um, wie man heute sagt, die Darstellung in den Griff zu bekommen, mich selbst in die Rolle eines Reisenden zu versetzen, der wie Marco Polo zum Entdecker nie geschauter Wirklichkeiten wurde. Ich habe die Wirklichkeit der Trümmerzeit geschaut und miterlebt, allerdings bereits in der Rolle des Beobachters, der seine Beobachtungen anderen vermittelte. Es waren zeitlich auseinanderliegende, punktuelle Erfahrungen, die, wie auf einer Schnur aufgereiht, in diesem Kapitel aneinandergefügt sind.
In Köln lasse ich meine Deutschlandreise beginnen. Ich hatte gut daran getan, mich mit warmen Sachen und einem Schlafsack auszustatten, denn ein Hotel gab es nicht und überhaupt nur noch wenige bewohnbare Häuser. Ich war spät abends angekommen und hätte mich gern an einem trockenen Platz zum Schlafen hingelegt. Zwischen den Steinhaufen, die ehemals Häuser gewesen waren, begegnete ich einem Mann, den ich fragte, wo ich übernachten könne. Er sagte, sein Vater sei gerade verhungert, und so sei ein Bett frei. Ich ging mit ihm, und als aus einem Steinberg eine Art Keil mehrere Stockwerke hoch aufragte, sagte er, da wohne er.

Aus einem Versteck brachte er eine Leiter, auf ihr kletterte er an der Ruine hinauf bis zu einem Fenster, durch das er hineinkroch. Ich folgte ihm. Er sagte, wenn ich es bezahlen würde, könnte er uns ein Abendessen besorgen. Ich gab ihm Geld. Die Leiter hatte er schon durch das Fenster in die Wohnung heraufgezogen, die aus einem Raum mit vier Wänden und einem zweiten bestand, in dem die Außenmauer nur noch teilweise vorhanden war. Ich half ihm, die Leiter wieder draußen an die Wand zu stellen, er kletterte hinunter und blieb eine Stunde fort. Als er zurückkam, brachte er eine Konservendose mit Fleisch, ein halbes Brot und eine Flasche Rotwein mit, ferner in einem alten Sack ein paar Holzstücke. Er entzündete im Herd ein Feuer und machte das Fleisch warm. Der Herd stand frei im Zimmer. Vorher sei die Küche anderswo gewesen, aber dieses Stück vom Haus sei nicht mehr vorhanden. Das Zimmer, in dem wir waren, hatte keinen Kamin, es entwickelte sich starker Rauch, der rasch abziehen konnte, weil in den Fenstern nur noch wenige Scheiben waren.
Er fragte, ob ich Köln vor dem Krieg gekannt hätte. Ich sagte, ich sei als Soldat 1940 einen Tag hiergewesen.
»Es war eine schöne Stadt mit einer Viertelmillion Wohnungen«, sagte er, »und von mehr als 700 000 Menschen bewohnt. Sie sind alle fort gewesen, jetzt kommen sie langsam zurück, aber sie haben nichts und finden ihre Wohnungen nicht mehr, ja, es ist schon vorgekommen, daß Leute, die ihr Leben in Köln verbracht haben, nicht einmal mehr den Platz finden konnten, wo das Haus stand, in dem sie gewohnt hatten. Wissen Sie, ich war Soldat in Finnland, wegen Krankheit dann entlassen, dort haben sie ein Sprichwort: Wo ein Rentier gegangen ist, da ist eine Straße. Rentiere haben wir nicht, aber wo ein Mensch gehen kann zwischen den Trümmern, das ist jetzt eine Straße. Der Dom steht ja noch zum größten Teil, den haben sie ausgespart, die Amis.«

Am nächsten Tag wollte ich den schwer beschädigten Dom besuchen, fand ihn von einem Eisengitter umzäunt, in dem ein bewachter Durchgang war. Ich zeigte meinen amerikanischen Ausweis und wurde eingelassen. Im Inneren trugen ein paar Dutzend Arbeiter mit Schaufeln Schuttberge ab. Für den Schutt war ein Feldbahngleis durch den Dom gelegt worden. An einer Stelle gruben sie ein tiefes Loch, dort stand ein Archäologe und meinte, so eine Gelegenheit komme nie wieder, einfach großartig, was man hier alles finde, Münzen und Scherben, die seien zweitausend Jahre alt.

Meine nächste Station sollte Frankfurt sein. Es gelang mir, in Köln in einen Zug aus Personenwagen hineinzukommen. Bis zu einem Abteil vorzudringen war nicht möglich, so dicht standen die Menschen im Gang zusammengedrängt. Auf freier Strecke blieb der Zug stehen. Als es gar nicht mehr weiterging, stiegen einige aus, um sich Bewegung zu machen. Ich auch. Ich ging zur Lokomotive vor, die ganz in Dampfnebel eingehüllt war. Ich erkundigte mich, warum es nicht weiterging, und erfuhr, der Druck im Kessel sei zu niedrig.

»Sie sehen es ja«, sagte der Zugführer, »der ganze Dampf geht nach draußen, wir brauchten nur ein bißchen Isoliermaterial, dann wäre alles in Ordnung, aber es gibt keines.«

»Wie kommen wir weiter?« fragte einer.

Er erklärte, der nächste Bahnhof sei nur zwei Kilometer entfernt, er habe jemanden losgeschickt, und wenn wir Glück hätten, stünde dort eine Lokomotive, die zum Ausschlachten freigegeben sei. Da könnte Isoliermaterial herausgeholt werden.

Wie auch immer, nach drei Stunden sind wir weitergefahren und gegen Abend statt, wie vorgesehen, gegen Mittag in Frankfurt angekommen. Gerade als wir den Zug verließen, ging ein Platzregen nieder, durch das glaslose Gitterwerk des Hallendaches stürzte das Wasser wie

aus Kübeln auf die Bahnsteige. Wir waren auf Gleis 14 eingefahren, der Bahnsteig war von uniformierten Polizisten abgeriegelt; sie bildeten eine Gasse bis Bahnsteig 8, dort stand ein kurzer Zug ohne Lokomotive. Als wir näher kamen, sahen wir, daß es gar kein Zug war, sondern eine fahrbare Entlausungsanstalt. Wir wurden alle mit DDT aus einer Flitspritze eingepudert. Das ging so vor sich, daß einer mir den Jacken- und Hemdkragen vom Hals wegzog und ein anderer, der auf einem Podest stand, von oben das Zeug über den Rücken spitzte. Dann mußten wir die Hosen aufmachen, auch dort sprühten sie den Puder hinein. Wie sie es bei den Frauen gemacht haben, weiß ich nicht.
Ich fragte nach einem Hotel, und man sagte, gleich vor dem Bahnhof befinde sich ein großer Luftschutzbunker, dort würden Kabinen vermietet. Ich ging hin und stieg eine Treppe hinunter. Der Portier sagte, ganz ausgeschlossen, es sei alles voll. Ich zeigte ihm den amerikanischen Ausweis, aber auch damit hatte ich kein Glück. Ab zehn Uhr vormittags sei alles immer schon vergeben. In diesem Augenblick kam ein Zimmermädchen aus einem dunklen Gang heraus und flüsterte dem Portier etwas ins Ohr. Ich hätte Glück, es sei schon wieder jemand gestorben. Die Leiche würde gleich weggeschafft, dann sei das Bett frei. Als ich vor die Kammer kam, halb so groß wie eine Gefängniszelle, stand die Tür auf, das Mädchen wechselte gerade die Bettwäsche aus Papier.
Viele Stunden des nächsten Tages verbrachte ich auf der Straße, die vom Bahnhof zwischen Ruinen in die Stadt hineinführt. Zuerst gewann ich den Eindruck, daß es sich um einen absolut chaotischen Markt unter freiem Himmel handele, wo jeder kaufen oder verkaufen konnte, Ware gegen Ware oder Ware gegen ausländische Zahlungsmittel. Erst nach und nach wurde mir klar, daß dieser schwarze Markt ein durchorganisiertes Wirtschaftsunternehmen war. Gegen Mittag machte ich mich an

einen Ausländer heran, bei dem das Geschäft besonders lebhaft gewesen war. Ich lud ihn zum Essen ein. In dem Lokal, in das mich der Schwarzhändler führte, saßen nur Ausländer, sie waren tadellos angezogen und wirkten gegenüber den Elendsgestalten auf den Straßen, als kämen sie von einem anderen Stern. Bei einem ausgezeichneten Essen erzählte er mir, in der Bahnhofstraße dürfe nur Geschäfte machen, wer »organisiert« sei. Er zeigte mir eine kleine weiße Karte, auf der ein paar Buchstaben standen und das Datum des heutigen Tages. Er erklärte, das M auf der Karte bedeute, daß er am Vormittag arbeiten dürfe, ein A schränke die Handelserlaubnis auf den Nachmittag ein. Sie gelte mit diesem Ausweis für alle Waren, nicht aber für den Handel mit Zigaretten und Devisen; dafür gebe es andere Ausweise, die nur den größten Händlern zustünden. Ich fragte ihn, wer das System kontrolliere, und er entgegnete lachend, dafür hätten sie ihre Leute. Die Frage, ob die Beamten der Militärregierung, die ja den ganzen Markt leicht hätten schließen lassen können, irgendwie beteiligt seien, wollte er nicht beantworten, aber mir war klar, daß sich eine derartige Organisation ohne Zustimmung der Amerikaner nicht halten könnte. Und die deutsche Polizei? Er hob sein Glas in Mundhöhe, blies mit aufgestülpten Lippen darüber hinweg und ließ einen Laut hören, der ungefähr wie »püh« klang.
Ich blieb noch zwei Tage in Frankfurt und sah, daß die deutsche Polizei doch zuweilen den Versuch machte, Schwarzhändler aufzugreifen und vor Gericht zu bringen; nur die Straße zum Bahnhof schien sie als exterritoriales Gelände zu betrachten, es war off limits für sie.
Statt von Schwarzhandel wurde von Kompensationsgeschäften gesprochen, worin der Unterschied lag, wurde mir nicht klar, obwohl ich mehreren Gerichtsverhandlungen beiwohnte, die gegen Schwarzhändler geführt wurden. Unter den Angeklagten, die ich erlebte, befand sich

ein Mann, der in einem Frankfurter Vorort wohnte und dabei ertappt worden war, wie er in der Innenstadt Eier gegen Zigaretten »verkaufen« wollte.
»Warum treiben Sie Schwarzhandel?« fragte ihn der Richter.
Der Mann antwortete, er besitze zwölf Hennen. Alle lachten. Es kam heraus, daß die Familie von diesen Hennen leben konnte. Der Mann rechnete es dem Gericht vor: »Wir füttern die Hühner gut, sie legen ungefähr 15 Eier in der Woche. Manchmal auch mehr. Davon verbrauchen wir selbst fünf. Die übrigen verkaufe ich gegen Zigaretten an die Amis, da bekomme ich zwei Packungen. Eine rauche ich, die andere verkaufe ich für 100 Mark. Das macht 400 Mark im Monat, davon können wir leben, meine Frau, ich und zwei Kinder, denn wir haben auch einen Gemüsegarten.«
In der Nähe des zerstörten Opernhauses gab es einen Baum, der den Krieg überstanden hatte und der nun als Anschlagtafel diente. Die meisten angehefteten Zettel waren Suchanzeigen nach Vermißten, Söhnen oder Ehemännern.
»*Wer hat Angehörige* im August 1944 unter der Feldpostnr. 08671 E, oder welcher Kamerad meines Sohnes, Gefreiter K. R., kann mir über den Verbleib Auskunft geben. Das bittet Frau S.« (Adresse)
»Heimkehrer aus russ. Gefangenschaft od. Angeh. des Werfer-Regt. 50, FP Nr. 34174 oder 37708 od. Kampfgruppe Oberlt. Felder. Wer weiß Näheres über meinen Sohn Lt. Otto Sch., vermißt seit Juli 1944 an der Rollbahn Smolensk-Orscha u. Beresinaübergang.«
Interessanter erschien mir folgende Suchanzeige:
»Unvorbestrafte Männer, möglichst ohne feste Adresse, von Schwarzhändler zwecks Warenbeschaffung dringend gesucht. Berufsverbrecher unerwünscht. Anfänger bevorzugt. Meldungen hier zwischen 8 und 9 Uhr.«
In Bahnhofsnähe gelangte ich in einen Hinterhof, der zur

Hälfte mit einem Seil abgesperrt war. Vor diesem Seil standen ruhig und geduldig vielleicht fünfzig Deutsche, Männer und Frauen, alle mit Koffern und Paketen, die sie auf dem vielfach aufgebrochenen Pflaster des Hofes neben sich abgestellt hatten. Von Zeit zu Zeit öffnete sich in der Wand eines schuppenartigen Gebäudes hinter dem Seil eine Tür, ein Mann erschien und rief auf englisch: »Der nächste!« Jemand nahm seinen Koffer auf, kroch unter dem Seil hindurch und verschwand in der Tür.
»Was ist das?« fragte ich.
»Gehen Sie hinein, und sehen Sie selbst«.
Ich wies mich aus und wurde eingelassen. Ich befand mich in einer von den Amerikanern eingerichteten Tauschzentrale. Irgendwelche Offiziere der Besatzungsmacht hatten entdeckt, wie sie die hungernden Deutschen mit enormem Profit ausnehmen konnten. Deutsche Wertsachen gegen amerikanische Lebensmittel und Zigaretten — auf diesem Prinzip beruhte das Geschäft. Die Deutschen brachten den Familienschmuck, Silberbestecke, Meißner Porzellan, Bierkrüge, die Musik machen konnten, Hirschgeweihe, romantische Bilder, Briefmarken, Musikinstrumente, elektrische Haushaltsgeräte. Die Objekte wurden geschätzt, ich vermute von Amerikanern, die am Gewinn beteiligt waren, aber als Offiziere nicht erkennbar waren, weil sie Zivil trugen. Die Wertfeststellung erfolgte nach einem Punktsystem. Für sechs Punkte konnte sich der Deutsche eine Packung mit zwanzig Zigaretten aussuchen oder Eipulver, Nußbutter, Konserven jeder Art. Am gierigsten waren die Amerikaner nach Gold, Brillanten, optischen Geräten und Fotoapparaten, unter denen die deutsche Leica die begehrteste Marke war. Zwischen 5000 und 6000 Zigaretten gingen für eine Leica über den Tisch. Ich ließ mir sagen, daß diese Menge 30 000 Mark deutschen Geldes entsprach, aber niemand hätte Zigaretten in Mark umgetauscht.

In Frankfurt ging ich zweimal ins Kino, in dem einen der Filme war Margot Hielscher der Star, in dem anderen Hildegard Knef, die damals eine Symbolfigur ungebrochenen, echt deutschen Lebensmutes war. Nicht allein mit Filmen trösteten sich die Leute auf Stunden über ihre Misere hinweg. Ich durchquere, nachdem ich mir einen gebrauchten Kriegsvolkswagen gekauft hatte, was nur durch Beziehungen möglich gewesen war, das Land von West nach Ost, von Süd nach Nord, und gerade in kleinen Orten fand ich Nachtlokale, wie es sie vor dem Krieg nur in Hamburg oder in München gegeben hatte. Von zehn Uhr abends bis drei Uhr früh machten Kapellen von drei bis 15 Mann heiße Musik, da standen nicht nur Wein-, sondern auch Sektflaschen auf den Tischen, und wenn die Mädchen mit ihren Kavalieren auf eine Viertelstunde verschwanden, sahen sie, zurückgekehrt, wie gebrauchte Handtücher aus.
Ein CDU-Landesminister von Hessen empörte sich in einer vielfach nachgedruckten Presseerklärung: »Bei der furchtbaren Not des Volkes sind solche Lustbarkeiten nicht zu verantworten« — aber ich gewann den Eindruck, daß sich niemand um derartige Ermahnungen zur Tugendhaftigkeit scherte. Es war ja gerade die Misere, die junge Leute dazu trieb, sich auszutoben. Und wie! Ich hörte auf nächtlichen Spaziergängen durch städtische Anlagen und Parks recht häufig das Stöhnen von Paaren, die sich unter den Büschen liebten. Der männliche Teil dieses Tieres mit den zwei Rücken gab meist englische, amerikanische oder französische Laute von sich, je nach Zone.
Die Sache hatte allerdings ein ernste Seite. In groß aufgemachten Horrorberichten aus der englischen Zone hieß es, 40 000 Jugendliche trieben sich von Ort zu Ort ziellos herum, unter ihnen 13 000 Mädchen, von denen achtzig Prozent geschlechtskrank seien. In einem Vorortlokal kam ich durch Zufall mit einem älteren Lehrer ins

Gespräch, der Englisch und Geschichte unterrichtete. Ein paar ungewohnte Gläser Wein ließen ihn in eine tiefe Depression fallen.
»Ach«, sagte er, »ich glaube, seit dem Dreißigjährigen Krieg war unsere Jugend nicht so gefährdet und verkommen wie jetzt, aber es ist nicht ihre Schuld. Allein in diesem Stadtteil haben Tausende keine Eltern mehr, sie irren umher, brechen ein, stehlen, unterschlagen. Die Jungen sind mit 15 Jahren Zuhälter der Mädchen, mit denen sie eigentlich in derselben Klasse sitzen sollten. Sie werden das vielleicht nicht wissen, wie es in Rußland nach der Revolution war, als Kinder und Jugendliche sich zu Banden zusammengeschlossen hatten, die plündernd und mordend durchs Land zogen. Die Russen hatten für sie einen eigenen Ausdruck, die Besprisoni, das heißt ›Die, die ohne Aufsicht sind‹. Besprisoni — die haben wir jetzt auch.«
Der Winter begann, der kälteste und grausamste seit Jahrzehnten, als ich nach Hamburg kam und mich dort privat einmietete, weil ich ein paar Wochen bleiben wollte.
Anscheinend war die britische Zone noch schlechter versorgt als die amerikanische. Die Korruption in Hamburg, das Nebeneinander des entsetzlichsten Elends und des Luxus spottete jeder Beschreibung. An der Alster gab es Juweliergeschäfte, die in wenigen Tagen Millionen umsetzten. Die Kunden waren nicht nur Ausländer. Ich wunderte mich, daß die Besatzungsarmee unter solchen Verhältnissen in der Lage war, die Disziplin bei ihren Soldaten aufrechtzuerhalten. Ich fragte mich, wie es gut-ernährten, warm gekleideten, in beheizten Wohnungen und Büros vor der Kälte geschützten Engländern in diesem Meer von Elend zumute sein mußte, und gab mir selbst Antwort: vermutlich wie ihren Vorfahren, den Kolonialherren, in Indien.
In einem der feinen Villenviertel, wo die Bombenschäden

geringfügig waren, ging ich durch eine Straße, deren Häuser von britischen Offizieren bewohnt wurden. Die Eigentümer waren vermutlich auf die Straße gesetzt worden.
In den Vorgärten dieser weißgestrichenen Villen standen Mülltonnen. Ich beobachtete eine Frau, die auffallend gut gekleidet war, ganz in Schwarz, sie trug einen knielangen Pelzmantel, aber ihre Hände steckten in groben Arbeitshandschuhen. Sie öffnete eine Mülltonne nach der anderen und kramte darin herum. Was ihr des Mitnehmens wert schien, steckte sie in einen Sack, der über ihrer Schulter hing. Ich ging auf sie zu und fragte, was sie da mache. Sie wurde sehr verlegen und sagte, sie suche nur nach Holz. Aber in ihrem Sack war kein Holz, er war durchfeuchtet, und als ich sagte, das glaube ich nicht, gestand sie, daß sie nach Speiseresten suche, die Engländer nähmen es nicht so genau, die würfen manches weg, was noch eßbar sei, Kartoffelschalen, Gemüsereste, Fleisch, nein, Fleisch finde sie selten.
»Tun das viele?«
»Sie brauchen hier nur zu warten, dann werden Sie schon sehen. Warum fragen Sie, sind Sie Journalist?«
»So ist es.«
Ich wartete.
Der nächste war ein Mann, der auf einem Fahrrad kam. Er stieg erst gar nicht ab, schlug mit dem Fuß den Deckel der Mülltonne zurück und schaute hinein. Er schien mit einem Blick zu sehen, ob die Tonne schon durchsucht worden war. Als er an mir vorbeikam, sagte er, es sei nicht für ihn, er habe Karnickel auf dem Balkon, die müßten fett werden.
Hier will ich meinen »Reisebericht«, in dem nichts erfunden ist, beenden und ihm aus einer Sammlung von Zeitungsausschnitten, die ich aufbewahrt habe, zwei Artikel, stark gekürzt, zur Abrundung anfügen. Der eine stammt aus der *WELT* (damals »Eine Zeitung für die britische

Zone«) vom 7. Januar 1947, der andere aus der *ZEIT* vom 16. Januar:
»Das gesamte Leben der britischen Zone ist infolge der drastischen Notsparmaßnahmen und der noch ausbleibenden Kohlelieferungen wie paralysiert. Es wurden bereits Temperaturen von 19 Grad unter Null gemessen. Die Lebensbedingungen der Bevölkerung haben sich weiter verschlechtert. Aus Hamburg werden die ersten Todesopfer infolge Erfrierens gemeldet. In den 40 öffentlichen und privaten Krankenhäusern der Stadt werden laufend Personen mit Erfrierungsschäden eingeliefert, obwohl die Behandlung infolge der Stromabschaltungen auf das äußerste erschwert ist. Die meisten Krankenhäuser verfügen über keine Notstromaggregate und können nicht operieren. Die Zahl der Tbc-Kranken ist in den letzten Wochen um das Fünffache gestiegen. Die Kälteferien sind für sämtliche Schulen bis auf weiteres verlängert worden.
Die Bahn kann mit erheblichen Verspätungen den Fernverkehr noch notdürftig aufrechterhalten, aber das übrige Verkehrswesen auf den Straßen ist nahezu zum Erliegen gekommen. Die Binnenschiffahrt ist eingestellt. Die Hälfte aller einsatzfähigen Fischdampfer liegt in den Häfen wegen Kohlemangel still. Eine Brotfabrik, die täglich etwa zehn Tonnen Kohle verfeuert, hat noch für drei Tage Vorrat, dann fällt die Brotversorgung für Tausende aus. Die SPD weist in einem Hilferuf an die alliierten Stellen auf die Untragbarkeit der derzeitigen Lage hin: ›Die Menschen frieren in ihren ungeheizten Wohnungen um so mehr, als sie äußerst mangelhaft ernährt sind. Dieser Zustand bringt auch die Gutwilligen zur Verzweiflung. Wir erbitten hiermit ausdrücklich die Hilfsmittel der Besatzungsarmee. Das Tempo der Hilfe muß beschleunigt werden und alle Restriktionen aufgehoben werden, wenn nicht unsägliches Unheil hereinbrechen soll.‹«
»In einer mit Blech und Pappe vernagelten Wohnung in

der Innenstadt sagt ein Achtzigjähriger: ›Nun gut, ich bin noch nicht verhungert, so werde ich denn erfrieren.‹ Im Rathaus ist ein Aktenordner mit der Kennziffer 07 angelegt worden, darin werden jeden Tag die wieder der Kälte zum Opfer gefallenen Hamburger registriert. Bis jetzt (Mitte Januar) sind es sechsundzwanzig.

Die Leute, die nach den großen Bombenangriffen in ihre Gartenlauben ausgewichen sind, wohnen dort noch immer. Niemand hat daran gedacht, sie auch im Winter zu benutzen. Jetzt sind die Fugen der Bretterwände mit Papier und aufgezwirbeltem Bindfaden zugestopft. Über das flache Pappdach ragt ein Ofenrohr als Schornstein heraus, aber er raucht nicht. Die Fenster sind von dickem Eis undurchsichtig geworden.

›Wir fragen uns, wenn wir uns abends hinlegen, ob wir am Morgen wieder aufwachen oder ob wir tot sind‹, sagt ein alter Mann, der mit seiner Familie, Tochter und Enkelkindern, in einer Holzbude wohnt. ›Wir haben zusammen geweint, die Kälte war so schmerzhaft spürbar im ganzen Körper. Wir haben uns hingelegt, uns angefaßt und gedacht, einmal muß es wieder besser werden. Aber an einem Morgen hat sie dagelegen — nun meint er seine Frau — und nichts mehr gesagt, kein ›Guten Morgen‹ und kein ›Ja, nun müssen wir wohl‹, sie ist nicht mehr aufgestanden, sie war tot.‹« Kleine Kinder starben noch rascher.

Im Hamburger Stadtpark wurde ein Lager mit sogenannten »Nissenhütten« angelegt, Baracken aus gerundeten Blechwänden. In diesem Lager gab es Krankenreviere, in denen Tag und Nacht ein eiserner Ofen brannte, neben dem die Hilfesuchenden behandelt wurden. Der Wachdienst hat im Inneren dieses beheizten Raumes 13 Grad Kälte gemessen.

Von 63 000 Hamburgern, die in Hütten und Baracken den Winter verbrachten, lebten 10 000 in solchen Nissenhütten. Infolge der schlechten Isolierung der Metallwände bildete sich Kondenswasser. Es gefror bei Abkühlung, tröpfelte herab bei Erwärmung. Alles war ständig feucht, ja, naß. Da die Unterküfte nicht durchgeheizt werden konnten, verwandelten sie sich bei Kälte in Eispaläste. Der Zementboden war dann eine spiegelglatte Eisfläche.

Von 80 000 Hauswasserleitungen waren 16 000 erst zugefroren, dann geplatzt. Ärzten wurde Geld geboten (eine Summe von 500 Mark wurde bekannt) dafür, daß sie mit einer Spritze dem Leiden ein Ende machten.

Alle gingen zum Kohlen-Klauen. Von 9000 polizeilich festgestellten Diebstahldelikten waren im Januar 1947 4600 Kohlendiebstähle. In Köln hielt der Kardinal Frings eine Predigt, in der er Verständnis dafür erkennen ließ, daß es Notlagen gibt, in denen der Mensch zur Selbsthilfe greift, selbst wenn er damit Gesetze übertritt. Seither hieß im Rheinland Kohlen stehlen »fringsen«.

Bei einer Tagesration im Nährwert von 1500 Kalorien, so betont ein Bericht des alliierten Ernährungsausschusses, seien viele Deutsche in einer derart schlechten körperlichen Verfassung, daß sie eine weitere Herabsetzung der Zuteilung an Nahrungsmitteln nicht mehr überstehen würden. Alle Kinder zwischen sechs und 14 Jahren, alle alten Leute, alle »Normalverbraucher«, Gruppen, die zusammen fast die Hälfte der Gesamtbevölkerung ausmachten, befänden sich in Lebensgefahr, wenn die Versorgung nicht bald verbessert werden könnte.

Als dieser Bericht von der Presse veröffentlicht wurde, war zwar die ärgste Kälte vorbei, aber die Zuteilung in der britischen Zone sank über mehrere Wochen auf 800 Kalorien pro Tag herab. Fett, Kartoffeln und Fisch fielen ganz aus. Die Brotzuteilung mußte auf die Hälfte gedrosselt werden. Dementsprechend stiegen die Preise für Lebensmittel auf dem Schwarzmarkt in schwindelnde Höhen: Für ein Pfund halbverfaulte Kartoffeln wurden bis zu zwanzig Mark bezahlt.

Derart also schlug für ein Jahr und in unvergleichlich milderer Form — ohne Fabriken für Völkermord — auf uns zurück, was wir an Leiden und Not jahrelang über die Menschen Europas gebracht hatten.

Erste Ausgangserlaubnis

Was für eine schöne Zeit, in der nichts selbstverständlich war, nicht das Brot auf dem Tisch, nicht ein regendichtes Dach, nicht Scheiben aus Glas in den Fenstern — statt dessen Bretter —, nicht Nägel, die allenfalls gegen Zigaretten zu haben waren.
Was für eine schöne Zeit, in der man, sofern man ein irgendwie privilegierter Deutscher war, vielleicht ein zuvor schon berühmter, heimkehrender Emigrant, per Zug nach Berlin gelangen konnte. Einer von ihnen war Carl Zuckmayer. »Der Zug hielt an einer kleinen Außenstation, da alle größeren Bahnhöfe zerstört waren.« Der Dramatiker wurde mit einem Autobus »zum Sitz der Militärregierung in Dahlem gefahren. Diese Ankunft, diese Fahrt durch die Ruinen am kahlgeschlagenen Tiergarten entlang — die alten Bäume waren längst zu Brennholz gemacht, sogar die Strünke ausgerodet, es war da nur noch ein riesiger ausgedehnter Kartoffelacker, über den man hinblickte wie über eine Wüste — von einem Trümmerfeld zum andern...«[25]
So war es — und so war es auch: »Die meisten Menschen laufen mit geschwollenen Fingern und offenen Wunden umher... unser Tag beginnt um 1/2 6 Uhr, wir werden durch unsere Mitbewohner geweckt... Von 8 bis 3 halte ich im Geschäft aus — erst ab 3 Uhr gehn die Verkehrsmittel wieder — bin dann aber auch so erfroren, zumal ich nur zwei Scheiben trockenes Brot mitnehmen kann, daß ich kaum mehr gehen kann. Meine Frau... eilt mittags eine Stunde weit, um das Essen aus der Volksküche

zu holen, worauf wir mangels Gas, Elektrizität und Kochgelegenheit angewiesen sind...«[26]
Derart waren meine Lebensverhältnisse nicht dank des Gartens und zweier Kühe im Stall, dazu die Hühner, aber in München war das Elend nicht geringer. An einem Freitag notierte ich: »Meine Sekretärin befindet sich in einem Zustand der Unterernährung, daß sie sich nicht mehr auf den Beinen halten kann. Ich nehme sie mit heraus, damit sie sich über das Wochenende wieder ein bißchen erholen kann.« Dabei war die Versorgung in der amerikanischen Zone noch relativ gut. Mitte 1946 lag das durchschnittliche Gewicht eines männlichen Erwachsenen bei etwa 51 Kilogramm, und es kam vor, daß tagelang überhaupt kein Brot verteilt wurde.[27]
Aus schöner Zeit? Heute haben wir die materielle Not fast vergessen, nicht vergessen kann ich das Lebensgefühl, das darauf beruhte, daß nur durch eigene Kraft und Findigkeit der jeweils nächste Tag bestanden wurde und es doch irgendwie wieder aufwärtsging — daraus erklärt sich, daß »Aus schöner Zeit« alles andere als zynisch gemeint ist, mag auch ein Gran Ironie darin enthalten sein.
Die eigene Existenz, ihrer merkwürdig befriedigend empfundenen Zweigleisigkeit ungeachtet, und je länger sie in ihrer gänzlichen Absonderlichkeit anhielt und deshalb fast den Charakter des Normalen annahm, konnte allmählich doch nicht die Einsicht unterbinden, daß sie sich in einem deutschen Gefängnis abspielte. Noch immer! Zu der seit Kriegsende verflossenen Zeit waren sechs Jahre Krieg hinzuzurechnen, in denen es auch unmöglich gewesen war, Ortsveränderung nach eigenem Entschluß vorzunehmen, derart, daß man sich das Vaterland von außen hätte ansehen können. Als deutscher Soldat in Frankreich, in der Sowjetunion, in Norwegen, in Italien oder sonstwo zu kämpfen und dort stationiert zu sein, hatte, unnötig, es zu sagen, alles andere bedeutet, als deutscher Umwelt entronnen zu sein.

Als uns Botschaften aus der nichtdeutschen Welt erreichten, Bücher, Theaterstücke, Zeitungen, Zeitschriften, wurden wir uns dessen immer bewußter, daß sie während unserer Isolierhaft fortgeschritten war und wir nach wie vor in einem Gefängnis lebten, wenn auch das Bewachungspersonal ausgewechselt und die so spezifisch deutsche Dienstvorschrift außer Kraft gesetzt worden war, nach der zum Beispiel Menschen nicht dort umgebracht werden durften, wo sie sich gerade befanden, sondern mit gewaltigem Aufwand an den Ort zu transportieren seien, wo Fabriken für eine sorgfältige Art des Zu-Tode-Quälens errichtet worden waren. Insoweit befanden wir uns nun natürlich in Freiheit, es war aber doch erst eine relative, und der Welthunger wurde gerade bei jenen fast unerträglich, denen realer Hunger nicht unmöglich machte, über den Tag hinauszudenken.

Zu ihnen zählte ich. Ich befand mich unter den ersten, denen es erlaubt wurde, sich außerhalb der unsichtbaren Gefängnismauern umzusehen. ICD, der ich schon nicht mehr angehörte, war behilflich, daß mir mit der Begründung, ein Journalist müsse die Möglichkeit haben, »Lokaltermine« wahrzunehmen, Auslandsreisen erlaubt wurden. Wie Walther von der Vogelweide ausrief: »Ich han mein Lehen!«, als seine ökonomischen Verhältnisse endlich konsolidiert worden waren, wäre ich versucht gewesen zu jubeln: Ich han mein Paß, als mir das Combined Travel Board einen solchen ausstellte. Er hatte einen grünen Umschlag, heller als ihn die Pässe der BRD heute haben, und war mit Goldbuchstaben in drei Sprachen bedruckt; die vierte, die russische, fehlte bereits. Das Dokument machte einen hochoffiziellen Eindruck und wurde später an einigen Grenzen für einen Diplomatenpaß gehalten. Es nannte sich »Vorläufiger Reiseausweis an Stelle eines Passes für deutsche Staatsangehörige.«

Ich wollte den Paß ein erstes Mal dazu benützen, die Schweiz zu besuchen, wo ich wohlsituierte, entfernte Verwandte hatte. War meine *RUF*-Arbeit den Amerikanern ausreichender Anlaß gewesen, mir den Paß auszustellen, so war für die Schweizer Behörden diese doch unzweifelhaft auch politisch gerechtfertigte Bevorzugung durchaus kein Anlaß, mir ohne weiteres die Einreise in ihr Land zu bewilligen. Sie verlangten, einer der alliierten Sieger — einer von den westlichen, versteht sich — habe mit Brief und Siegel dafür einzustehen, daß meine Reise als »ein Beitrag zur europäischen Völkerverständigung« anzusehen sei und »zur demokratischen Erziehung der Deutschen« beitrage, so wörtlich in einem Brief aus Bern an die Schweizer Vertretung in München. Wie ich nach wochenlangen Bemühungen schließlich das Visum bekam, braucht hier nicht dargestellt zu werden. Doch sei daran erinnert, daß es eine andere Begründung für eine Reise in die Schweiz gab, die das Visum binnen Stunden lockergemacht hätte: Es wäre nur nötig gewesen, eine Einladung nach Caux über Montreux vorzulegen, wo die CIA in einem luxuriösen Hotel ein Spionagezentrum eingerichtet hatte, ohne als ihr Erfinder und Hausherr erkennbar zu sein. Als Aushängeschild diente die von dem Engländer Frank Buchmann erfundene Bewegung christlicher Einkehr mit dem Namen »Moralische Aufrüstung.« Dorthin eingeladen zu werden, empfanden die alt- oder neodemokratischen Deutschen als so ehrenvoll, wie deutsche Soldaten während des Krieges die Verleihung des Ritterkreuzes empfunden hatten. Um in den Genuß moralischer Aufrüstung zu kommen, war es erstens nötig, eine öffentliche Tätigkeit auszuüben, sei es in der Politik, in der Verwaltung oder in der Presse; zweitens, sich nachhaltig bei irgendwelchen Besatzungsmächten anzuwanzen; drittens auch nicht den Schatten eines Zweifels aufkommen zu lassen, daß man in amerikanischer Macht und Kultur, allgemeiner gesagt im Kapitalismus, das Ideal erblickte, dem man in der praktischen Arbeit nacheiferte. Daß man als »Mr. K.« in einer Dienststelle der Besatzungsmacht arbeiten konnte, dann eine Zeitschrift leiten durfte und trotzdem davor gefeit war, nach Caux eingeladen zu werden, habe ich damals wohl nicht zu Unrecht als Beweis dafür angesehen, daß mindestens in der CIA, die wir in ihrer nicht-weltumspannenden Form als CIC kennenlernten, Amerikaner saßen, die subtil zu unterscheiden vermochten zwischen deutschen Demokraten, die den *american way of life* als den einzigen Weg zur Freiheit ansahen, und anderen, die dieser Überzeugung nicht waren.

Als ich den Bodensee auf einem verrosteten Dampferchen überquert hatte und drüben am Schweizer Ufer ausgestiegen war, befand ich mich am Anfang einer Erfahrung, die viel später jene Erdenbewohner gemacht haben mögen, die als erste auf dem Mond aus ihrem Fahrzeug gestiegen sind. Sie sahen die vertraute Erde von außen und erlebten die Qualität dessen, was man »die Fremde« nennt, so radikal, wie vor ihnen niemand.

Ähnlich erlebte ich die Schweiz nicht als ein anderes Land, sondern als einen anderen Stern, nachdem ich mit dem Zug nach Zürich gefahren war und dort, es war schon nach Mitternacht, an einem ganz gewöhnlichen Schalter des Hauptbahnhofes einen stattlichen Betrag in Schweizer Franken allein gegen Vorlage dieses merkwürdigen Passes ausgehändigt bekam – eines Betrages, den die in Bern lebenden Verwandten für mich angewiesen hatten. Die Wiederbegegnung mit einer funktionierenden Zivilisation und, was noch wichtiger war, mit einer sozialen Ordnung, deren Aufpasser und Kontrolleure ich nicht für potentielle Mörder halten mußte, die sie für mich im Deutschland der Vorkriegs- und Kriegszeit gewesen waren, auch nicht für Vertreter einer Instanz, der gegenüber man sich leicht im Dauerzustand der Rechtfertigung, ein Deutscher zu sein, fühlen konnte – mit einem Wort, diese Wiederbegegnung mit freien, sorglosen Verhältnissen war fürs erste einfach märchenhaft.

Ich wurde gewahr, wie sich der Mensch als Gewohnheitstier auch den schauderhaftesten Bedingungen derart anpassen kann, daß er sie als die gegebenen einfach hinnimmt und vergißt, wie sie auch sein könnten, so daß er, jäh ins Normale versetzt, an dessen Realität zweifelt. Spiegelbildlich und also seitenverkehrt befand ich mich in der Lage des aus Amerika zurückgekehrten Zuckmayer, als er in einem Omnibus den abgeholzten Berliner Tiergarten durchquert hatte. Wie er könnte ich über diesen ersten Zusammenprall mit dem, was wir inzwischen als »Konsumwelt« und »Wegwerfgesellschaft« kritisieren, schreiben: Ich weiß nicht, ob ich das wirklich erlebt habe.

Durch den Besitz kaufkräftiger Banknoten in meinem Selbstgefühl unermeßlich gestärkt wie jener Mäuserich, der den Sahnetopf ausgeschleckt hat und nun sagt: So, jetzt auf die Katz!, war ich in ein Hotel gegangen, wo der Portier sich von seinem Erstaunen, einen »Reichsdeutschen« vor sich zu haben, gar nicht erholen konnte; ich war der erste, den er nach dem Krieg zu sehen bekam. Fast hätte er an meinem Paß gerochen, um festzustellen, ob er echt sei. Ich stellte meine Tasche ins Zimmer und machte mich zu einem nächtlichen Bummel durch die leere Stadt auf. Die Bahnhofstraße hinauf, die Bahnhofstraße hinunter — es war der Gang durch ein riesiges Kaufhaus, das noch geschlossen war.

Ich begann Bekanntschaften aus friedlicheren Zeiten aufzufrischen und neue zu sammeln. Einen »Beitrag zur europäischen Völkerverständigung« leistete ich weder damit noch mit irgend etwas, mit dem ich mich in der Schweiz beschäftigte. Eher ließe sich sagen, ich hätte Anschauungsunterricht über die Gräben zwischen den europäischen Völkern genossen, Gräben, die durch den Krieg noch gewaltig vertieft worden waren.

In Bern suchte ich das Ehepaar auf, das ich Onkel und Tante nannte, ohne genau zu wissen, wie es eigentlich mit

der Verwandtschaft beschaffen war, die mich in den Genuß der Reisemittel gebracht hatte. Der Onkel, den Sechzig nahe, war gerade aus der Stadt in die von der Familie bewohnte, auf einem Hügel gelegene, mit ihren Erkern und Türmchen aus dem 19. Jahrhundert stammende Villa zurückgekehrt. Er erzählte, er habe eine Strickleiter gekauft, die er im Dachgeschoß an einem Fenster befestigen lassen werde.
»Weißt du«, sagte er in gemäßigtem Schwyzerdütsch, »es wird immer unsicherer bei uns, schon zweimal ist in der Nachbarschaft eingebrochen worden, und ich denke, wenn die Räuber unten hereinkommen, dann können wir uns oben über die Strickleiter retten.«
»Das ist wirklich eine gute Idee. Sie setzt voraus, daß die Mauern noch stehen.«
»Ach ja, ach ja«, sagte der Onkel, »ich habe Fotos gesehen von deutschen Städten, es muß schrecklich sein. Wir wissen das, und du siehst ja, wir helfen gern nach unseren Möglichkeiten, aber es sind nicht alle gleich. Kennst du meine Großnichte in Hamburg, die Hanna? Nein? Sie studiert, ich hatte ihr geschrieben, womit ihr am besten geholfen sei, und sie hatte zurückgeschrieben, für Zigaretten sei alles zu bekommen. Es war nicht einfach mit unserem Zoll, aber sie bekam ein großes Paket Zigaretten, und ich dachte, die tauscht sie in Lebensmittel, Heizmaterial oder einen warmen Mantel um. Was schrieb sie? Tausend Dank für deine wundervolle Sendung, jetzt kann ich wieder rauchen. Da wunderten wir uns doch. Erst wählte sie Hitler, und jetzt raucht sie auch noch.«
»Was es doch für Menschen gibt«, sagte ich, eine Bemerkung, die dem Onkel über die Maßen gefiel.
Erholung von Schweizer Moralbegriffen, der ich bald dringend bedurfte, wurde mir im Hause einer Vorkriegsfreundin zuteil, die jetzt in Lausanne verheiratet war. Bei ihr lernte ich junge Deutsche kennen, die es irgendwie fertiggebracht hatten, für ein Semester in Genf studieren

zu dürfen. Das Semester war längst vorbei, und sie waren noch immer da, ein Dorn im Auge des politischen Departements in Bern, dem es nicht gelang, ihn auszureißen. Diesen Burschen, durch eine Kriegs- und Lebensschule gegangen, in der sie manches gelernt hatten, nur keine bürgerlichen Sitten, gelang es, »die Stellung zu halten«, wie sie das nannten, indem sie hübschen, reichen jungen Amerikanerinnen, die eigentlich nur zum Studium der französischen Sprache in die Schweiz gekommen waren wie schon ihre Eltern, Deutsch beibrachten und noch manches andere. Einige hatten es sogar verstanden, sich in töchtergesegnete Schweizer Familien einzuschleichen, wo sie außer im sichtbaren Polohemd auch im unsichtbaren Hochzeitszylinder auftraten, was ihnen Schutz gegen Ausweisung und sommerliche Aufenthalte in Landsitzen, Chalets genannt, eintrug. Zu den Schweizer Reiseerlebnissen, an denen ich nach Rückkehr meine Leser teilnehmen ließ, gehörten diese aus Lausanne, womit ich den Zorn kerniger Deutscher weckte. Einer schrieb mir: »Die durch Krieg und Nachkrieg umhergetriebene Jugend geht hier mit den Begriffen von Treu und Glauben in einer Weise um, die nicht geduldet werden kann. Wir können es uns nicht leisten, den deutschen Namen erneut in Verruf zu bringen.«
Hatten mich diese mit Treu und Glauben so erfolgreich Schindluder treibenden Studenten schon belehrt, daß sogar der Schweizer Wohlanständigkeit doch irgendwie beizukommen war, so taten die Bären von Bern das Ihre dazu, mich aufatmen zu lassen, indem sie sich eine Unbotmäßigkeit zuschulden hatten kommen lassen. Die Bären von Bern wohnen hinter der unteren Brücke, im Knick des Knies, das der Fluß dort auf seinem Wege durch die Stadt bildet. Ihre Zwinger sind mit kräftigen Steinmauern tief in die Erde gebaut, ringsum läuft eine Brüstung, über die sich die Touristen mit ihren Kameras beugen; diese Bären sind eine Sehenswürdigkeit.

Neben dem Zwinger sind Tische aufgeschlagen, auf denen sich Mohrrüben häufen. Sie sind sorgfältig gewaschen und gebündelt, ihre grünen Helmbüsche werden nicht abgeschnitten, sondern mit einem großen Aluminiumkamm gesträhnt, um ordentlich auszusehen, denn schließlich handelt es sich nicht im irgendein Viehfutter, sondern um das Lieblingsnahrungsmittel der Wappentiere der Hauptstadt des demokratischsten Staates der Welt. Angesichts der sorgfältig ausgelegten Rübenware erinnerte ich mich, daß Frau F., die Inhaberin des Gemüseladens im Heimatstädtchen, kürzlich in die Lage gekommen war, einen Berg gelber Rüben, ungewaschen, ungebündelt, ungekämmt, aber eßbar, anzubieten, was einen Volksauflauf vor ihrem Geschäft verursacht hatte. Endlich Vitamine für die Kinder, hatten die Frauen in der Warteschlange gesagt und hätten ohne weiteres zehn Mark für das Kilo bezahlt.
Hier kostete das Bündel Bärenrüben vierzig Rappen, und jedermann hätte sich geschämt, die Viecher nicht zu füttern in dieser Stadt, deren Regierung geflüchtete Juden über die deutsche Grenze zurück und in den sicheren Tod getrieben hatte, diese Parasiten, die, hätten sie bleiben dürfen, schon mit einer Rübenmahlzeit glücklich gewesen wären.
Bei so guter Ernährung hatten diese enorm starken Tiere ihren Raubtiercharakter ganz eingebüßt — diesen Eindruck erweckten sie über lange Zeit — und hatten gelernt, sich in der Gefangenschaft fortzubringen, ohne der Stadtkasse durch ihre Ernährung zur Last zu fallen. Sie wußten nämlich jeden Passanten, der zu ihnen amüsiert hinabschaute, zu einer Rübenspende zu ermuntern, indem sie eine krallenbewehrte Pfote bittend an das Maul legten. Derart boten sie ein perfektes Beispiel Schweizer Wohlanständigkeit, wobei es geblieben wäre, hätte sich nicht kurz vor meinem zweiten Aufenthalt in Bern etwas ereignet, worüber man in der Stadt am liebsten schwieg,

ohne es damit ungeschehen machen zu können: Ein Radfahrer hatte nächtens die letzte Kurve der steil zur Brücke herabfahrenden Straße verfehlt, war auf die Brüstung des Bärenzwingers aufgeprallt, über dieselbe hinweggeschleudert worden, worauf ihn die Wappentiere zerrissen, der ewigen Rüben überdrüssig.
Weder der Onkel in der unweit gelegenen Villa noch die Amerikaner, die mir zu der Reise verholfen hatten, hätten mit Wohlgefallen das Wohlgefallen registriert, mit dem ich, ein Bündel Rüben gerecht verteilend, in den Zwinger hinabblickte.
Nichts von dem, was ich über meine Reiseeindrücke veröffentlichte, wurde den Motiven gerecht, weswegen mir diese Reise ermöglicht worden war, auch nicht mein Verhalten in der Episode, die ich mit deutschen Zöllnern auf der Rückreise erlebte. Ich hatte zuletzt ein bißchen Feuerwerk eingekauft. Es handle sich, wurde ich an der Grenze belehrt, um explosives Material, dessen Einfuhr durch Deutsche nach Deutschland gemäß den Gesetzen zur Entmilitarisierung verboten sei. Die Harmlosigkeit des Inhalts einer dreieckigen durchsichtigen Tüte darzutun, riß ich sie in einer Zornesaufwallung in der Amtsstube auf und entzündete einen fingerhuthohen, in Silberpapier eingewickelten Kegel, auf dem »Vulkan« stand, eine Bezeichnung, die ich unterschätzt hatte. Wir sahen uns ein Weilchen nicht mehr, die Zöllner und ich, einer stürzte davon und holte die Grenzpolizei. Der Verhaftung zu entgehen erwies sich als ausgesprochen schwierig, zumal ich schrie und mich auch sonst pöbelhaft benahm.
Auf der nächsten Reise, die nach Österreich führte, brauchte ich nicht zu befürchten, für eine nationale Vergangenheit einstehen zu müssen, aus der sich die Österreicher zwar erfolgreich fortzustehlen versuchten, die aber doch unleugbar auch ihre eigene gewesen war.
Salzburg, die Stadt Stefan Zweigs, war meine erste Station. Wider Erwarten fand ich in einer Buchhandlung,

was ich haben wollte: sein letztes Buch, den Bericht über sein Leben bis zum Kriegsausbruch. Nun war er schon seit Jahren tot, hatte sich mit seiner Frau aus Trauer über das zerstörte Europa umgebracht. Als ich mich am Fluß auf eine Bank setzte und in seinem Buch zu lesen begann, fühlte ich mich zum erstenmal seit 1945, richtiger seit 1939, auf Ferien, ja, es war mir, als habe der Krieg gar nicht stattgefunden. Zweig beschwor das Bild einer (seiner!) untergegangenen Welt.

Kurz bevor es Abend wurde, stieg ich den Kapuzinerberg hinauf zu Zweigs Haus, fand es im Besitz einer Kaufmannsfamilie und in einem Zustand, als sei in all der Zeit, die seit seiner Emigration vergangen war, nichts daran getan worden. An dem Türmchen, von dem aus er bangend nach dem Obersalzberg hinübergeschaut hatte (»Mein Haus lag so nahe der Grenze, daß ich mit freiem Auge den Berchtesgadener Berg sehen konnte, auf dem Adolf Hitlers Haus stand, eine wenig erfreuliche und sehr beunruhigende Nachbarschaft«), waren die Scheiben durch Bretter ersetzt.

Es wurde dunkel und jenseits des Flusses in ziemlicher Höhe ein sich drehender Scheinwerfer in Betrieb gesetzt. Das Lichtbündel holte aus der Nacht in Konkurrenz mit dem Mond die Kirchen, die Klöster, die Türme und die Burg heraus. In seinem bläulichen Schein sahen die weißen Kronen auf den stumpfen, rötlichen Türmen der Kollegienkirche wie das Werk eines pathetischen Zuckerbäckers aus, und die kupferne Kuppel der Dreifaltigkeitskirche schien aus grünem Glas zu sein. Es war, als leuchte jemand seine Geliebte mit einer Taschenlampe ab. Aus der Dunkelheit tauchte eine männliche Gestalt auf und stellte sich neben mich.

»Bledsinn«, sagte der Fremde, »amerikanischer Bledsinn. Soizburg is doch net der Prater.«

»Sie sind aus Wien?« erkundigte ich mich überflüssigerweise.

»Vui zvui Amerikaner. Die ham a Kultur ... Die hättn daheim bleim soin.«
»Dann hätten wir den Hitler noch.«
»Und? I hab mir nix ausgstanden beim Adolf. I hab a Drogerie jetzt, lauter Amis als Kundschaft, o mei, i sag Eahna nur ein Beispiel: Die kaufen eine Zahnpasta, und wenns aus is, gehns und kaufens a neue.«
»Was sollten sie sonst tun?« fragte ich und bedachte, daß ich es genauso machte.
»Foisch, absolut foisch. Sieben verschiedene muß ma kaufen, und dann riecht ma am Morgen an a jedn, was is heit die richtige?! Da fangt der Tag glei ganz anders an. Is doch eh fad, daß er anfangt.«
»Wie sind Sie denn von Wien hergekommen?«
»No, mitm Zug, wieso?«
»Haben die Russen kontrolliert?«
»Des scho, aber bloß ganz flüchtig. Ham S' kein Passierschein?«
»Eben nicht. Ich bin von drüben...«
»Ah so, Sie san ausm Reich? Da müssen S' aufpassen, mit die Reichsdeitschen san die heikel, die Russen. Aba mir stehn uns nix aus mit ihnen. Doswidanje karascho, ja, die Russen, mir sans fast no lieba wie die Amis. I sag Eahna, die meinen, sie hätten Österreich schon in der Taschen – die wern sich noch anschaug'n. Hier in Soizburg is noch ärger. Ham S'es gsehn, das ›Tomaselli‹? A Snäckbar hams draus gemacht. Des sagt doch ois. Und die blede Scheinwerferei, wo ma doch an schensten Mond ham. Also dann, gut Nacht, und passen S' auf an der Enns!«
Telefonisch eingeholte Erkundigungen ließen es mir bald als gänzlich aussichtslos erscheinen, daß die sowjetische Kommandantur in Wien mir den Passierschein zuschikken würde. Ich fuhr nach Steyr und schaute mir einen halben Tag lang den Betrieb an der Ennsbrücke an, die notdürftig repariert worden war. Ich beobachtete, wie die

Kontrollen auf der anderen Seite von den Sowjets ganz nach Lust und Laune durchgeführt wurden, mal streng, mal lässig und manchmal überhaupt nicht. Ausländische Lastzüge wurden fast regelmäßig durchgewinkt. Des weiteren stellte ich fest, daß die Fahrer dieser Transporte meist vor einem bestimmten Gasthof anhielten, um dort eine Mahlzeit einzunehmen. Ihrem Beispiel folgte ich, und das verhalf mir zur Bekanntschaft mit einem Paneuropäer.

Durch die Scheiben der Wirtsstube sah ich einen riesigen Lastzug halten; Nummernschild und große Aufschriften verrieten, daß er im Dienst der holländischen Staatseisenbahn unterwegs sei. Ein kaum zwanzigjähriger braungebrannter Bursche in buntem Hemd, olivfarbenen Hosen sprang vom mannshohen Führersitz auf das holprige Pflaster herunter und kam über die Straße auf das Gasthaus zu. Ich saß allein an einem Tisch, und als der Holländer hereinkam, lud ich ihn mit einer Handbewegung ein, bei mir Platz zu nehmen.

Die Unterhaltung kam mühelos zustande, nachdem der Fernfahrer die Bemerkung gemacht hatte:
»Sie sind auch nicht von hier?!«
»Fahren Sie dieses Ungetüm allein durch Europa?«
»Das schon.«
»Und wenn Sie eine Panne haben?«
»Meistens kann ich mir selbst helfen. Im schlimmsten Fall halte ich einen Amerikaner an, der verständigt die nächste *service-station*. Wir haben ein Abkommen mit den Amerikanern, daß sie uns helfen. Wir fahren sehr viel für sie.«
»Was denn zum Beispiel?«
»Oh, ganz schöne Sachen. Ich fahre jeden Monat einmal 18 Tonnen holländischen Whisky in ein großes Lager bei Nürnberg.«
»Was bringen Sie nach Österreich?«
»Ich habe jetzt Lebensmittel geladen, die bringe ich nach

Wien, auf der Rückfahrt nehme ich hier in Steyr Werkzeugmaschinen mit.«
»Holland schickt mehr solche Transporter durch Europa?«
»Zweihundert. Wir fahren überall hin, nach Schweden, Norwegen, Dänemark, Deutschland, Polen, die Tschechoslowakei, Jugoslawien, Italien.«
»In Polen sind aber keine Amerikaner, die Ihnen helfen könnten.«
»Uns hilft jeder. Wir sind überall gern gesehen.«
»Paßschwierigkeiten kennen Sie wohl nicht?«
»Überhaupt nicht. Man läßt uns überall durch. Das richtige Geld bekomme ich auch für jedes Land mit.«
»Sie haben einen schönen Beruf.«
»O ja, es geht. Ich verdiene mehr als ein Professor. Wollen Sie eine holländische Zigarette? Die kriegen Sie in Deutschland nirgends. Dort komme ich rasch durch auf den Autobahnen, die sind schon eine gute Sache, aber überall sind die Brücken gesprengt, so ein Blödsinn.«
Der Holländer nahm mich nach Wien mit. Als es über die Enns ins russisch kontrollierte Gebiet ging, versteckte er mich unter Decken auf der Schlafbank, die sich hinter dem Führersitz von Wand zu Wand hinzog.
In Wien war der Unterschied im politischen Klima zu dem, aus dem ich kam, mehr als überraschend, er war unglaublich. Ich hatte ein besetztes Land verlassen und befand mich in einem befreiten. Die Wiener dachten nicht daran, ihre Besatzungsmächte ernst zu nehmen. Der, mit dem ich in Salzburg das nächtliche Gespräch geführt hatte, war keine Ausnahme gewesen. Für die Wiener waren die Amerikaner komische Figuren, mit der Wurst aus dem Urwald gelockt. Man mußte ihren Reichtum ausnützen, auch ein ganz gewöhnlicher GI war, mit einem österreichischen Hofrat verglichen, ein reicher Mann, aber sonst... O mei, di san so hundsdumm, die gehn zum Heurigen und wollen Eis in den Wein.

Vom Fenster des Hotelzimmers aus konnte ich auf eine belebte Straße hinunterschauen; einmal beobachtete ich, wie ein großer Hund sich auf dem Bürgersteig ungebührlich benahm. Bald trat ein Passant als erster in den Haufen, dann ein zweiter und so weiter. Nach einer Stunde war von des Hundes Hinterlassenschaft nichts mehr zu sehen. Auf ähnliche Weise wurden die Österreicher ihre Besatzungsmächte los.
Der Ersatzpaß des Combined Travel Board erwies sich auch für Frankreich als brauchbar, und damit kam ich auf meiner dritten Auslandsreise in ein tatsächlich befreites, von uns ruiniertes Land. Sartre war im *RUF* als der Prophet der neuen Zeit gefeiert worden, das Paris von 1947 war für mich seine Stadt. Man finde ihn, hatte ich sagen hören, oft in einem Café nebem der Kirche von Saint Germain. Ich suchte es auf. Es unterschied sich von außen in nichts von allen anderen auf dem linken Ufer. Innen war es voll wie ein Bienenstock, aber es summte nicht darin, es herrschte ein tobender Lärm, man verstand sein eigenes Wort nicht, erst recht nicht das des anderen. Es gab nicht fünf Frauen unter fünfzig jungen Männern, die den Tag in tristen Wohnhöhlen dösend und schlafend verbracht und so ihre Batterien aufgeladen hatten, die sie jetzt in pausenlosem Reden wieder leerbrannten, zwischen Mitternacht und Frühlicht. Es schien jedem egal zu sein, ob und wem er sich verständlich machte. Ihre Haare lasteten als kompakte, kühn modellierte Massen auf ihren Schultern, umrahmten bleiche, ganz unjugendliche Gesichter. In diesem Milieu konnte nichts und niemand mehr auffallen als ich in einem gebügelten Anzug.
Ein kaum Zwanzigjähriger, den ein Vollbart älter machte, stellte sich neben mich an die Theke, wo ich mir einen Kaffee bestellt hatte.
»Bist du aus Deutschland?«
Das lag auf der Hand.

»Komisches Land«, sagte er.
»Komisches Café«, erwiderte ich, »was tun die alle?«
Es war eine fürchterlich deutsche Frage.
»Die leisten Widerstand.«
»Ach, Sie wollen sagen, man kann mit ihnen politisch nichts anfangen?«
»Mit uns kann man überhaupt nichts anfangen«, sagte er.
Ich überlegte, mit welchen Gedanken er eine ins Französische übersetzte Ausgabe der Zeitschrift lesen würde, für die ich Kleineuropa (West) abklapperte, und kam zu dem Schluß, er würde den *RUF* für die Hauszeitschrift einer Irrenanstalt halten, über der »Deutschland« steht.
Mit Sartre kam es am nächsten Tag zu einer ganz flüchtigen Begegnung, die aber doch vielleicht dazu beitrug, daß er später einige Arbeiten von mir in seiner *Nouvelle Revue Française* veröffentlichte. Zuletzt sah ich ihn, als er nach Stammheim kam, um zu bekunden, daß er sich mit den Terroristen solidarisch fühlte. Als er nach Paris zurückflog, kniete ich in der Maschine neben seinem Sitz, er war fast blind, und leider machte der Lärm der Motoren ein Gespräch fast unmöglich. Ich kniete aus ganz praktischen Gründen vor ihm, weil der Sitz neben ihm besetzt war und auf andere Weise überhaupt nicht miteinander zu sprechen gewesen wäre. Aber ich würde gern sagen, daß es die Haltung war, die ihm ein antifaschistisches Europa schuldig ist. Die westdeutsche Presse war über ihn hergefallen, als habe er versucht, die Cholera einzuschleppen.
Eine zweite Frankreichreise führte mich nach Prades. Dort veranstaltete der aus dem faschistischen Spanien emigrierte Cellist Pablo Casals das erste internationale Musikfestival nach dem Krieg auf europäischem Boden. Er hatte sich Prades als Zufluchtsort gewählt, weil dort seine Muttersprache, Katalanisch, gesprochen wurde. Prades war für ihn ein Stück Heimat außerhalb des größeren Heimatlandes. Dem Ruf Casals, dieses unbeirrba-

ren Vorkämpfers für Freiheit und Humanität, waren die großen jüdischen, ehemals deutschen Musiker gefolgt, die in die USA emigriert waren, vor allem Geiger und Sänger. Durch sie wurde das Festival auch zu einer politischen Demonstration gegen den Faschismus. Ich schrieb darüber:
»Auf der Terrasse und im Garten des Grand Café treffen sich von früh bis spät, bis sehr spät, nun nicht mehr nur die Einheimischen zum Kartenspiel, jetzt sind die Lokale vereinnahmt von einer internationalen Gemeinde von Musikern und Musikfreunden.
Die Proben finden im größten Klassenzimmer einer Mädchenschule statt. Man hat die Bänke entfernt und einen Steinway hingestellt. Nach Stunden winkt Casals ab, genug für heute, sagt er. Er bleibt vor seinem Pult sitzen, zieht die Pfeife aus der Tasche, zündet sie an. Die Musiker packen ihre Instrumente ein. Man sieht ihm an, daß er erschöpft ist. Er würde gerne ganz still unter den Seinen sitzen, mit denen er Bach spielt. Ich wechsle ein paar Worte mit Serkin, der neben dem Flügel steht. ›Als er mich fragte, ob ich nach Prades kommen wolle, war ich glücklich‹, sagte er. ›Zu Fuß wäre ich hergelaufen. Amerika ist ein ideales Land für einen Musiker, aber es gibt nur einen Casals. Haben Sie die Probe gehört? Sind Sie jemals jemandem begegnet, der Bach so begriffen hat? Diese Stelle hier...‹ Serkin schlägt ein Thema an. Casals hebt den Kopf, kommt, wie elektrisiert, die Pfeife im Mund, von seinem Podium herunter, spielt, im Stehen, dieselben Töne auf dem Flügel. Serkin, einer der ersten Bach-Geiger der Welt, lauscht wie ein Schüler. Es ist unverkennbar, Casals, der alle Müdigkeit vergessen hat, würde am liebsten jetzt gleich die Probe neu beginnen. Durch die Vorhänge, die vor die Türen gehängt waren, sickern Freunde und Bekannte, sie bilden einen Kreis um den Flügel. Diese Viertelstunde nach der täglichen Probe ist eine von den zwei kargen Gelegenheiten, des Meisters

habhaft zu werden. Die andere bietet sich nach den Konzerten nachts in der Sakristei der Kirche. Casals entzieht sich dem Ansturm der Begeisterten nicht. Viele Küsse werden nach spanischer Sitte getauscht.
Es ist nicht ganz so einfach, als Deutscher mit so vielen Emigranten höchsten menschlichen Ranges, die einmal aus unserem Land hinausgetrieben worden sind, die gleiche Luft zu atmen, wenn sie sich gerade in einem Gebirgstal am Rande Europas versammelt haben, um das Werk des deutschen Komponisten Bach makellos aufzuführen, ihm und ihren Idealen zur Feier. Es ist nicht ganz so einfach, in das Gesicht von Clara Haskil, der polnischen Pianistin, zu schauen, wenn sie mit ineinandergelegten Händen still am Flügel sitzt, auf ihren Einsatz wartend, denn es spiegelt das Leid der Welt und seine Würde wider, und man muß sich sagen, daß auch sie bei uns vernichtet worden wäre, wenn sie sich in den Jahren unserer Schande bei uns aufgehalten hätte.
Eine junge Französin bringt Casals seinen Mantel, einen dicken, schwarzen Wintermantel, den er anzieht und zuknöpft. Dazu einen wollenen Schal und den Hut, auch dieser schwarz und schwer. Mrs. H. aus New York zieht eine Rose aus ihrem weißen Haar und steckt sie dem Meister in das Knopfloch. Im Korridor und im Hof stehen Schulmädchen mit Posiealben und möchten ein Autogramm. Sie wagen ihn nicht darum zu bitten, sie stehen nur da. Oft gehen sie leer aus, selbst im Weggehen ist Casals meist in einem intensiven Gespräch begriffen. Vor dem Ausgang, im harten Licht einer um diese Mittagsstunde erbarmungslosen Sonne, warten Presse- und Amateurphotographen. Der kleine Mann in seiner schwarzen spanischen Rüstung – nichts anderes sind im Grunde Mantel und Hut – tritt heraus unter die hell und leicht gekleideten Menschen. Die Männer tragen alle nur Hemd und Hose und geschnürte Stoffsandalen. Als Casals die auf ihn gerichteten Objektive erblickt, zieht er mit

der Komik und Ernsthaftigkeit eines Clowns den Hut. Dann besteigt er den Wagen, der ihm für die Festwochen zur Verfügung steht, und fährt in seine Wohnung. Sie besteht aus einem kleinen Zimmer in dem Pförtnerhaus einer Villa. Das Steinway-Piano darin hat ihm ein reicher Amerikaner erst im vorigen Jahr geschenkt, als er hörte, daß Casals ohne Klavier sei...
›Bienvenue — welcome‹ steht auf Spruchbändern über ein paar Straßen. Fähnchen hängen von ein paar Balkonen, und Casals' Bild steht in den Schaufenstern. Abends sind die Kirche von außen und der Markplatz mit Flutlicht erhellt. Das ist alles an äußerem Glanz.
Die festliche Menge geht auf und ab, gibt dem Eisverkäufer zu verdienen, bis ein Mann mit einer kleinen Schelle zum Konzert ruft. Wir treten in die Kirche. Der Altar reicht mit vielen Bildwerken und goldenen Schnitzereien bis ins Gewölbe des Chors. Davor sitzt das Orchester. Dort, wo der Platz des Dirigenten sein sollte, steht, etwas erhöht, ein leerer Stuhl. Die Bankreihen füllen sich. Die Gespräche verstummen, das Husten, das Hüsteln. Da tritt Casals, das Cello hinter sich mehr schleifend als es tragend, aus der Sakristei, sucht sich einen Weg durch das Orchester, stellt sich vor den Stuhl. Die Zuhörer erheben sich von ihren Sitzen. Casals dankt mit einer knappen Geste und nimmt Platz. Sechzehnhundert folgen seinem Beispiel. So geschieht es vor und nach jedem Stück, Ersatz für den Beifall, der ›aus Achtung vor dem heiligen Ort‹ nicht erlaubt ist. Kein Laut ist in der Kirche. Casals setzt den Bogen an...
Es ist nicht nur ein Bach-Fest. Seine Musik ist für diese Emigranten, ist für den unbeugsamen Casals ein Regreß auf ein Deutschland, wie sie es kannten, bevor es als Staat und politisches Phänomen Bach, Mozart, Goethe und viele andere große ›Söhne der Nation‹ nur zur Tarnung seiner Verbrechen trügerisch verwendet hat. Sie wissen nicht, ob die Bewohner des zerstörten Reiches

über Nacht wieder andere Menschen geworden sind, und viele der hier Versammelten zweifeln daran.«
In keinem der Länder, die unsere Opfer geworden waren – auf mir unbegreifliche Weise auch nicht in Polen und in der Sowjetunion –, bin ich in Person als Deutscher feindlichem Verhalten begegnet. Damals in Prades erlebte ich es seitens der emigrierten Künstler. Es hatte sich unter ihnen rasch herumgesprochen, daß ich ein westdeutscher Journalist sei, und wenn ich im Speisesaal, wo die meisten von ihnen ihre Mahlzeiten einnahmen, zu meinem Platz ging, verstummten an den Tischen ringsum die Gespräche. Ich aß dann in einem kleinen Bistro, in dem nur Franzosen verkehrten.
Nach einem Konzert, in dem Cantaten aufgeführt worden waren, ging ich auf einen der Solisten zu und sprach ihn auf deutsch an. Er antwortete auf englisch, er verstehe mich nicht.
»Aber... Sie haben doch gerade...?«
»Ich singe deutsch«, sagte das ehemalige Ensemblemitglied der Berliner Staatsoper, »aber ich spreche es nicht mehr.«

Berlin? Berlin!

DAS REICHSINNENMINISTERIUM VERFÜGT   Am 14. März 1945, als die sogenannte »Schlacht um Berlin« (die nicht stattgefunden hat), noch im Gang ist, wie es deutsche und sowjetische Kriegsgeschichte wissen will, gab das Reichsinnenministerium eine Verfügung heraus, wonach der Paragraph 218 nicht mehr zur Anwendung kam, wenn Frauen, vergewaltigt von einem Angehörigen der Sowjetarmee, schwanger wurden und abtreiben wollten. Ob der Erlaß die Ärzteschaft Berlins noch erreicht hat, ist bis jetzt nicht festzustellen gewesen, aber sicher ist, daß die Ärzte auch ohne Kenntnis der behördlichen Regelung in solchen Fällen die Abtreibung ohne weiteres vorgenommen haben.

DIE AUSGANGSLAGE »WIR HALTEN DURCH! Die Stunde der Freiheit wird kommen. Heiliges Wort: Berlin. Die Hauptstadt des Reiches ist zur Hauptstadt des Kampfes geworden. Aus Berlin kamen die Führerbefehle, die Europa Zug um Zug befriedeten. Heute schlägt der Bolschewismus auf das verhaßte Berlin ein. Er will das Haupt der deutschen Ordnung, der europäischen Ordnung tödlich treffen. Wir bekennen uns zu diesem Kampf. Darum ist der Führer in Berlin.«
So steht es im *Panzerbär,* dem »Kampfblatt für die Verteidiger Groß-Berlins«, am 28. April 1945. Groß-Berlin war bereits zu 99,9 Prozent in sowjetischer Hand. Am 30. April hat sich »der Führer« umgebracht.
Berlin, 8. Mai 1945, Karlshorst: »1. Wir Unterzeichnete erklären uns im Namen des deutschen Oberkommandos mit der bedingungslosen Kapitulation unserer gesamten Land-, See-, und Luftstreitkräfte sowie aller Streitkräfte einverstanden, die gegenwärtig unter deutschem Befehl stehen... − gez. von Friedeburg, Generaladmiral, Stumpf, Generaloberst.«
Die Verfügungsgewalt über die Deutschen ging auf die Sieger über. Sie begannen mit Bestrafung und Erziehung.

»UMERZIEHUNG« In grauer demokratischer Vorzeit saßen zu Berlin vier gestrenge Lehrer an einem Tisch und paßten auf, daß sich das deutsche Schulbübchen artig benehme. Seine Rede war: Ja, ja und niemals nein, nein. Findest du, daß sich Onkel Sam richtig verhält? Jaja! Findest du, daß sich auch Onkel Josef richtig verhält? Jaja. Das ewige Jaja fiel den Lehrern auf die Nerven, das Bübchen bemerkte Stirnrunzeln, und als es wieder von Onkel Josef gefragt wurde: Findest du, daß sich Onkel Sam richtig verhält, rückte es auf seinem Stühlchen und

antwortete: Janein. Da überkam Onkel Sam großer Zorn, und er legte ein Papier auf den Tisch, darauf stand »Kontrollrats-Direktive Nr. 40« und besagte, es sei verboten, Kritik an einer Besatzungsmacht zu üben. Das Bübchen wurde angewiesen, fünfhundertmal zu schreiben: Ich darf keine Kritik an Besatzungsmächten üben. Es sagte wieder: Jaja.
Eines Tages, das Bübchen war zum Jungdemokraten herangewachsen, wurde es Onkel Sam zu dumm, und er schrie: Schluß, Schluß, auf ihn mit Gebrüll! Doch nicht etwa auf Onkel Josef? fragte der Halbwüchsige. Keine Spur, sagte Onkel Sam, nein, auf den bösen Kommunismus. Das geht ja noch, meinte der gelehrige Schüler und begann zwischen der Scylla Rußland und der Charybdis Kommunismus auf Teufel komm raus hin und her zu segeln, als sei es der Wannsee.
Bis der Tag kam, an dem Onkel Sam die Kontrollrats-Direktive Nr. 40 zerriß und in den Papierkorb warf. Aber ..., sagte der Jungdemokrat. Nichts aber, hieß es, leg endlich los, das hast du doch schon einmal getan.

KENNEN SIE MICH?   Vor dem Eingang stand ein russischer Posten mit Gewehr. In der Pförtnerloge saß der Pförtner. Zu ihm sagte ich, er möge mich bei der Presseabteilung des Unternehmens anmelden. Ich legte meinen grünen Alliiertenpaß vor ihn hin, der erstens in Englisch, zweitens in Französisch, drittens nicht in Russisch bedruckt war. Der Pförtner war also durchaus kein Dummkopf, als er mich fragte, ob ich Ausländer sei. Ich antwortete, ich käme aus München. Der Pförtner telefonierte und sagte dann:
»Gehen Sie in den dritten Stock, Zimmer 384, den Paß lassen Sie hier«.
Ich fand, vielen Pfeilen folgend, Zimmer 384, klopfte, trat ein, sah mich zwei jungen Herren gegenüber, die sich stellten, als habe der Pförtner mich nicht angemeldet.

»Sie wünschen?«
Ich sagte, ich sei Journalist und hätte gern gewisse Informationen über das Unternehmen. Der eine junge Mann sah den anderen jungen Mann an, der andere junge Mann sah mich an, ich schaute zum Fenster hin und erweckte den Eindruck, unermeßlich viel Zeit zu haben. Nach langer Pause sagte der eine:
»Ja.«
»Dann müssen Sie zum Chef«, meinte der andere.
»Aber gern«, erwiderte ich und versuchte, bessere Stimmung zu verbreiten, aber die beiden jungen Herren verzogen keine Miene.
Der eine öffnete rasch die Tür zum anschließenden Raum, öffnete sie nur so weit, daß er durchschlüpfen konnte, und verschwand. Um nicht ganz stumm herumzustehen, fragte ich den noch vorhandenen jungen Mann:
»Wie heißt denn der Chef?«
»Ich weiß es nicht.«
»Ach, Sie sind ganz neu hier?«
»Wozu wollen Sie das wissen?« fragte er.
»Ich will es gar nicht wissen.«
»Ich meine«, sagte er, »warum wollen Sie wissen, wie der Chef heißt?«
»Ach, es ist höflicher, wenn man jemanden mit dem Namen anreden kann, und bei der Vorstellung versteht man den Namen oft nicht.«
»Er heißt Meier.«
Ich wurde zum Chef gebeten.
»Guten Tag, Herr Meier ...«
»Sie kennen mich?«
»Wieso?«
Ich wollte seine Sekretäre nicht verpetzen.
Auf seinem Schreibtisch stand ein Telefon und schwieg beharrlich. Ich trug mein Anliegen vor. Ich sagte, es gebe in der Presse Gerüchte, daß das Unternehmen in seiner jetzigen Form bald nicht mehr existieren würde und ...

»Ich weiß nichts von solchen Gerüchten«, sagte er.
»Das habe ich mir schon gedacht, aber irgend etwas muß doch dran sein.«
Lange Pause. Herr Meier überlegte.
»Wir haben gar keine Veranlassung, Ihnen im Westen Auskünfte zu geben, jedes Wort wird einem im Munde umgedreht.«
Ich sagte, diese Absicht liege mir fern. Ich stand auf.
»Setzen Sie sich. Ich will mit dem Chef telefonieren.«
Er gab mir die *Tägliche Rundschau* und ging aus dem Zimmer. Nach einer Viertelstunde kehrte er zurück und warf schon von der Tür her einen prüfenden Blick auf die Papiere auf seinem Schreibtisch. Ich fand es an der Zeit, weniger chinesisch zu sein und grinste anzüglich. Dem widerstand er nicht mehr, er lächelte nun auch. Es wurde richtig gemütlich.
»Der Chef will Sie sprechen.«
»Wie heißt der Chef?«
»Dr. Rüstig.«
Herr Dr. Rüstig hatte eine elegante Sekretärin, sein Büro war tadellos eingerichtet. Wir unterhielten uns wie zwei Männer vom selben Stern. Auch er hatte von solchen Gerüchten, nämlich die Schließung des Betriebes betreffend, nichts gehört, aber zuletzt trieb er die Vertraulichkeit auf die Spitze.
»Der Minister hat sich im Juni vor der Volkskammer zu diesem Problem geäußert. Ich kann Ihnen eine Aufzeichnung seiner Erklärung gegen.«
»Vielen Dank, Herr Doktor, die Erklärung ist von den Agenturen verbreitet worden.«
Wir schieden in vollkommener Höflichkeit.
Der Pförtner reichte mir meinen Paß durchs Schiebefenster.
»Wie war doch Ihr Name?« fragte ich.
»Ich bin der Pförtner.«
Er war ein alter Mann, mußte bessere Tage gesehen ha-

ben. Meine ostentativ zur Schau getragene gute Laune betrübte ihn. Vor den Glastüren ging der russische Posten in der heißen Sonne auf und ab. Sein Uniformhemd war durchgeschwitzt. Ich suchte meine im Krieg erworbenen zwanzig russischen Brocken zusammen und sagte:
»Heißer Tag heute.«
»Macht nichts.« Er lachte.
»Wie heißen Sie?«
»Stepan«, sagte er.

Immer fehlte ein wichtiges Papier Eine rosig-runde Volkspolizistin im Torweg verwies mich an eine schmächtige Pförtnerin. Sie übertrug Angaben meines Passes auf einen Passierschein und sagte:
»Zimmer 33.«
Im Zimmer 33 erfuhr ich, die Kollegin, mit der ich eigentlich hätte sprechen sollen, habe heute Haushaltstag.
»Gehen Sie nach Zimmer 28 zu Kollege Keller.«
Kollege Keller war verreist. Ich könne es mit dem Kollegen Müller versuchen, Zimmer 22. Kollege Müller war in einer Sitzung.
»Nein, herausrufen kann ich ihn nicht.«
Ich kehrte in den Schnee zurück und folgte einer Autospur. Ich traf auf einen einsamen Polizisten, drei Minuten vom Alexanderplatz entfernt. Ich wollte den Polizisten fragen, wo die Abteilung »Kultur« vom Bezirk Mitte ist, er aber kam auf mich zu und sagte:
»Eins ist mir aber nicht klar, warum gehen Sie nicht auf dem Bürgersteig, Sie stören den Verkehr.«
Schon wollte ich auffahren und ausrufen: Verkehr? Ha! aber ich bremste mich und dachte: Mensch, du bist nicht zu Hause.
Immerhin, der Polizist konnte Auskunft geben und schickte mich zum Berolinahaus am Alex. Alle Abteilungen des Bezirks Mitte befanden sich im Berolinahaus,

nur die Abteilung »Kultur« nicht. Es war Mittwoch, der Tag neigte sich. Am Donnerstag hatten alle Behörden geschlossen, sie brauchten einen kundenlosen Tag, um die Akten aufzuarbeiten. Am Freitag hatte Kollege Keller Haushaltstag, und Kollege Müller war in einer Sitzung. Bei der Abteilung »Kultur« erfuhr ich, daß mir ein wichtiges Papier fehlte. Das Wochenende ging vorbei.
Am Montag besorgte ich mir das wichtige Papier und suchte die Abteilung »Kultur« auf. Von einer Frau im Vorraum bekam ich eine blaue Karte ausgehändigt, auf der stand eine Acht.
»Gehen Sie einen Stock höher ins Wartezimmer.«
Im Wartezimmer stand ein riesiger grüner Kachelofen, aber er war nicht beheizt. Rings an den Wänden waren etwa dreißig Stühle aufgereiht, von denen keiner dem anderen glich, und auf 14 von ihnen saßen 14 Wartende, die einander glichen wie ein Ei dem andern. Alle zeigten dieselbe ergebene Geduld. Zuweilen erschien eine Frau und rief eine Nummer auf. Mir nahm sie die blaue Acht aus der Hand. Auf dem Tisch lagen Planbroschüren, an der Wand hing Pieck vor einer roten Bespannung, vor der zweiten roten Bespannung hing nichts. Nach einer halben Stunde fragte ich, wann ich an der Reihe sei.
»Sie hatten doch eine blaue Nummer?«
»Ja.«
»Blaue Nummern dauern immer länger.«
Nach zwei Stunden wußte ich, daß mir ein wichtiges Papier fehlte.
Ich ging zu Fuß über den verschneiten Werderschen Markt, und hier, in der lautlosen Schneestille, von diffusem Licht aus verhangenem Himmel schattenlos aufgehellt, dachte ich an Fontane und an die Pittelkow. Sie hatte allerdings nicht am Markt, sondern in der Invalidenstraße 89e gewohnt, in solchen Sachen war Fontane genau, aber sie hätte doch auch eines der auf den Markt hinausgehenden Fenster »mit einer Art Bravour« putzen

und nach Olga rufen können: »Dumme Jöhre! Wenn ick dir rufe, kommste, verstehste?« Die Fenster fehlten, weil die Häuser fehlten, und keine Olga spielte im Schnee, aber Fontane hatte alles überstanden und erschien mir quicklebendig.
Nach Einbruch der Dunkelheit kehrte ich in den Westen zurück. Erst Jahre später gab es eine Mauer. Neongeflimmer auf dem Kurfürstendamm, dem ich nicht traute, denn nur hundert Meter abseits war es genauso wie auf dem Werderschen Markt, leer, öde, fensterlose Ruinen. Vor einer amerikanischen Autovertretung trotzte ein sich immer wieder erneuernder Menschenauflauf der Kälte. Hinter dem Schaufenster stand eine meergrüne Schönheit, ein sonst nirgends zu sehendes, nirgendwo gefahrenes Traumauto, eine Gottheit ohne Mysterium. Ich dachte, man sollte außen an der Scheibe ein Mikrophon anbringen und mit einem Bandgerät verbinden. So hätte man die Gebete freier Menschen erfahren können.

IN POTSDAM   Der falsche Bindestrich — ob schon zu des Königs Zeiten in der Giebelschrift vorhanden, weiß ich nicht — war immer noch da: Sans-Souci. Ich hatte schon vermutet, der Kastellan müsse sich mit mir allein durch die Gemächer bemühen, aber es hatte sich noch ein sowjetischer Sergeant eingefunden, mit einer Lammfellmütze auf dem Kopf trotz 25 Grad im Schatten. Er hatte sofort begonnen, sich mit mir zu unterhalten; seit zwei Jahren in Deutschland, zeigte er sich in der fremden Sprache erstaunlich bewandert. Auf die Frage, wo er zu Hause sei, hatte er geantwortet:
»Zwischen Ural und Sibirien.«
Er stammte aus Swerdlowsk.
Dem Kastellan war es nicht möglich gewesen, sich unserem heiteren Ton anzupassen. Zum Russen hatte er gesagt:
»Du, Kamerad, Filzpantoffel anziehen.«

Der Sergeant hatte die größten über seine Schaftstiefel gezogen. Wir waren zusammen übers Parkett von einem Raum in den anderen geglitten. Sollte es Kriegsschäden gegeben haben, so waren sie ausgebessert worden. Ob der Sterbestuhl des Königs vordem auch nur vor einer kahlen Wand gestanden hatte, war mir nicht mehr in Erinnerung gewesen, aber so, von ungebleichtem Leinen überzogen, im Holz etwas beschädigt, hatte er viel mehr über den König und seinen Tod ausgesagt als die dramatischen Wiedergaben der Sterbeszene an der Wand.
Der Kastellan, wie alle Schloßführer der Welt, hatte auf die Farbechtheit der Vorhänge, auf die Kostbarkeit bestimmter Materialien hingewiesen, war aber insofern eine Ausnahme gewesen, als er mir erlaubt hatte, ein paar Töne auf dem Cembalo im Musikraum anzuschlagen, wo des Königs Flöten unter Glas zu besichtigen sind. Sodann hatte er auf eine Meißner Vase gedeutet, auf der im Relief eine Dame mit hochgeschnürtem Busen zu sehen war:
»Wer ist das?«
Der Sergeant, dem die Frage gegolten hatte, war um die Antwort nicht verlegen gewesen:
»Das ist Katharina II., ein gutes Frau.«
»Sie war eine deutsche Prinzessin«, ergänzte der Kastellan mit Stolz.
Unter Zurücklassung der Filzpantoffeln waren wir auf die Terrasse hinausgetreten. Geharkter Kies, keine Windspiele.
»Den König ich lernen in Schule.«
»In Swerdlowsk?«
Wäre er des Deutschen ganz mächtig gewesen, hätte er wahrscheinlich geantwortet: Wo sonst?
»Schule ist immer zu Hause«, hatte er gesagt.

SCHON DIE DEUTSCHE MARK ZERRISS BERLIN »Berlin erhält zwei Währungen, Westmächte beantworten eigenmächtigen Sowjetschritt« lautete die Schlagzeile der *Neuen Zeitung* (»Eine amerikanische Zeitung für die deutsche Bevölkerung«) in ihrer Ausgabe vom 24. Juni 1948: »Mr. Jack Bennett und Sir Eric Coates, Finanzsachverständige der amerikanischen beziehungsweise britischen Militärregierung, erklärten zu der Einführung [der DM in West-Berlin], *daß eine scharfe Trennung in West- und Ostsektoren kaum entstehen werde* [Hervorh. v. Verf.], da man eine Stadt, deren einzelne Teile durch ökonomische Bedingungen eng miteinander verflochten sind, nicht durch eine Barriere in zwei separate Teile zerlegen könne. Wahrscheinlich werde kein offizieller Kurs für den Umtausch festgelegt werden, man werde das vielmehr der Entwicklung überlassen. Die Einwohner Berlins würden die freie Wahl zwischen den beiden Währungen haben. Man werde sie nicht daran hindern, den russischen Sektor zur Ausübung ihres Berufes zu betreten, wenn sie das vorziehen sollten.
Den Sachverständigen wurde die Frage gestellt, was beispielsweise geschehen werde, wenn ein Berliner eine Straßen- oder Untergrundbahn im russischen Sektor besteige, in sowjetischem [!] Geld bezahle und nach dem Westen fahre. Die Antwort lautete, dies sei ›schwierig, aber technisch möglich‹.«
Als die sowjetische Administration auf die Währungsreform der Amerikaner (20. Juni 1948) mit dem gleichen Schritt in ihrer Zone reagierte und die Ostmark zum Zahlungsmittel für ganz Berlin erklärte, erließen die westlichen Besatzungsmächte einen Befehl, wonach die sowjetischen Maßnahmen in ihren Sektoren »null und nichtig« seien und »keine Anwendung auf die Einwohner dieser westlichen Sektoren fänden«.
Mit diesem Befehl war verbunden: die sofortige Schließung aller Banken, deren »Angestellte jedoch für notfalls

vorkommende Arbeiten zur Stelle« sein müßten; die sofortige Schließung sämtlicher Geschäfte mit Ausnahme der Lebensmittelgeschäfte und der Apotheken, die noch für Reichsmark nach bisherigen Preisen verkaufen dürften. Auch seien sämtliche Schuldenzahlungen einzustellen. Wer diesen Anordnungen widerspreche, setze sich strafrechtlicher Verfolgung aus. »Dieser Befehl tritt am 23. Juni in Kraft.«[28]
Es gab noch keine Mauer in Berlin, die Westberliner konnten unbehindert nach Ost-Berlin und umgekehrt, aber mit den zwei Währungen ohne Abtrennung ihrer Geltungsbereiche entstand über Nacht ein wirtschaftliches Chaos, einzigartig auf der ganzen Welt. Wurde die Ostmark in den ersten Tagen zum Kurs von 25 bis 30 gegen eine BM gehandelt (die DM-Noten waren in Berlin mit einem B bestempelt), so daß viele Westberliner von der bestehenden Umtauschmöglichkeit der Ost- in B-Mark keinen Gebrauch machten, so hatten sie sehr bald Anlaß, diese Unterlassung zu bedauern, denn der Kurs pendelte sich zwischen 1,5 und 1,8 (Ost) für eine BM ein.
Wer es darauf anlegte, von dem Chaos mit Währungsgeschäften zu profitieren, konnte beträchtliche Gewinne machen. Ort dieses Geldschwarzmarktes war der Bahnhof Zoo. Erstaunlicherweise wölbte sich das Glasdach noch über den hochgelegenen Bahnsteigen, während sich das Untergeschoß in eine verqualmte, halbdunkle Höhle verwandelt hatte. Es hingen keine Fahrpläne mehr aus, es fuhren keine Fernzüge. Die Verkaufsstände waren demoliert, nicht einmal Bier wurde mehr ausgeschenkt. Dennoch war der Bahnhof voll wie an einem Pfingstsonnabend vor dem Krieg. Die Händler schrien: Ost gegen West — wieviel — dreifünf — West gegen West; auch das gab es, ungestempelte DM gegen BM. Eine Kinderschar, geführt von einer Frau in alten Soldatenhosen und einer Windjacke mit Tarnmustern, durchquerte das Ge-

wühl. Die Kinder nahmen die Rufe der Händler auf, skandierten: Ost gegen West, West gegen Ost und hüpften dazu im Wechselschritt.

Wenn die Herren Finanzsachverständigen Schwierigkeiten vorausgesehen hatten, »jedoch technisch« zu überwinden, so hätten sie nur eine Woche nach Einführung der zwei Währungen eine Westberliner Apotheke aufzusuchen brauchen, um zu erleben, wie die Schwierigkeit und deren Überwindung in der Praxis aussahen. Ich beobachtete ein kleines Mädchen, das sich vor dem Apotheker auf die Zehenspitzen stellte, Krankenschein und Rezept auf die Glasplatte legte. Es lautete auf ein Produkt der Bayer-Werke in Westdeutschland.

Die Krankenkasse bezahlte die Apotheke weiterhin in Ostmark. Die Apotheker konnten sich ausrechnen, wann sie pleite waren, weil sie Ostmark einnahmen, in Westmark bezahlen mußten. Sie halfen sich auf Kosten der Kunden. Das Medikament, das das Kind besorgen sollte, kostete 2,10 DM. Der Apotheker gab es dem Kind zusammen mit 2,10 Ostmark, das war der Betrag, den er von der Krankenkasse ersetzt bekam. Das Kind, dessen Mutter mit der Lage vertraut war, hatte Westgeld mitbekommen, von dem es dem Apotheker 2,10 DM (BM) gab. So kostete die Mutter das Medikament 2,10 (West) minus 2,10 (Ost) = 1,50 (West), gerechnet unter Zugrundelegung des offiziellen Kurses.

Als ich die Apotheke besuchte, war West-Berlin bereits von Westdeutschland zu Land und zu Wasser abgeschnitten worden, befand sich »die Luftbrücke« im Aufbau. (Von ihr ist im nächsten Abschnitt die Rede.) Unter den Bedingungen der Blockade fristete die Stadt durch das Nebeneinander der beiden Währungen während des Winters 1948/49 ihr armes, hartes Leben, das fast ganz erloschen wäre, hätte die nahezu unkontrollierte Verbindung der Westsektoren zum Ostsektor und zur Ostzone nicht mehr bestanden. Ohne die ergänzende Versorgung

von dorther, allein auf die Lufttransporte angewiesen, wäre in West-Berlin eine Hungerepidemie ausgebrochen oder, was wahrscheinlicher ist, hätten die Amerikaner die Landverbindung mit Panzern wieder hergestellt, mit welchen Folgen, stehe dahin.
Der normal verdienende Arbeiter in den Westsektoren bekam 25 Prozent seines Lohnes in Westgeld ausbezahlt. Den nützlichsten Gebrauch machte er davon, wenn er es auf dem Schwarzmarkt des Ostsektors ausgab, soweit er es nicht unbedingt in den Westsektoren für Dinge benötigte, die ausschließlich dafür zu haben waren.
Die meisten Berliner Arbeiter hatten einen monatlichen Durchschnittslohn von 200 Mark. Durch die darin enthaltenen 150 Ostmark erlitten sie dennoch keinen Kursverlust, weil sie damit jene Waren und Dienstleistungen bezahlen konnten, für die Ostmark auch in den Westsektoren zum Nennwert angenommen werden mußte. Dazu gehörten alle eingeflogenen Lebensmittel: Büchsenfleisch, Fett — 300 Gramm für zehn Tage —, Trockenkartoffeln, Erbsen, Bohnen, Mehl bzw. Brot. Ferner die Mieten und die innerstädtischen Transportmittel. Finanz- und Telefonamt machten den Versuch, Westgeld zu fordern, setzten sich aber nicht durch. Haare konnte man sich gegen Ostgeld schneiden lassen, das zählte zu den unabdingbaren Dienstleistungen, wohingegen der Friseur nicht verpflichtet war, gegen Ostgeld zu rasieren.
Unter solchen Umständen sah man auch bei Rollenhagen am Kurfürstendamm, diesem Super-Luxus-Feinkostgeschäft in besseren Tagen, auf fast leeren Tischen nur ein paar Brotlaibe und flache Schüsseln mit markenfreiem »Brotaufstrich«, der wie eine Mischung aus Hühnermist und Zement aussah und ganz ähnlich schmeckte, sowie hinter einer Glaswand ein paar Kohlköpfe, auf Marken zu kaufen, das Pfund zu 80 Pfennig. Die sowjetische Administration war anscheinend von der Währungsreform in Westdeutschland hinsichtlich des

Termines überrascht worden; sie brauchte eine Weile für den Druck des neuen Ostgeldes und half sich, indem sie auf die alten Banknoten, soweit sie umgetauscht werden durften, Wertmarken klebte, was dem Geld den Namen »Tapetenmark« einbrachte. Die Westberliner überraschte am kommunistischen Leim durchaus nicht, daß sich die Wertmarken rasch ablösten, so daß sie neu aufgeklebt werden mußten, wollte man nicht wertlose Papierfetzen in der Hand haben. Binnen zwei Tagen waren in Berlin Büroklebstoffe ausverkauft, ein findiger Geschäftsmann importierte in Koffern Uhu aus Frankfurt, denn im Falle eines Falles klebt Uhu wirklich alles. Die Wertmarken wurden in der Druckerei der *Täglichen Rundschau* in Bogen hergestellt und erschienen unverzüglich auf dem Schwarzmarkt. Eine Klebemarke, die einen Fünfzigmarkschein der alten Ostwährung in einen solchen der neuen verwandelte, wurde für 25 Reichsmark gehandelt.

In Erwartung der unmittelbar bevorstehenden Währungsreform waren rund neunzig Millionen alte Reichsmark aus den Westsektoren in den Ostsektor eingeschmuggelt worden — eine Summe, die vermutlich noch um ein Vielfaches höher lag, die aber jener entspricht, welche die sowjetische Administration als beschlagnahmt bekanntgegeben hat. Wegen Geldschmuggels wurden an den Übergängen zum Ostsektor fast tausend Personen in Haft genommen. Gegen illegale Geschäfte in dieser Dimension funktionierte die Volkspolizei wie ein Vorläufer der Mauer.

Meinen ersten Bericht über das Währungschaos und wie die Berliner damit fertig zu werden versuchten, auf Draht wie immer, veröffentlichte die *Süddeutsche Zeitung* am 6. Juli 1948. Man wird mir vielleicht glauben, daß er alles andere als antisowjetische oder anti-S-E-Distische Hetze gewesen ist. Er nannte nur die Verhältnisse, an Ort und Stelle recherchiert, beim Namen. Das wäre der Erwäh-

nung nicht wert, hätte ihn nicht ein Ostberliner Journalist, der sich hinter dem Pseudonym »Carolus Monacensis« versteckte, zum Anlaß genommen, mich auf zwei Druckseiten der *Weltbühne* nicht abzubürsten, eher abzuhäuten. Das klang so: »Der Berlin-Bericht Kubys, der die hochtrabende Überschrift ›Berlin hinter der Luftbrücke‹ trägt, ist keine acht Groschen wert... Kubys Schrei nach amerikanischen Panzerkorps und Dakotas wurde die Morgenandacht und das Abendgebet der gesamten westlichen Meinungsmaschinerie.«
Wie gesagt, zwei Druckseiten in diesem Stil. Der rabiate Angriff bildete schon damals nicht den ersten Anlaß und blieb auch nicht der letzte, der meine Überzeugung erhärtete, daß in einem geteilten Deutschland, geteilt nahezu in allem, was Denken und Lebensführung betrifft, der Platz zwischen den Stühlen der Ort ist, an dem man die kritische Vernunft am wenigsten außer Betrieb setzen muß.

DIE KRAFTPROBE   Die Beschlüsse, die in London von der Sechsmächtekonferenz (ohne Moskau) am 7. Juni 1948 verabschiedet worden waren, liefen auf die Anordnung hinaus, die Ministerpräsidenten der Länder sollten für einen staatlichen Zusammenschluß mit den Vorarbeiten für eine Verfassung beginnen. Dieses Dokument war das erste, in dem ganz unmißverständlich der Weststaat proklamiert wurde. Einige der in London an den Besprechungen beteiligten Politiker befürchteten, seine Gründung könnte Ursache für Krieg werden, und hätten es deshalb gerne gesehen, wenn noch einmal mit den Sowjets verhandelt worden wäre und ihnen ein Hintertürchen offenbliebe für den Fall, daß sie sich zu Kompromissen herbeiließen. Wie diese aussehen könnten, ob sie von Moskau geschluckt würden, wußte allerdings niemand. Es war infolgedessen nur konsequent, wenn der britische Außenminister die rüde Methode durchsetzte.

Eine Kopie der Vereinbarungen wurde den Sowjets ohne Wenn und Aber vor die Füße geknallt. Weitere Verhandlungen würden »sowohl von den Sowjets als auch von den Deutschen ... als ein Zeichen von Schwäche und Appaesement« gedeutet.[29]
Nachdem auch die französische Nationalversammlung den Londoner Vorschlägen zugestimmt hatte, gab es keinen Grund mehr, die Reform der Währung auch nur noch um einen Tag hinauszuzögern, ohne die an einen Wiederaufbau der staatlichen Organisation nicht zu denken war.
Die Sowjets waren nicht blind für diese Entwicklung gewesen. Sie auf dem Verhandlungswege verhindern zu können, ein Gesamtdeutschland unter Viermächtekontrolle doch noch zu schaffen, gab es nicht mehr. So hatten sie im Frühjahr 1948 begonnen, Maßnahmen zu treffen, von denen sie glaubten, sie ließen sich als Trumpfkarte noch ausspielen: die Abschnürung ihres »Faustpfandes« Berlin von seiner westdeutschen Versorgungsbasis. Mit der Einführung der Westmark in Berlin war es dann soweit, sie war der Punkt auf dem i. In der Nacht vom 23. auf den 24. Juni wurden die Verkehrsverbindungen zu Wasser und zu Land blockiert, die Stromlieferung aus dem Ostsektor wurde unterbrochen. Es wäre auch zu einer Einstellung der Lebensmittelversorgung aus Ost-Berlin gekommen, hätte es schon die Mauer gegeben. Es war die entscheidende Schwäche der Blockade aus sowjetischer Sicht, daß es einen Berliner Alltag gab, für den die Stadt als Ganzes noch offen stand.
Ich wäre schon am 25. Juni in Berlin gewesen, bekam aber die Flugerlaubnis nicht sofort, für deren Erteilung es mit der Blockade neue Vorschriften gab. Am 3. Juli kam ich in Tempelhof an. Der Flug mit einer viermotorigen Dakota-Maschine der American Overseas Airlines verzögerte sich um zwei Stunden, weil die Transportflugzeuge mit Vorrang abgefertigt wurden. Der gesamte euro-

päische Zivilflugverkehr, soweit er über Frankfurt lief, wurde von der »Luftbrücke« in Mitleidenschaft gezogen, denn Frankfurt war zu einem ihrer diesseitigen Füße gemacht worden (der zweite war Wiesbaden-Erpenheim). Passagiere in Amsterdam, die nach Athen wollten, saßen oft zwei Tage fest. Generalmajor Joseph E. Smith, Leiter der »Operation Berlin«, war über Nacht die höchste Instanz für alle zivilen Luftfahrtunternehmen geworden, deren Linien über westdeutsche Häfen führten.

In Tempelhof waren zu beiden Seiten der einzigen Lande- und Startbahn die Maschinen aufgereiht. Wer die aufgemalten Ziffern und Buchstaben deuten konnte, hätte erfahren, woher sie gekommen waren: von irgendwo zwischen Alaska und Hawaii. Auch Jagdmaschinen standen zwischen den Transportern. Die Sowjets hatten Einheiten ihrer Luftwaffe bei dem Städtchen Straußberg zusammengezogen und übten dort tagaus, tagein. Die Phantasie der Berliner wurde auf kriegerische Bahnen gelenkt. Hörte das ständige Brummen einmal für eine Stunde auf, blickten sie besorgt zum Himmel und fragten sich: Was ist los? Ganz neue Möglichkeiten der Entladung wurden erprobt: Umgebaute »Fliegende Festungen« ließen durch die Schächte, durch die im Krieg die Bomben auf Berlin herabgefallen waren, jetzt ihre Kohlenladung in das riesige Oval des Olympiastadions herabregnen.

Ich zog in eine der kleinen Pensionen am Kurfürstendamm ein, die in ehemaligen Privatwohnungen eröffnet worden waren. Der elektrische Strom blieb abends aus, ich ging früh zu Bett. Während ich noch wach lag, hörte ich die Knallerei von einem Feuerwerk, die Russen feierten irgend etwas im Treptower Park. Plötzlich klopfte es, die Wirtin stand im Nachthemd in der Tür.

»Ach Gott«, sagte sie, »Sie liegen im Bett. Dann ist doch wohl kein Krieg — entschuldigen Sie.«

Im Laufe des Sommers 1948 berichtete ich mehrfach

über die Stadt »hinter der Luftbrücke«, und die Leser erfuhren, daß die Währungsprobleme und die geschickte Ausnutzung zweier Wirtschaftsgebiete, in denen die Berliner hin und her wechseln konnten, und der unzähligen widersprüchlichen Vorschriften und Verbote Thema Nummer eins blieben. Meine Berichterstattung nahm sich sehr dürftig aus, wenn ich sie mit Texten wie den folgenden verglich: »Nun steht man [man = UdSSR und USA] mit dem Rücken gegeneinander, und da, wo man sich ins Gesicht sehen muß, in Berlin, messen die verstummten Partner ihre Kräfte. Unglaubwürdiges geschieht. Wie Hannibals Elefanten die Alpen, übersteigen amerikanische Riesenfrachter die russische Blockade und ernähren aus der Luft Millionen Großstädter, die sich im stillen fragen mögen, ob diese Flieger aus Alaska und Havanna nicht eines Tages anderes als Mehlsäcke abladen werden... Die Westmächte hätten vermutlich zu einem früheren Zeitpunkt... die Alternative deutlich machen können, die jetzt vernehmlich, zumal von London her, den Sowjetrussen gestellt ist: Wollt ihr Krieg?... Sie wissen, daß der allermodernste, technisch perfekte Krieg kaum als ein Volkskrieg geführt zu werden verlangt, so total und so rasch vernichtet er die gegnerischen Völker.«[30]

Noch im Wiederlesen nach Jahrzehnten läuft es mir wie damals kalt den Rücken hinunter. Da wird nun in der Tat in der vornehmen Sprache der *Gegenwart* Amerika daran erinnert, daß es doch die Atombombe besitze, mit der die Sowjetunion »total und rasch« vernichtet werden könne. Unter dem Titel »Auf dem Opferstein der großen Politik« hatte ich in derselben Woche geschrieben: »Die Politik der Amerikaner in bezug auf Berlin ist im Augenblick darauf angelegt, die Russen glauben zu machen, sie seien bereit, um Berlin Krieg zu führen. Dabei sekundieren ihnen die Engländer eindeutiger als die Franzosen. Man könnte sagen, daß die Franzosen europafreudiger sind

als die Engländer, diese aber antirussischer als die Franzosen. Das Kernstück im westlichen Kompromiß ist die Luftbrücke. Die sozusagen politisch-ästhetischen Qualitäten dieses Bauwerkes sind beträchtlich, besonders wenn man es gegen einen freundlichen Sommerhimmel betrachtet.«
Meine Berichte aus dem Winter 1948/49 zeigen eine unheilvoll verschärfte Situation. Jetzt beherrschte der Kampf gegen die Kälte und die ständigen Stromsperren bei früh einsetzender Dunkelheit den Alltag der Westberliner. Weit wichtiger als im Sommer waren jetzt die halboffiziellen, die zumindest geduldeten Verbindungen zwischen dem »hellen« Ostsektor und den dunklen Westsektoren. Für seine 25 Prozent Westgeld, durchschnittlich nach wie vor etwa fünfzig BM, mußte der Westberliner kaufen, was nun als Luxusware angesehen wurde: Kohlen, Petroleum und Gemüse. Diese Güter kamen aus »dem Osten« über deutsche Zwischenhändler ausreichend, aber enorm verteuert, in die Westsektoren. Am Kurfürstendamm und in Dahlem, wo die Wohlhabenden wohnen, wurden die Kohlen frei Haus geliefert, der Zentner kostete zwischen zwölf und 15 BM. Sie kamen auf Lastwagen von »drüben«. In den Arbeitervierteln hielten die Lastwagen an bestimmten, der umwohnenden Bevölkerung bekannten Straßenecken, wo die Kohlen am Straßenrand in Säcken abgestellt und von Kindern zwischen zwölf und fünfzehn nach Hause geschleppt wurden.
Ohne Zweifel hätte dieser Ost-West-Warenverkehr nicht stattfinden können, wenn ihn die sowjetische Administration nicht toleriert hätte. Warum sie es tat, darüber waren nur Spekulationen möglich. Als ich 1968 in Prag den Einzug der sowjetischen Panzer miterlebte und eine Woche lang dort ungehindert meiner journalistischen Arbeit nachgehen konnte, hatte ich ebenfalls keine Erklärung dafür gefunden, warum die Sowjets die Nachrich-

tenverbindungen in den Westen nicht abschnitten und wir Reporter unsere Informationen über den Fernschreiber im Hotel weiter in die BRD durchgeben konnten. Es war unbegreiflich. In Berlin hatte ich mir diesen grauen Markt wenigstens dahin gedeutet, daß die Sowjets das Kriegsrisiko sozusagen auf den Millimeter genau kalkulierten, das sich zum unkalkulierbaren entwickelt hätte, wenn die Berliner verhungert oder erfroren auf den Straßen tot umgefallen wären.
Wer nicht das Geld hatte, sich für 15 BM Kohlen zu kaufen — einige hunderttausend Berliner —, suchte in den Ruinen nach Holz. Die leicht ersteigbaren Fundplätze waren rasch nicht mehr ergiebig. Die schwer ersteigbaren...: »Der 55jährige Postschaffner K.N. stürzte beim Holzsammeln vom dritten Stock ab, er verstarb auf dem Transport ins Urbankrankenhaus. Wenig oder nichts verdienende Berliner, im Erklettern von Ruinen ungeübt, insbesondere Frauen, auch solche in teuren Pelzmänteln, waren tagtäglich mit Säcken, Kehrschaufeln, Besen und zweirädrigen Wägelchen unterwegs. Sie folgten Pferdegespannen, die plötzlich wieder zahlreich geworden waren, bis das eine oder andere Tier seinen Schwanz hob. Getrocknete Pferdeäpfel waren Heizmaterial. Von Kuhmist, zum selben Zweck verwendet, hatte ich zuletzt als Zwölfjähriger bei Sven Hedin gelesen.«
Gegen 18 Uhr starb Berlin aus. Die Ämter und Geschäftshäuser leerten sich schon zwei Stunden früher. Bessere Geschäfte brachten das Geld für Notbeleuchtungen auf, »Petromax« war der Schlager. Er verbrannte Petroleum unter Druck, leuchtete zischend, war schwierig zu entzünden und hatte die fatale Neigung, leicht zu explodieren — auch das war eine stadtübliche Ursache, auf dem Transport ins Urbankrankenhaus zu versterben. Mit Anbruch der Dämmerung eilten die Ladenmädchen, »Petromax« schwingend, zur Lichttankstelle, wo das Ding für achtzig Pfennige (West) in Betrieb gesetzt wurde.

Zum erstenmal in der Geschichte des Postwesens hatte ein Staat, die Sowjetunion, den Grundsatz durchbrochen, das Empfängerland habe nicht zu prüfen, ob die aufgeklebte Marke auch hier, also im Empfängerland, gültig sei, was ja normalerweise ausgeschlossen ist. In Berlin jedoch nicht. Wer in den Ostsektor schrieb und eine Westmarke aufklebte, bekam den Brief zurück. Wer regelmäßig Briefe verschicken mußte, hielt sich zwei Markenvorräte. Die Post ließ einen »Wegweiser für die Frankierung von Sendungen« drucken, der zehn verschiedene Vorschriften auflistete. Sodann führte der Ost-Magistrat für die im Ostsektor angemeldeten Fahrzeuge das Kennzeichen GB = Groß-Berlin ein, während die Westautos weiterhin mit KB = Kommandantur Berlin fahren durften. Zum drittenmal seit Kriegsende wurde in der SBZ (Sowjetische Besatzungszone) ein neuer Personalausweis eingeführt. Er kostete drei Mark und sah aus wie ein richtiger Paß. Über den Hauptstraßen der Orte in der »Zone« wurden Transparente gespannt: »Der neue Personalausweis ist ein Schritt zur Einheit Deutschlands.«

Die Kontrahenten waren keineswegs untereinander »verstummt«, wie die *Gegenwart* geschrieben hatte. In Moskau liefen 45 Tage lang Verhandlungen, in denen auf Botschafterebene über so manches, vor allem aber über Berlin verhandelt wurde. Als die Verhandlungen abgebrochen werden mußten, weil sich wenigstens in dem einen Punkt Übereinstimmung ergeben hatte, daß sich keine Übereinstimmung herstellen ließ, veröffentlichten die Amerikaner ein »Weißbuch«, das in nicht zu überbietender Langatmigkeit den Sowjets die Alleinschuld am Scheitern in die Schuhe schieben wollte. Selbst die *Gegenwart*, sonst antikommunistisch sowohl auf wie zwischen den Zeilen, konnte nicht umhin, das Dokument kritisch zu kommentieren: »Man legt das Weißbuch des Staatsdepartments aus der Hand, ohne erfahren zu haben, wieso die Westmächte meinten, die Sowjetunion

würde nahezu umsonst auf ihre Blockade gegen Berlin verzichten. Vielleicht meinen die Westmächte, die Sowjetunion teile ihre Sorge über die Verschlechterung der internationalen Beziehungen. Sorge würde der Sowjetunion doch wohl nur die unmittelbare Drohung eines Krieges machen, der die Existenz des Sowjetstaates gefährdet. [Nur diese, schrieb ich seinerzeit an den Rand.] Vielleicht wird eines Tages die Sowjetunion doch noch den Preis dafür bezahlen, von dieser Sorge befreit zu werden.«[31]
Außer für ihren eigentlichen Zweck, Berlin zu halten, war die »Luftbrücke« noch für einen anderen gut: Sie erinnerte die Westdeutschen immer wieder daran, mit welch großartigem Elan sich die Amerikaner für ihre Interessen einsetzten und wendeten eine dementsprechend verminderte Aufmerksamkeit dem Prozeß zu, mit dem sich die amerikanische Schlinge um den deutschen Hals immer enger zusammenzog, während die Brüder und Schwestern »drüben« im sowjetischen Orkus zunächst einmal verschwanden.
65 Abgeordnete aus den westdeutschen Länderparlamenten taten sich am 1. September 1948 in Bonn zum Parlamentarischen Rat zusammen, am 4. April 1949 wurde die NATO gegründet. Einen deutschen Staat, der ihr Mitglied hätte werden können, gab es noch nicht. Das Grundgesetz wurde verabschiedet, die Staatsgründung stand unmittelbar bevor. Jetzt setzten die Sowjets ihr Spiel mit Berlin nicht länger fort, die Karte hatte nicht gestochen, in den seit Monaten laufenden Geheimverhandlungen gaben sie nach. Am 1. Mai 1949 hatte die *Die Gegenwart* noch geschrieben: »Die Gerüchte, die nun schon seit Tagen die Aufhebung der Blockade vorwegnehmen ... bringen ... an den Tag, wie sich jedes natürliche Empfinden gegen die Brutalität solcher Methoden als eine Schmach unserer Generation sträuben muß.«
Am 12. Mai war die Blockade zu Ende.

DIE FRONTSTADT KÄMPFT   Von dem Augenblick an, an dem die »Rosinenbomber« nicht mehr zu fliegen brauchten, weil die Blockade aufgehoben war, die Züge wieder rollten, die Autobahnen nach Hannover und München wieder benutzt werden konnten, hoben die Westberliner den Kopf hoch und beschlossen: Denen werden wir's zeigen! Denen — Ulbricht, der SED, der sowjetischen Besatzungsmacht, der ganzen Sowjetunion. Sie waren jetzt, etwas verspätet, sicher, daß die Amis sie nicht im Stich lassen würden, komme, was da wolle. Das Personal der drei westlichen Kommandanturen vermehrte sich rattenhaft, die Geheimdienstabteilungen, die von Berlin aus am leichtesten im sowjetischen Gebiet operieren konnten, wurden aufgestockt. Ein spezielles Zentrum für Spionage und Agentenführung war der RIAS (»Rundfunk im amerikanischen Sektor«). Daraus wurde kein Geheimnis gemacht: »RIAS verfügt wahrscheinlich als einziger unter den größeren Radiostationen über einen eigenen Spionagedienst. Er hat unschätzbare Informationen geliefert. Seine Aufgabe besteht darin, Funken ins Pulverfaß zu werfen.« So stand es in der *New York Herald Tribune*. Die *Daily Tribune* in Chicago verstieg sich zu der Forderung, es müsse mit Propaganda eine ganze Armee von Guerillakämpfern geschaffen werden.
Die Deutschen hatten nicht nachstehen wollen. Ein aus dem Kreis des ermordeten Albrecht Haushofer hervorgegangener »anderer Deutscher«, Rainer Hildebrandt, weniger zum politischen Denken befähigt als der Menschlichkeit und Moral verpflichtet, ein Mann, so bewunderungswürdig wie töricht, hatte eine »Kampfgruppe gegen Unmenschlichkeit« gegründet, die in kurzer Zeit zu einer eisenharten Organisation mit einem Kern von etwa dreißig meist jungen Westberlinern wurde. Ihr Markenzeichen war ein großes »F«, das nicht nur in West-Berlin Zäune und Plakatwände zu Mahnmalen werden ließ. Im Winter 1949/50 hatte ich mir die »Kampfgruppe« aus

der Nähe angesehen und mit Hildebrandt und einigen seiner Mitarbeiter gesprochen. Sie hielten verständlicherweise mit allen ins Detail gehenden Informationen hinter dem Berg, bekannten sich desto offener zum Grundsätzlichen und Methodischen ihrer privaten Kriegführung.
»Wenn ein Beamter in der Sowjetzone eines Morgens in sein Büro kommt und auf seinem Schreibtisch das F findet, so ist er damit aufgerufen, sich zu entscheiden, ob er dem Terror dienen oder für die Freiheit kämpfen will.«
»Dieser Beamte ist irgendeiner, oder wurde vorher mit ihm durch einen von euch Kontakt aufgenommen?«
»Nein! Wir wissen, daß unsere Arbeit Opfer kostet, aber der Gewinn ist größer als die Opfer.«
Daß die Deutschen aus ihrer NS-Vorgeschichte und ihrer derzeitigen Lage vielleicht den Schluß ziehen müßten, nicht zum Hochputschen der Gegensätze, sondern zu ihrer Herabminderung nach Kräften beizutragen – diese Einsicht hielt die »Kampfgruppe« für unverzeihliche Schwäche, durch die neue Schuld auf deutsche Schultern geladen wurde. »Dulden macht mitschuldig« war ihr Moralkodex und: »Ich will nicht in einer Welt leben, in der ich Böses dulden muß, um noch Böseres zu verhindern. Wir können den Menschen nicht die Freiheit bringen, aber wir wollen ihre Kraft stärken, auf die Freiheit zu warten.« (Hildebrandt)
Hildebrandt selbst glaubte, die »Freiheit« sei ohne Krieg erreichbar, seine Mitstreiter glaubten es nicht nur nicht, sie machten den Eindruck, als hofften sie, es komme zum Krieg. Mit dieser Risikofreude befanden sie sich in Übereinstimmung mit Adenauers Politik, die, soweit sie weltweit antisowjetische Politik war, vom amerikanischen Außenminister Dulles, dem großen Freund, gemacht wurde und in der Vorstellung des *roll back* gipfelte, darin, daß die Russen mit Gewalt auf ihre früheren Grenzen zurückgeworfen werden müßten und könnten. Die

»Kampfgruppe« durfte Außenstellen in Westdeutschland einrichten; das ihr für West-Berlin bereits eingeräumte Recht, wie die Geheimdienste der Alliierten die »politischen Flüchtlinge« Verhören zu unterziehen, die Informationen über »drüben« lieferten, wurde ihr Anfang 1950 auch für die westdeutschen Auffanglager eingeräumt.

Die Arbeit der »Kampfgruppe« war auch deshalb nicht mit jener zu vergleichen, die unter der Diktatur von Widerstandsgruppen geleistet wurde, weil sich ihr Organisationszentrum außerhalb des Gefahrengebietes befand — es war eine Villa in einem feinen Viertel. Von dort aus konnte sie ihre Wühlarbeit ungestört organisieren.

Mit dem 13. August 1961 änderte sich vieles; beispielsweise wurde die Tätigkeit der »Kampfgruppe« so schwierig, daß sie in den folgenden Jahren nicht mehr Hunderte, sondern nur noch Dutzende ihrer Agenten samt konspirierenden Ostberlinern in Lebensgefahr und ins Zuchthaus bringen konnte. Als sie einging, wechselten die unermüdlichsten Freiheitskämpfer in Fluchthelferorganisationen hinüber, betrieben nun auf andere und endlich sogar einkömmliche Weise ihr nun auch moralisch nicht mehr zu rechtfertigendes Handwerk: Sie sanken ins Kriminelle ab.

DEUTSCHLAND-OST VOM WESTEN AUS GESEHEN (1951)
»Tag für Tag dröhnt die Propaganda auf sie nieder: Plakate, Transparente und Fahnen, Radio, Lautsprecherwagen und Gesang, Zeitung und Flugzettel, Kino und Theater. Diese Agitation wirkt bis in den letzten Dorfwinkel. So gelingt der Propaganda die Gewinnung der Seelen. Die Möglichkeit und Wirksamkeit von Widerstandsbewegungen wird vielfach übertrieben. Die meisten stehen allein, ängstlich und mißtrauisch dem Nachbarn gegenüber, der wahrscheinlich ebenso denkt wie er, aber aus Besorgnis sich ›fortschrittlich‹ gibt.

Kann sich wirklich eine kleine Gruppe bilden, so kann sie nicht einmal verhindern, daß ihre Mitglieder irgendwo tätig mitarbeiten am Aufbau der verhaßten Staatsmaschine, sie kann nur bei einer kleinen Zahl von Menschen die grundsätzliche Verneinung der Sowjetdiktatur erhalten, die Sehnsucht nach Freiheit.
Die Sowjets haben ein Mittel an der Hand, das den Nationalsozialisten nicht zur Verfügung stand – die volkseigene Wirtschaft. Was ist die Folge der Sozialisierung? Die Firmen schrumpfen ein, werden unter Treuhänderschaft gestellt, die die Kapazitäten der privaten übernimmt, die privat Beschäftigten, auch die Inhaber selbst, gehen nach dem Westen oder ins Gefängnis.
Das einzige, was gleich verlangt wird, ist die Mitgliedschaft im Freien Deutschen Gewerkschaftsbund. Jeden Mittwoch vormittag ist von 8 bis 10 Uhr Schulung in der ganzen Zone und in Ost-Berlin. Das jeweilige Thema wird nicht als Vortrag, sondern seminaristisch mit Frage und Antwort behandelt, man soll sich beteiligen, auch kritisch. Man darf in einem erstaunlichen Maße an Menschen, Einrichtungen und Maßnahmen Kritik über, ohne etwas zu riskieren, wenn es nur nicht an die Grundprinzipien des Marxismus/Leninismus/Stalinismus rührt. Es gehört zum Raffinement des Systems, die Gefangenen nicht an Ketten zu legen.
So beteiligt sich auch der Neuling. Es imponiert ihm, daß die Greueltaten der Russen nach dem Einmarsch zugegeben werden. Sie werden entschuldigt mit der Erbitterung, die die Sowjetmenschen nach der Verwüstung ihrer Heimat ergriffen hätte. Manche Referate sind auch wirklich interessant. Wer merkt schon, daß seine Seele dem Teufel schon den kleinen Finger gereicht hat.
Die authentische Auslegung der Lehre liegt bei den Hochmeistern, den Oberpriestern des Politbüros in Moskau, aber die Herrschaft verteilt sich auf die Priester, deren Rang und Einfluß sich nicht immer nur nach der Par-

teimitgliedschaft bestimmt. Daß zur Ostzonenregierung LDP- und CDU-Minister gehören, die als ›Bürgerliche‹ angesehen werden, ist den Sowjets äußerst erwünscht.
Das Handeln schlägt auf das Denken zurück. Keiner merkt noch, daß er jetzt geläufig von der ›DDR‹ spricht statt von der Ostzone, vom ›demokratischen‹ Sektor Berlins statt vom russischen, von der ›Besatzungsmacht‹ statt von den Sowjets. Der ›Volksbetrieb‹ erscheint schon als die natürliche Unternehmensform. So lange schon ist er [der Deutsche] an kommandierte Gesinnung gewöhnt, seit 200 Jahren ans Gehorchen, Weimar lebte zu kurz. Kann man da verlangen, daß er ausgerechnet jetzt ein selbständiges Urteil bewahren soll, ein Insulaner im roten Meer?
Freilich, die Wiederaufrüstung in Westdeutschland ist eine Schweinerei, und wie gern hätten wir einen Friedensvertrag — in mancher Beziehung hat die SED doch ganz recht ... so frißt sich die sowjetische Agitation in das Vertrauen ein. Im Kleinen gibt es auch Demokratie, es wird gewählt, und die SED hält sich klug zurück, wo es nicht um Ideen geht. Schließlich übernimmt einer auch das Referat über die deutsch-polnische Freundschaft.
Ist er nun ein Gepeinigter oder ein Peiniger? Ist er keines von beiden? Er ist beides! Er ist ein Glied geworden in der ungeheuren Hierarchie, ein Träger des Staatswillens, Subjekt der Peinigung, weil er tätig mitwirkt, eine fixe Idee zu predigen. Er ist selbst gepeinigt, solange er in diesem Gefängnis lebt. Abends hört er beifällig den RIAS [Westberliner Propagandasender unter amerikanischer Leitung, Anm. d. Verf.] und redet bei dem Besuch eines westdeutschen Freundes mit herzlicher Offenheit, auch da ehrlich vor sich selbst. Aber der wirkende Tag ist stärker als der sinnende Abend. Wird die Zeit kommen, da die deutsche ›Volksdemokratie‹ fest und treu als Stalins Wacht an der Elbe steht? Auch ohne Russen? Sie wird kommen, wenn es nicht gelingt, den Dingen eine Wen-

dung zu geben, die Deutschland wieder vereint. Bis dahin ist es unsere Aufgabe, unermüdlich den natürlichen Widerwillen wachzuhalten, die Kenntnis von Tatsachen in die Ostzone zu tragen, Lügen zu entlarven — und Berlin zu halten! Die materielle Notlage des Ostens darf nicht überschätzt werden. Es wäre Stalin ein leichtes, einen äußeren Wohlstand in die Ostzone zu pumpen, ohne daß sich an dem wirklichen Notstand, dem menschlichen, etwas änderte. Auf den aber kommt es an.« Dieser Artikel, im Original gut fünfmal so lang, stand in der Ausgabe der *Gegenwart* vom 15. August 1951.

DEUTSCHLAND-WEST IN MEINEN AUGEN (1984)   Ich halte es für unwahrscheinlich, daß die Mehrheit der Bevölkerung der BRD die DDR heute, 1984, mit anderen Augen anschaut. Ich glaube nicht, daß es viele gibt, denen bei der Lektüre dieses Textes der Gedanke kommt, wie leicht er sich umkehren ließe und dann lautete: Tag für Tag dröhnt die Propaganda auf uns nieder, die uns sagt, daß die Atomrüstung dem Frieden dient... Kann sich wirklich eine Gruppe bilden, die anders denkt, so sieht sie sich an den Rand der Gesellschaft abgedrängt, und wenn sie es so ernst meint, daß sie zu Aktionen schreitet, wird sie von der Polizei zusammengeschlagen und verhaftet. Man darf in einem erstaunlichen Maße an Menschen, Einrichtungen und Maßnahmen Kritik üben, wenn es nur nicht an die Grundprinzipien des Kapitalismus rührt. Es gehört zum Raffinement der freiheitlichen Grundordnung, die Befangenen nicht an die Kette zu legen. Die authentische Auslegung der Lehre des Kapitalismus liegt bei den Oberpriestern, die der herrschenden Schicht der USA angehören. Daß ihnen die deutschen Priester in den Hintern kriechen, ist äußerst erwünscht. Das Handeln schlägt auf das Denken zurück. Keiner merkt noch, daß er jetzt geläufig von »Deutschland« spricht. Der interna-

tionale Großkonzern erscheint als die natürliche Unternehmensform. Kann man vom Deutschen verlangen, daß er ausgerechnet jetzt, Nutznießer seiner ideologischen Hörigkeit, ein selbständiges Urteil bewahren soll? Man kann nicht.
Wird die Zeit kommen, in der sich die Westdeutschen nahezu widerstandslos vor die atomare Schlachtbank schleppen lassen? Sie ist schon da! Unsere Aufgabe ist es, unermüdlich den keineswegs natürlichen Widerwillen gegen diese Entwicklung wachzuhalten, die Kenntnis von Tatsachen zu verbreiten, Lügen zu entlarven und den Berlin-Mythos nicht mitzumachen. Es war den Amerikanern ein leichtes, einen äußeren Wohlstand in ihre Besatzungszone zu pumpen, ohne den es zum wirklichen Notstand gar nicht gekommen wäre, der jetzt herrscht, indem die Menschen bedroht sind. Auf die also kommt es an.

DIE GLITZERFASSADE (1956)   Aus sternklarer Nacht, von München kommend, tauchten wir in die Helle des Flugplatzes Tempelhof ein, dessen Piste wieder aus Beton bestand, nicht mehr aus den stählernen Matten, mit denen die Amerikaner in ein paar Tagen Kriegsflughäfen hatten improvisieren können. Die grünen Grenzer wollten die Pässe nicht sehen. Der Taxifahrer ging auf den eisglatten Straßen mit seinem Mercedes 180 D um, als lenke er einen Segelschlitten. Wir erreichten dennoch heil das Kempinski. Vor dem Hoteleingang stand ein Plakat und fror jämmerlich. Es kündigte für den nächsten Tag eine Juwelenversteigerung an.
Ich öffnete die schweren grünen Vorhänge vor dem dreiteiligen Fenster meines Zimmers im zweiten Stock. Amerikanische Filme beginnen nicht mehr, ohne einen verliebten Nationaltanz um die stolze Silhouette New Yorks aufzuführen mittels Hubschrauber. Deutsche Regisseure könnten jetzt auf den Gedanken kommen, ihre Filme mit Aufnahmen einzuleiten, die von einem günstig gelegenen

Fenster dieses Hotels aufzunehmen wären. Weder Hamburg noch Frankfurt, von München ganz zu schweigen, können mit einem derartigen Lichtgeflimmer aufwarten. Frontstadtgeist hat sich in Reklame für Markenartikel verwandelt, konzentriert auf diese einzige Straße, den Kurfürstendamm, der von der Gedächtniskirche bis Halensee Ruinenöde durchschneidet und am oberen Ende selbst seine Nachkriegstrostlosigkeit noch nicht überwunden hat. Er gleißte und glänzte im Schnee. Vom Dach eines gegenüberliegenden Hauses blitzte in wechselnden Farben der Tintenvogel »Pelikan« lustiger und größer herab als jeder Bonner Bundesmastadler. Auf der Ku'dammfront gaben sich die bekanntesten Konsumartikelfirmen ein Stelldichein in Lichtbuchstaben, und darüber, auf jenem Dachfirst, auf dem einst, als noch der Hundert-Atmosphären-Druck einer Weltstadt solche Angeberei rechtfertigte, der augenrollende Schokoladenmohr von »Sarotti« balancierte, läßt jetzt die *Morgenpost* Kurznachrichten über ein Lichtband rennen: »Chruschtschow zerstört den Stalin-Mythos ... Wieder ein Flüchtling durch die eisige Elbe geschwommen ...«

Die »Schandmauer« mit DDR-Augen gesehen (Der folgende Text ist einer Broschüre *Die Wahrheit über Berlin* entnommen, die nach dem Mauerbau vom »Ausschuß für Deutsche Einheit« in Ost-Berlin herausgegeben worden ist.) »Seit dem 13. August 1961 sind die Blicke der Welt noch stärker auf Berlin gerichtet als bisher. Die Meldungen über die Stadt widersprechen sich. Die einen sagen, am 13. August ist in Berlin der Frieden gerettet worden, andere behaupten, die Kriegsgefahr habe sich vergrößert. Die Absicht war, die Ergebnisse des Zweiten Weltkrieges zu revidieren. Kein Wunder, dieselben Leute sind am Drücker: Hitlers Generäle in der Bundeswehr, Hitlers Blutrichter in der Justiz, Hitlers Wehrwirtschaftsführer haben die Wirtschaft in der Hand.

Manche schenken den Friedensbeteuerungen Adenauers Glauben: ›Die deutschen Streitkräfte sind reine Verteidigungskräfte und werden niemals zu einem sinnlosen Angriff auf Nachbarstaaten benutzt werden.‹ (Adenauer, 19. Oktober 1960) Hitler am 31. Oktober 1933: ›Man kann jedoch sagen, daß Deutschland nur eine Defensiv-Armee in einer Höhe verlangt, daß eine Bedrohung anderer Staaten gar nicht in Frage kommen kann.‹

›Wir meinen doch alle, wenn wir von Wiedervereinigung sprechen, nichts anderes als die Liquidation des derzeitigen Machtregimes in der Besatzungszone drüben hinter dem Eisernen Vorhang.‹ (Der CDU-Fraktionsvorsitzende Krone 1957 im Bundestag)

›Wir sollten nicht so sehr von der Wiedervereinigung Deutschlands sprechen, sondern von der Befreiung der 17 Millionen.‹ (Adenauer im Juli 1959)

›Der zweite Weltkrieg ist noch nicht zu Ende.‹ (Franz Josef Strauß 1961, als er Verteidigungsminister war)

Am 25. Juli 1961 sagte Willy Brandt auf einer Tagung in München: ›Wir dürfen jetzt vor keinem Risiko zurückschrecken.‹

Am 26. Juli 1961 sagte Ernst Lemmer: ›Ich bin der Auffassung, daß eine handfeste Verschärfung der internationalen Auseinandersetzung um Berlin besser ist als die jetzige Stagnation.‹

Erklärung aus Moskau im Namen der im ›Warschauer Vertrag‹ zusammengeschlossenen Ostblockstaaten am 13. August 1961: ›Die Regierungen der Warschauer Vertragsstaaten wenden sich an die Volkskammer und an die Regierung der DDR mit dem Vorschlag, an der Westberliner Grenze eine solche Ordnung einzuführen, durch die der Wühltätigkeit gegen die Länder des sozialistischen Lagers zuverlässig der Weg verlegt und rings um das ganze Gebiet Westberlin, einschließlich seiner Grenze mit dem demokratischen Berlin, eine verläßliche Bewachung und eine wirksame Kontrolle gewährleistet wird.‹ Die Regierung der DDR handelte schnell, exakt und wirksam.

In den Buchhandlungen der BRD und Westberlins wurden 1961 u. a. angeboten: ›Als der Himmel brannte, der Weg der deutschen Luftwaffe‹/Kesselring: ›Gedanken zum zweiten Weltkrieg‹/Kesselring: ›Soldat bis zum letzten Tag‹/Paul Jäusser: ›Waffen-SS im Einsatz‹/Panzermeier: ›Grenadiere!‹/E.G. Kraschmer: ›Die Ritterkreuzträger der Waffen-SS‹/›Bilanz des zweiten Weltkrieges, Erkenntnisse und Verpflichtungen für die Zukunft‹ (Bericht der Sachverständigen)

Die ›New York Herald Tribune‹ nahm zum Mauerbau in einem Artikel Stellung, in dem es hieß: ›Was immer die Regierung auch sagt, kein Italiener ist bereit, für Berlin zu kämpfen. Ein Krieg um Berlin würde den Zusammenbruch der NATO in Italien bedeuten.‹ Ein in Westberlin stationierter britischer Offizier gab der ›Daily Mail‹ im Zusammenhang mit den Demonstrationen in den ersten Tagen nach der Abschließung ein Interview: ›Ich habe nicht die Absicht, mich von einem Haufen Westberliner Halbwüchsiger in den dritten Weltkrieg hineinziehen zu lassen.

Zwei Tage lang bedachte ein Haufen jugendlicher Rowdys auf der Westberliner Seite der Staatsgrenze die Volkspolizei mit Beleidigungen und unflätigen Beschimpfungen. Dafür gab es nur eine Bezeichnung – Provokation. Wenn diese jungen Rowdys eine Generation früher geboren wären – hätte man sie dann nicht in Hitlers Braunhemden-Armee die 'dreckigen Juden' zusammenschlagen sehen?‹

Am 1. Dezember 1961 hatte der Vorsitzende des Ministerrats der DDR, Otto Grotewohl, an Bundeskanzler Adenauer geschrieben und vorgeschlagen:

›Beide deutsche Staaten verpflichten sich, gegenseitig die Souveränität ihrer Hoheitsgebiete zu achten ...

Beide deutsche Staaten treten in Verhandlungen über

ihre Stellung zum Inhalt eines deutschen Friedensvertrages ein.
Beide deutsche Staaten verzichten auf die atomare Ausrüstung ihrer bewaffneten Kräfte sowie auf die Produktion von Atomwaffen.
Beide deutsche Staaten unterstützen den Abschluß eines Nichtangriffspaktes zwischen den Staaten des Warschauer Vertrages und der NATO.
Beide deutsche Staaten bemühen sich um Aufnahme in die Organisation der Vereinten Nationen.‹
Diesen Punkten folgt die Aufzählung weiterer Themen wie Handelsverträge und organisierte Friedenssicherung... Die Annahme des Briefes wurde im Bundeskanzleramt verweigert.«
Kein Kommentar? Doch: Mit dem Bau der Mauer kam der Strom von Bewohnern Ost-Berlins und der Ostzone zum Versiegen, der in Berlin über die Zonengrenze in die westlichen Sektoren flutete und mit jedem Tag mehr anschwoll. Die Ursache für diesen Exodus war eine zweifache: einerseits die politischen und wirtschaftlichen Verhältnisse im sowjetisch besetzten Teil Deutschlands; andererseits die Hetze, die insbesondere von West-Berlin aus gegen das Regime des »Spitzbartes« Ulbricht betrieben wurde und nichts mehr mit einer politischen Auseinandersetzung mit dem Kommunismus zu tun hatte. In ihren extremen Erscheinungen war sie Hetze zum Mord.
An eine Änderung der im sowjetischen Teil bestehenden Verhältnisse, derart, daß die erstgenannten Motive für die Absetzbewegung entfallen wären, war politisch nicht zu denken. Wirtschaftlich konnte sie erst in Jahren herbeigeführt werden. Da der Flucht unbedingt Einhalt geboten werden mußte, war die Abriegelung das einzige *friedliche* Mittel, um eine Situation zu konsolidieren, die, wäre sie nicht beendet worden, militärisches Eingreifen zur Folge gehabt hätte.
»Schandmauer«?

Nach der »Friedensgrenze« zwischen Polen und der DDR gibt es seit dem 13. August 1961 eine »Friedensgrenze«, die mitten durch die ehemalige Reichshauptstadt läuft. Nicht nur die Regierung der DDR hatte Grund aufzuatmen, als die Mauer stand, nicht minder dankten die NATO-Staaten ihren Göttern dafür, daß der Osten so viel Mäßigung und Realitätssinn bewiesen hatte. Das weiß jeder. Weil aber die Mauer optisch, nicht politisch betrachtet, einen so scheußlichen Anblick bietet, konnte sie über viele Jahre dafür benutzt werden, den Antikommunismus am Kochen zu halten. Nicht nur Gewöhnung, auch Einsicht hat allmählich den Wert für westliche Antikommunismushetze des Bauwerks gemindert, dessen politischer so groß ist wie am ersten Tag.

IM FÖHRENWALD   Was die Berlin zerschneidende Mauer betrifft, dieses hochsensible Stückchen der Grenze zwischen zwei Weltimperien, so ist sie noch immer eine Mauer des Anstoßes. Gärtner verdienen an Daueraufträgen für Kränze, und an jedem 17. Juni werden in ihrem Schatten Klagereden gehalten, in denen die Versicherung nie fehlt, daß die Westdeutschen von früh bis spät an die Wiedervereinigung denken, selbst in der Toskana und im asiatischen Bordell.
Weit häufiger als Berliner und Westdeutsche die Übergänge in der Mauer passieren, überschreiten sie per Zug oder Auto auf jeder Fahrt in die BRD oder nach Berlin zweimal Grenzen, die ihnen eigentlich, da sie Gesamtdeutschland in Kopf und Herzen haben, genauso unnatürlich vorkommen müßten wie die Mauer. Diesbezüglich aber hat das teilbarste Volk Europas, wenn nicht der Welt, es sich längst abgewöhnt, Gefühle der Empörung vorzuführen. Drei Stunden Wartezeiten am Brenner, verursacht durch Dienst nach Vorschrift der italienischen Zöllner, bringen deutsche Touristen weit mehr in Rage als drei Stunden Aufenthalt an der Grenze zur DDR. Sie

kommt nur noch dann in die Schlagzeilen, wenn sich dort irgend etwas ganz Außergewöhnliches ereignet, beispielsweise der Tod eines Reisenden durch Herzversagen, jedoch als Mord gedeutet.

Ohne solche Anlässe findet es niemand mehr der Erwähnung wert, daß beispielsweise zwischen Braunschweig und Magdeburg in einem Föhrenwald eine Grenze über die Autobahn läuft. Das hätte sich Dr. Todt nicht träumen lassen, als er die Straße baute. Es fing 1945 so harmlos an: ein paar fremde Soldaten auf jeder Seite und für die Soldaten eine Hütte. Das waren zwei Hütten. Dann kam die deutsche Polizei dazu, die volkseigene und die demokratische, sie brauchte auch Hütten, da waren es schon vier. Um die Lastwagen bequemer kontrollieren zu können, mußten Rampen gebaut werden. Zwei Bauwerke mehr. Die Soldaten und die Polizisten konnten nicht nur Dienst tun, sie mußten auch irgendwo abschirren und schlafen. Schon standen acht Gebäude im Föhrenwald.

Als der Westen wirtschaftlich auf Touren kam, baute ein unternehmungslustiger Wirt eine Kaffeebude. Was der kann, kann ich auch, sagte ein anderer Wirt, denn wir befinden uns in der Marktwirtschaft. Macht zwei Kaffeebuden. Es kam ein dritter und fand, solche Buden seien nicht mehr zeitgemäß, er errichtete ein mittleres Terrassenrestaurant. Etwas weiter zurück im Föhrenwald mußte infolge des enorm zunehmenden Grenzverkehres ein Etablissement für menschliche Bedürfnisse erstellt werden, denn den Damen und Herren im Terrassenrestaurant war nicht zuzumuten, auf Damen und Herren zu blicken, die im Schatten von Föhren sich der gegenteiligen Beschäftigung hingaben. Sie galt als genierlich, solange es noch keine Schnellfreßstuben gab, die endlich durch sorgfältige Experimente mit diversen Nahrungsmitteln und psychologischen Massentests herausgebracht haben, daß das, was man oben hineinschiebt, nicht unbedingt ansehnlicher und bekömmlicher sein muß als das, was unten herauskommt. Bevor für letzteres Gruben im Föhrenwald ausgehoben und betoniert waren, hatte der Autobusschaffner gesagt: Zehn Minuten Rast, die Herren nach links, die Damen nach rechts! Aber er mußte erleben, das einer seiner deutschen Passagiere im Übermaß Freiheit getankt hatte und rief: Das überlassen Sie bitte uns! Auge in Auge mit dem kontrollierenden Volkspolizisten schrumpfte derselbe Herr dann auf Daumengröße.

Noch bis tief in die fünfziger Jahre hinein gerieten Westdeutsche an den DDR-Kontrollpunkten ins Zittern, nicht nur innerlich, manchmal buchstäblich. Dieses merkwürdige Phänomen war selbst dann zu beobachten, wenn der Betreffende seine Papiere vollständig zur Hand hatte, seine Koffer kein verbotenes Gut enthielten. Die Zitternden wußten nicht, daß Furcht Terror hervorbringt, sie wußten nicht einmal, warum sie zitterten.

Die Profis unter den Interzonenreisenden waren davon frei. Man erkannte sie von weitem, sie trugen Lederjakken, hohe Stiefel und Mützen und sagten zu allen Polizisten, den deutschen wie den sowjetischen: du. Entsprechend kameradschaftlich wurden sie behandelt. Es waren die Fernfahrer. Ihre Genossenschaft stellte ein Haus auf Rädern ans Betonband der Straße und hing ein Schild daran: »Hilfsstation, Kundendienst«. Das Militär, die Polizei, das Restaurant, die Hilfsstation mußten mit elektrischem Licht und Telefonen ausgestattet werden, von Föhre zu Föhre wurden Kabel gehängt, eine Wasserleitung durch den Wald gezogen, wofür eine Schneise geschlagen worden war.

1949 hatten die Lastwagen beiderseits der Straße in den Vormittagsstunden bereits Kilometerlänge erreicht. Privatwagen schlängelten sich elegant vorbei. Die sowjetischen Kontrolleure, von Klassenbewußtsein nicht geplagt, fertigten sie geradezu devot ab. Desgleichen stei-

gerte sich die Höflichkeit der Vopos mit dem Preis, den das Auto des Westdeutschen mutmaßlich gekostet hatte. Anders als diese schienen die Westpolizisten keinen dienstlichen Befehl gehabt zu haben, auch dann höflich zu sein, wenn ein Reisender Sperenzchen machte. Ich hörte, wie einer angeherrscht wurde:
»Was haben Sie denn da drüben verloren?«
»Alles«, war die Antwort gewesen.

AN DEN ÜBERGÄNGEN WIRD NACH WIE VOR
NICHTS ÜBERGANGEN
»'n Tag!«
»'n Tag!«
»Was führen der Herr mit sich? Druckerzeugnisse?«
»Ja. Hier, sehen Sie...«
»Was ist das — Frankfurter Hefte?«
»Zwei Hefte, wie Sie sehen. Diese Musterhefte will ich dem Sachbearbeiter beim Außenministerium vorlegen.«
»Fahren Sie man rechts ran.«
»Darüber gibt es einen Briefwechsel. Hier ist er.«
»Steigen Sie aus und kommen Sie mit.«
15 Minuten Wartezeit, es regnet in Strömen.
»Sie können ja anrufen, bei Herrn P., Panorama...«
»Wo ich anrufen muß, weiß ich selbst.«
»Verzeihung, ich dachte nur...«
Zehn Minuten Wartezeit in der Zollbaracke.
»Also, Sie können die Hefte mitnehmen, aber beim Verlassen der DDR müssen Sie eine Empfangsbescheinigung vorlegen.«

»'n Tag, Herr P.«
»'n Tag, Herr K. Tut mir leid, daß Sie warten mußten, aber auch im Sozialismus gibt es Terminkalender. Sie haben sich nicht angemeldet.«
»Ich wollte eigentlich gar nicht zu Ihnen. Aber da sind nun diese Hefte. Beim Außenministerium war keiner, der

mir eine Empfangsbescheinigung ausstellen wollte.«
»Wieso Empfangsbescheinigung?«
Ich berichte.
»Haha, ja, die Herren vom Zoll, also wissen Sie, wenn Sie vorher mit mir telefonieren, gebe ich Anweisung, dann können Sie 35 Hefte mitbringen. Aber so... Der Zoll, das ist auch meine Kragenweite nicht, durchaus nicht, andererseits, die Vorschriften, Pornos einschleppen und so...«
»Wieso Pornos? Frankfurter Hefte und Pornos...«
»Nun ja, gewiß, gewiß. Aber die Herren vom Zoll...«
»Sie hätten zum Beispiel blättern können.«
»Blättern??«
»Ja, die Hefte durchblättern, gar kein Porno drin...«
»Haha, nein, gewiß, sehr schöne Hefte, ganz ausgezeichnet, kein Porno, haha, ja, das ist gut, kein Porno, nein, gewiß nicht...«
»Kein bißchen Porno. Nun lasse ich die Hefte bei Ihnen?«
»Ja, warum nicht.«
»Sie dürfen sie lesen, Herr P.?«
»Sie sind immer so witzig... Dann werde ich also die Empfangsbestätigung ausstellen... Hier, und wie gesagt, vorher telefonieren, das erspart vieles.«

»'n Abend!«
»n' Abend!«
»Bitte Motorhaube öffnen. Und den Kofferraum... Nein, lassen Sie beides offen...«
Keine Frage nach der Empfangsbescheinigung.

BERLIN? BERLIN?? BERLIN??? Der Teil der Stadt, der ein Anhängsel der Bundesrepublik Deutschland ist, von ihr ausgehalten, unterscheidet sich von ihr aufs angenehmste durch ein weniger angeberisches Gehabe seiner Bewohner. Im ganzen genommen ist West-Berlin, verglichen mit den Jahren, aus denen die Impressionen dieses Kapitels stammen, heute zu einer eher fried-

lichen Gegend geworden, von der kaum noch anders zu berichten wäre als über Frankfurt am Main oder Hamburg, beschränkte sich auch eine gewisse Massenpresse auf Tatsachenvermittlung, statt sich noch immer um ein allmählich lächerliches Frontstadt-Rubato zu bemühen. Um so lächerlicher, als die Stadt selbst um Besucher aus dem Westen mit Prospekten wirbt, in denen Kultur- und Vergnügungsattraktionen herausgestellt werden. »Unterlassen Sie nicht einen Besuch in Europas elegantester Homo-Bar XY.« Weil sonst nichts los ist, kann 1984 der Streit zwischen einem Schickeria-Dirigenten und seinem Berliner Orchester wochenlang durch die Presse gezogen und als ein europäisches Problem behandelt werden.
Hausbesetzungen werden immer seltener; Bürgermeisterwechsel lassen erkennen, daß der Posten so begehrt nicht mehr sein kann; derzeit nimmt ihn ein Mann ein, der an Farblosigkeit nicht zu übertreffen ist und als Student einer schlagenden Verbindung angehörte. Gelegentlich wurden Klagen laut: »In Berlin darf nichts wegbrechen, in der Krise erst recht – die deutsche Wirtschaft muß die Lebensfähigkeit Berlins sichern.«[32]
Die schludrige Verwendung der Bezeichnung »deutsch«! Welche Wirtschaft, bitte, ist deutsche Wirtschaft? Die Wirtschaft Leipzigs und von Karl-Marx-Stadt, wie ansehnlich sie auch ist, kann kaum gemeint sein. Mauerbesuche offizieller Gäste werden nur noch von der bewußten Presse aufwendig erwähnt, deren meistverbreitetes Massenblatt, das Flaggschiff aller westdeutschen Zeitungen, davon ausgeht, der Schöpfer habe sich das menschliche Gehirn als Müllkippe vorgestellt. Wenn die Regierung der DDR an der Mauer bauliche Veränderungen vornimmt, gibt es ein großes Rätselraten, was sie beabsichtigen könne, aber für länger als für zwei Tage läßt sich nicht einmal mehr ein Mauerthema in den Spalten halten.

Eine Untersuchung: Was wäre, wenn..., nämlich: Wie hätte sich das Berlin-Problem, ja, das deutsche Problem im ganzen entwickelt, wenn die Amerikaner beschlossen hätten, Berlin aufzugeben – diese Frage ist nie gestellt worden. Es heißt, retrospektive Analysen mit dem Ansatz: Was wäre, wenn... seien so nutzlos wie töricht, aber ich bin nicht dieser Ansicht. Insbesondere nicht, sofern man sich die Berlin-Frage einmal unter jener Prämisse überlegte. Dabei würde sich herausstellen, daß ein Berlin, das zur Gänze seit 1949 die Hauptstadt der DDR wäre, im westdeutschen Bewußtsein 1984 keinen anderen Stellenwert mehr hätte als Leipzig oder Dresden, von Breslau und Stettin einmal ganz zu schweigen. Lauter offene Wunden? Daß ich nicht lache! Das auszusprechen wird als ein Sakrileg angesehen werden, denn Propaganda will nicht wahrhaben, was ist. Adenauer, der Urvater der deutschen Teilung, fand Berlin eine widerwärtige Stadt, wie er auch das alte Preußen für einen widerwärtigen Staat angesehen hat. Mußte er vor 1933 zu Sitzungen des »Herrenhauses« in die Reichshauptstadt fahren, so hat er, wenn sich der Zug den Vororten näherte, den Vorhang des Abteilfensters heruntergezogen, um sich den Anblick einer Gegend zu ersparen, deren Bewohner keine Katholiken waren und auf deren Sand kein Wein wuchs.

West-Berlin ist wie Israel ein Vorposten des amerikanischen Imperiums. Wären sie es nicht, so existierte Israel nicht mehr, gäbe es West-Berlin nicht. Für den Vorposten Israel muß Washington finanziell aufkommen, die Kosten von West-Berlin sind der Bonner Staatskasse angelastet. Sie werden von ihr ohne Wenn und Aber getragen, eben deshalb, weil die Frage, was dieses West-Berlin eigentlich wirklich ist, niemals eine von Sentimentalität ungetrübte Antwort gefunden hat. Das war auch deshalb nicht gut möglich, weil die Amerikaner alles darangesetzt haben, den Freiheitsglockenrummel zu inszenieren, der

einen amerikanischen Präsidenten sogar dahin brachte, den Propaganda-Satz zu sprechen: »Ich bin ein Berliner.« Nur als oberster Kriegsherr der USA sprach er die nackte Wahrheit, aber die nackte Wahrheit verschwand in dem künstlich gezüchteten deutschen Frontstadtpathos.
Wieder ist zu sagen, daß eine derartige Betrachtung des Berlin-Problems als skandalös empfunden werden wird, vor allem als ein beispielloser Zynismus gegenüber den zweieinhalb Millionen Westberlinern, die es allein dem kalten Krieg und den Amerikanern verdanken, daß sie in westlicher Freiheit und in relativem Wohlstand leben können. Wie wahr! Nur ist vielleicht daran zu erinnern, daß Millionen aus Ostdeutschland Vertriebene nun schon in dritter Generation in westlicher Freiheit und im Wohlstand leben, und es gibt nicht den geringsten sachlichen oder politischen Grund anzunehmen, jene Westberliner lebten nicht in gleicher Freiheit und Wohlstand, soweit sie Berlin verlassen hätten, wenn der Stützpunkt von den Amerikanern aufgegeben worden wäre. Wer das bezweifelt, geht davon aus, daß den Vertriebenen aus Ostdeutschland und jenen, die vor dem Mauerbau eine »Abstimmung mit den Füßen« vorgenommen haben, indem sie in den Westen gingen und ihre angestammten Heimstätten und sozialen Bindungen über Nacht verließen, zuzumuten war, was den resistenten Westberlinern nicht zuzumuten gewesen wäre. Ich würde die Antwort gerne hören: Warum nicht?, die nur beleidigend für die Vertriebenen und DDR-Flüchtlinge sein könnte.
Die Frage ist fällig: Was soll das eigentlich? Niemand wird vermuten, dahinter stehe eine geheime Aufforderung, doch endlich unseren Landsleuten »drüben« eine ungeteilte Hauptstadt zu schenken. Der Gedanke ist politisch so absurd, wie er unter dem Gesichtspunkt der Humanität nur mit Abscheu zurückzuweisen ist — ja? Da stock' ich schon, denn mit »Humanität« will doch gesagt sein, nur die Westberliner lebten ein lebenswertes Leben,

was zugleich hieße, 17 Millionen Deutsche lebten es nicht. Meine Humanität verbietet mir, so zu denken. Meine Antwort, wozu solche, jedem freiheitlich und nicht zuletzt auch nationalgesonnenen Westdeutschen zutiefst verdammenswert erscheinenden Überlegungen gut sein könnten, lautet: Über den Daumen gepeilt und auf einen Mittelwert reduziert, sind seit nunmehr rund vierzig Jahren etwa zehn Prozent des gesamten der Presse zur Verfügung stehenden Seitenraumes für redaktionelle Beiträge und zehn Prozent der Sendezeiten von Fernsehen und Hörfunk direkt und indirekt dem Thema »Berlin« gewidmet worden. Wir sind zwar an einem Punkt der Entwicklung angelangt, wo das Interesse für Berlin merklich nachläßt, so daß für heute und morgen der Zehn-Prozent-Satz gewiß nicht mehr gilt, aber in jenen turbulenten Jahren wurde er ums Doppelte überschritten. Die gesamte Berlin-Berichterstattung, hätte sie nur gemeldet, was für den Status der Stadt unter wechselnden Bedingungen wirklich entscheidend gewesen ist, wäre mit zwanzig Zeilen pro Woche ausgekommen: Die Amerikaner haben gesagt... Die Amerikaner sind entschlossen... Der Außenminister der USA hat gesagt... Und damit basta. Ich will in diesem Zusammenhang nur daran erinnern, daß es unter dem Schlagwort: »Macht das Tor auf!« ein sich über Jahre hinziehendes westdeutsches Berlin-Trommelfeuer gegeben hat, ohne daß es auch nur die Spur einer Spur Einfluß auf die konkrete Situation der Stadt gehabt hätte.
Die tausendfach wiederholte Behauptung, die »Treue« der Westberliner zum Westen, ihre ohne Zweifel bewunderungswürdige Haltung im Winter der Blockade und Luftbrücke hätten Einfluß auf die Entscheidung der Amerikaner gehabt, aus Berlin nicht zu weichen, ja, hätten diesen Entschluß überhaupt erst reifen lassen, ist ein Ammenmärchen, unbeschadet es ein Kernstück des Berlin-Mythos bildet. Es gibt nicht ein von Amerikanern be-

schriebenes Blatt Papier, aus dem hervorginge, daß sie, nachdem Truman sein weltumspannendes imperialistisches Konzept zur Grundlage der US-Außenpolitik gemacht hatte (1947), auch nur den Gedanken ernsthaft erwogen hätten, Berlin aufzugeben. Es hat überhaupt keinen anderen Punkt in der amerikanischen Außenpolitik gegeben, in dem bei sonst oft stark widerstreitenden Meinungen eine derartige Einigkeit geherrscht hätte wie darin, daß Berlin im äußersten Fall sogar eine militärische Auseinandersetzung mit den Sowjets wert sei, also Krieg.
Welchen heute vermutlich unvorstellbaren Freiraum die Bundesrepublik Deutschland für eine konstruktive Deutschlandpolitik gewonnen hätte ohne den Zwang und die unglaubliche Willfährigkeit, aus dem gewiß nicht einzigen, aber zeitweise wichtigsten Kristallisationspunkt des von den Amerikanern geführten kalten Krieges, aus Berlin also, einen Drehpunkt deutscher Politik zu machen — das hat sich in vier Jahrzehnten kein führender Politiker überlegt, von Kommunisten abgesehen, die wir hier außen vor lassen können. Wirklich, hat das Reizwort Berlin bei jedem gedankliche Kurzschlüsse ausgelöst? Ich kann es nicht glauben, aber einen bündigen Gegenbeweis gibt es nicht.
Was westdeutsche Realpolitik heißt, wie sie von Adenauer so erfolgreich betrieben worden ist, hat hinsichtlich der Berlin-Frage auch dann keine Veränderung erfahren, als sich Adenauers Grundthese, die antiöstliche Aggression sei die Voraussetzung der deutschen Wiedervereinigung, nicht als Irrtum, sondern als Jahrhundertschwindel erwiesen hat. Die sogenannte neue Ostpolitik, die Bonn wenigstens bis zu einem gewissen Grade aus der Sackgasse herausgeführt hat, in die sie von den konservativen Regierungen hineingeführt worden war, hat ihre Grenzen immer an den amerikanischen Interessen gefunden, was auch von den Initiatoren dieser Politik vor

der Öffentlichkeit nie unterschlagen worden ist. Qualifizierte sie sich damit als realistisch? Sie wäre es, aber sie ist es nicht.
Sie wäre es, hätte Bonn keine Gelegenheit versäumt zu betonen, daß man sich in der Berlin-Frage den amerikanischen Interessen unterwerfe. Sie ist es nicht, weil davon nur in Nebensätzen gesprochen wurde, in den Hauptsätzen aber von den deutschen Interessen, die in Berlin verteidigt würden. Welche? Sicherheitsinteressen unter der Prämisse, die Sowjets beabsichtigten die Bundesrepublik zu überfallen? Das wäre ein seltsames Schauspiel zu sehen, wie amerikanische Panzer, englische Panzer, französische Panzer — insgesamt nicht die Kriegsausstattung einer deutschen Panzerdivision im Zweiten Weltkrieg — und Berliner Polizisten Westeuropa am Brandenburger Tor und im Tiergarten verteidigten und damit verhindern wollten, daß sowjetische Panzerkeile über die Ostgrenze der BRD vorstießen. So sei es nicht gemeint, wenn Berlin in amerikanischer Hand als Sicherheitsgarantie für Bonn angesehen wird? Wie denn?
Die amerikanische Position in West-Berlin hat einen politischen Stellenwert, einen militärischen hat sie selbstverständlich nicht. Nicht einmal mehr als Spionagezentrum. Der politische Stellenwert ist ein ausschließlich amerikanischer und besteht darin, daß das Verbleiben der Amerikaner in Berlin den Sowjets mit Entschlossenheit signalisiert, sie dürften nicht wagen, an dieser Stelle die 1944 und 1945 ausgehandelte Grenze der beiderseitigen Einflußgebiete zu überschreiten. Ist das nichts? Das ist sehr viel, wenn man davon ausgeht, Berlin zu räumen (etwa nach Beendigung der Blockade) hätte bedeutet, daß die Sowjets Westeuropa überrollt hätten. Wer glaubt das? Alle Atomkriegsnarren glauben das. Aber sie sehen nicht oder wollen nicht zugeben, daß deutsch-deutsche Politik zum Vorteil der Menschen drüben hundertmal freier und wirkungsvoller betrieben werden

könnte, wenn die Amerikaner nicht in Berlin wären.
Läßt sich sagen, was gut ist für die Amerikaner, ist auch gut für die Bundesrepublik? Lange war das westdeutscher Glaubenssatz Nummer eins — erst der amerikanische Völkermord in Vietnam hat Zweifel wenigstens bei der jungen Generation aufkommen lassen, ob dem so sei. Seinerzeit hat eine moralische Überprüfung des Bündnisses, vorab von der Studentenbewegung angestellt, stattgefunden. Die politische Überprüfung steht noch aus.
Man kann sehr gespannt sein, ob die neuerdings bemerkbare nationale Eintönung westdeutscher Politik — nein, zunächst nur westdeutscher politischer Stimmung — am Berlin-Problem ganz vorbeigeht. Würde nationale Politik diesen Namen doch nur verdienen, wenn sie Entspannungspolitik ist, die weit über das hinausgehen müßte, was in dieser Richtung bisher geleistet worden ist. Nur dann könnte sie Erfolg haben, und Erfolg heißt: einen Beitrag zum Abbau unmittelbarer Kriegsgefahr leisten, deren Urheber die Sowjets nicht sind.
Berlin wird die ausgehaltene Stadt bleiben, die sie ist, denn anders können ihre Bewohner auf westliche Art nicht existieren. Wenn der Bundeskanzler nach Berlin fliegt, um dort einen lokalen Wirtschaftsgipfel zu leiten, dann kann man von dieser Optimismus-Spraydose hören, alles stehe zum besten, ein paar hundert neue Arbeitsplätze seien in zwei Jahren geschaffen worden. Von ein paar tausend Arbeitsplätzen, die im selben Zeitraum verlorengegangen sind, wird nicht gesprochen. Binnen sechs Jahren ist die Berliner Wirtschaft, was die Gesamtzahl der Arbeitsplätze angeht, um zwanzig Prozent geschrumpft, das ist das Doppelte an Verlust, wie ihn die BRD hinnehmen mußte.
Was sein Ende finden müßte, ist, daß Bonn die amerikanische Berlin-Politik mit schwarz-rot-goldenen Fähnchen garniert, um wenigstens einen Rest jenes gesamt-

deutschen Vertretungsanspruchs den Allerunbelehrbarsten noch glaubhaft zu machen. Zu verzichten wäre auf jede Art von Scheinrepräsentanz des Bonner Staates in West-Berlin. Beispielsweise wäre es ein Zeichen dafür, daß die Irrealität westdeutscher Berlin-Politik der Vernunft und den recht verstandenen eigenen Interessen zu weichen beginnt, wenn in das ehemalige Reichtagsgebäude Kinos und Diskotheken einzögen, sofern man es nicht wegsprengen will, wie die Kommunisten das Hohenzollernschloß weggesprengt haben. Das war nicht ein Akt des Wandalismus, als der er hingestellt werden konnte, weil man hierzulande ästhetische Argumente benutzt, um restaurativen Tendenzen ein unpolitisches Mäntelchen umzuhängen, sondern der Ausdruck dafür, daß man mit einer Vergangenheit brechen wollte, brechen mußte, von der sich die Zerstörung des Reiches und die siebzig Millionen Toten des Zweiten Weltkrieges in lückenloser Konsequenz herleiten ließen. Westdeutschland aber hätschelt und tätschelt diese Vergangenheit und hat sich deshalb nicht entblödet, den immerhin schon halb zerstörten Reichstag wieder aufzubauen, obwohl es kein Reich mehr gibt und nie wieder ein Reich geben wird, dessen parlamentarische Repräsentanz in diese Geschichts- und Baumumie einziehen würde. Auch ein wiedervereinigtes Deutschland könnte in keinem irgendwie vorstellbaren Sinn ein deutsches Reich sein; sollte es dazu kommen, so wäre es ein Kompromiß auf jedem, vor allem auf innenpolitischem Gebiet. Auch der wiederaufgebaute Reichstag ist politisch gesehen eine Ruine. 1933 angezündet, nützte er deutscher Innenpolitik beträchtlich; wiederaufgebaut, nützt er westdeutscher Politik beträchtlich. Die Innenpolitik von 1933 gefällt uns heute nicht mehr. Wie wohl die Innen- und Außenpolitik nach dem dritten Krieg beurteilt würde, gäbe es noch jemanden, sich solche Gedanken zu machen?

The point of no return (1947)

In das Jahr 1947, hinter dem es nach allgemeiner Überzeugung der Zeitgeschichtler die Möglichkeit zu einer Umkehr nicht mehr gegeben habe, worunter die Vermeidung der Aufteilung deutschen Gebietes auf zwei Militärblöcke zu verstehen ist, ragen noch die Träume von einem neuen Anfang hinein. Selbst in so großem zeitlichen Abstand ist es schwer zu entscheiden, ob jene, die so träumten, wirklich glaubten, die gesellschaftlichen Verhältnisse auf neue Füße stellen zu können, oder ob sie nur opportunistisch sich einer Stimmung anpassen wollten mit dem Ziel, Zeit zu gewinnen.

Ein solcher Traum ist das bekannte »Ahlener Programm«, das Adenauers Zonenausschuß in der britischen Zone auf einer Tagung in Ahlen zwischen dem 1. und 3. Februar 1947 verabschiedet hat. Wie bekannt der Begriff selbst auch ist, so unbekannt wird der Wortlaut entscheidender Abschnitte sein:

»Das kapitalistische Wirtschaftssystem ist den staatlichen und sozialen Lebensinteressen des deutschen Volkes nicht gerecht geworden. Nach dem furchtbaren politischen, wirtschaftlichen und sozialen Zusammenbruch als Folge einer verbrecherischen Machtpolitik kann nur eine Neuordnung von Grund auf erfolgen.

Inhalt und Ziel dieser sozialen und wirtschaftlichen Neuordnung kann nicht mehr das kapitalistische Gewinn- und Machtstreben, sondern nur das Wohlergehen unseres Volkes sein. Durch eine gemeinsame wirtschaftliche Ordnung soll das deutsche Volk eine Wirtschafts- und Sozialordnung erhalten, die dem Recht und der Würde des Menschen entspricht, dem geistigen und materiellen Aufbau unseres Volkes dient und den inneren und äußeren Frieden sichert.«[33]

Wüßte man es nicht besser, man könnte denken, man läse eine Verlautbarung der SED. Einschränkend heißt

es dann jedoch, der Kapitalismus dürfe nicht durch Staatskapitalismus ersetzt werden. Immerhin wird gefordert, daß jede »mit dem Gemeinwohl unverträgliche Beherrschung großer Wirtschaftszweige durch den Staat, Privatpersonen oder Gruppen auszuschließen sei«. Bergbau und eisenschaffende Großindustrie seien zu »vergesellschaften«.
Später ist von Linken dieses Programm dahin interpretiert worden, Adenauers Partei habe 1947 die Wirtschaft wirklich sozialisieren wollen. Selbst wenn wir unterstellen, es habe sich nicht nur um einen taktischen Schachzug gehandelt, es sei tatsächlich daran gedacht worden, dieses Programm durchzuführen, so wären doch die tragenden Säulen des kapitalistischen Systems unbeschädigt stehen geblieben, beispielsweise findet sich im Ahlener Text nicht ein Wort über die Verstaatlichung der Banken. Radikalere Forderungen hatte der Sozialdemokrat Schumacher im Oktober 1945 in einer in Kiel gehaltenen Rede erhoben: »Die Verstaatlichung der Großindustrie, der Großfinanz, und die Aufsiedlung des Großgrundbesitzes sind volkswirtschaftlich eine absolute Notwendigkeit. Vor allem sind der Bergbau, die Schwerindustrie, die Energiewirtschaft, das Verkehrswesen, ein sehr großer Teil der Verarbeitungsindustrie sowie die Versicherungs- und Bankwirtschaft nicht nur sozialisierungsreif, sondern müssen sozialisiert werden, wenn die deutsche Wirtschaft ausreichend funktionieren soll.«[34]
Als die CDU so fortschrittliche Töne Anfang 1947 anschlug, war die Chance, Schumachers Programm wenigstens in den wichtigsten Punkten Wirklichkeit werden zu lassen, nicht nur deshalb schon vertan, weil die angloamerikanischen Militärregierungen sich dagegen gewendet hätten. Selbst die führenden Männer in den Gewerkschaften brachten es in den allerersten Nachkriegsmonaten nicht fertig, die Arbeiterschaft politisch zu mobilisieren, bevor sich die bürgerlichen Gegenkräfte noch nicht

wieder formiert hatten. Sie hätten dazu eines gewissen Mutes vor den Königsthronen der anglo-amerikanischen Besatzungmächte bedurft, denn aus Angst vor kommunistischer Unterwanderung war die Bildung neuer Gewerkschaften zunächst ganz verboten, spontan entstandene waren wieder aufgelöst worden.
Als das Verbot im Herbst 1945 aufgehoben wurde, ließen sich die aus der Weimarer Republik übriggebliebenen Gewerkschaftsführer, unter ihnen waren die wichtigsten Hans Böckler und Albin Karl, von der englischen Militärregierung einschüchtern und gaben ihre ursprüngliche Absicht auf, eine Einheitsgewerkschaft aufzubauen, zugunsten der (heute existierenden) Einzelindustriegewerkschaften. Im April 1947 schließlich wurde der Dachverband des Deutschen Gewerkschaftsbundes eingerichtet. Mit dem Verzicht auf das Machtpotential der Einheitsgewerkschaft hatte die Arbeiterschaft eine entscheidende Schlacht verloren, und man müßte sich fragen, warum ihre Führer, die sich darüber durchaus im klaren waren, gegen die Anordnungen der Besatzungsmacht nur am grünen Tisch protestierten, wo sie von vornherein auf verlorenem Posten standen, anstatt die Arbeiter selbst zu mobilisieren — ja, das würde man sich fragen, wäre nicht nachzuweisen, daß diese, weil sie eben deutsche Arbeiter waren und deshalb, soweit nicht Kommunisten, unpolitisch wie Regenwürmer: Sie hatten nichts weiter im Sinn, als die Kriegsschäden in ihren Betrieben zu beheben. Ihnen war nur wichtig, dafür zu sorgen, daß die zerbombten Fabriken in produktionsfähigem Zustand ihren Eigentümern zurückgegeben werden konnten, wenn diese aus den Gefängnissen zurückkehrten, wo sie vorübergehend als Hitlers Wehrwirtschaftsführer und Kriegsverbrecher eingelocht worden waren. Zum Beispiel Herr Friedrich Flick, der schon im Ersten Weltkrieg glänzende Geschäfte gemacht hatte, im Zweiten den mächtigsten privaten Industriekonzern hatte auf-

bauen können. Zum Beispiel Herr Gustav Krupp von Bohlen und Halbach, dem erlaubt wurde, krank zu sein und sich im Strafprozeß von seinem Sohn Alfred vertreten zu lassen, der dann für den Vater auch kurzfristig ins Gefängnis ging.

Die ganze Nation fühlte sich davon beleidigt, daß so mächtige Männer vor ein fremdes Gericht gezogen wurden, und die Arbeiter hätten ihnen am liebsten Päckchen in die Zelle geschickt mit einem Zettel dran: Kopf hoch, Chef, wir schaffen es schon! Den Chefs selbst fehlte auch dann jedes Unrechtsbewußtsein, wenn sie mit ausländischen Sklavenarbeitern und KZ-Häftlingen den Lohnanteil an den Produktionskosten minimalisiert hatten. Einer von ihnen, Dr. Georg von Schnitzler, ein höchster Boß des IG-Farben-Trusts, der vor dem Krieg 380 deutsche und 500 ausländische Firmen kontrollierte, hatte, als die Amerikaner kamen, am Tor des Frankfurter Verwaltungsbaues der IG-Farben gestanden und gesagt: Meine Herren, es ist mir eine Freude, wieder mit Ihnen arbeiten zu können.

Nein, diese Arbeiterklasse wollte keinen Klassenkampf führen (und will es auch bei zwei Millionen Arbeitslosen nicht): »Die Arbeitnehmer waren der Ansicht, daß zuerst die Betriebe, die Produktion, die Wirtschaft in Gang gesetzt werden sollten, bevor man politische und parteipolitische Fragen aufrollte. Der Sozialismus der Einheitsgewerkschaft schien den Massen der Arbeitnehmer in Westdeutschland keine parteipolitische Angelegenheit zu sein, er war allgemeiner Grundsatz und Wille.«[35]

Die Arbeiter schienen Schumachers Auffassung zu teilen, der Kapitalismus werde den Zusammenbruch des Staates nicht überstehen, er werde sich gleichsam von selbst auslöschen, es gelte nur, diesen Augenblick abzuwarten, um dann eine sozialistisch organisierte Gesellschaft vom Nullpunkt her aufzubauen. Dank dieses Irrtums, dessen in der Psyche des Führers der SPD aufzu-

deckenden Motiven meines Erachtens noch nicht ausreichend nachgegangen worden ist, hatten Sozialdemokratie und Gewerkschaften einerseits durch die Kampfstellung gegen die Kommunisten, andererseits durch totale politische Instinktlosigkeit zwei Jahre versäumt, in denen sie zwar keine Revolution hätten machen, aber doch weit mehr gesellschaftspolitische Veränderungen hätten erzielen können; tatsächlich haben sie nichts erreicht, was über ihre Macht in der Weimarer Republik hinausgegangen wäre. (1984 scheint ihnen diese Erkenntnis aufzudämmern!)
Die Wirtschaftsverbrecher des Dritten Reiches sind durch den Zusammenbruch des Staates gegangen, wie der Fisch durchs Wasser schwimmt. »Es hat in Deutschland keinen Wiederaufbau des Kapitalismus gegeben, weil er nicht untergegangen war. Unter der Oberfläche gleichsam, für viele unbemerkt, aus politischen Gründen noch zögernd, haben die USA – das meint: amerikanische Kapitalinteressen [nicht nur amerikanische, auch englische, Anm. d. Verf.] – dem deutschen Kapital sukzessive auf die Beine geholfen. Und während die deutsche Bevölkerung die amerikanischen Lebensmittellieferungen zur Linderung der schlimmsten Not als einen Akt humanitärer Gesinnung begrüßte, wurden mit eben diesen Maßnahmen die Weichen gestellt für einen raschen kapitalistischen Restaurationsprozeß und die Westintegration Deutschlands.«[36]
War somit Anfang 1947 bereits entschieden, daß die Kontinuität, ja, der weitere Aufbau des kapitalistischen Systems nicht mehr in Frage gestellt werden konnte, so gab es wenigstens ein gänzlich unpolitisches Motiv dafür, daß die Arbeiter doch einmal auf die Barrikaden gingen, das heißt streikten: den Hunger.
Daß es objektive, kurzfristig nicht zu ändernde Ursachen dafür gab, daß die Bevölkerung auch noch 1947 hungerte, ist unbestreitbar. Desgleichen aber auch, daß an

der Ernährungskrise weniger der Mangel an Nahrungsmitteln schuld war als vielmehr deren ungenügender Transport und die Verteilung. Um die Gefolgschaft arbeitsfähig zu erhalten, gingen viele Firmen dazu über, einen Teil des Lohnes in Sachwerten — zumeist in eigenen Produkten — auszubezahlen, deren Kauf- bzw. Tauschkraft auf dem Schwarzmarkt jenen des in Geld ausbezahlten Anteiles weit überstieg. Derart entstand in einer Zeit, in der in einem hochindustrialisierten Land die Geldwirtschaft weitgehend durch die Tauschwirtschaft ersetzt worden war, eine Abhängigkeit der zur illegalen Versorgung gezwungenen Arbeiterfamilien vom Betrieb, die an die Sklavenwirtschaft auf den Farmen der amerikanischen Südstaaten vor dem Bürgerkrieg denken läßt. Kein Wunder, daß in kommunistischen Beschreibungen dieser frühen Jahre der Verdacht ausgesprochen wird, die Nahrungsmittelversorgung auf Karten sei absichtlich niedriger gehalten worden, als sie hätte sein müssen.

Im Ruhrgebiet, dieser industriellen Schatzkammer der Bizone (ich erinnere: Es gab sie seit dem 1. Januar 1947), begriffen als erstes die Bergleute, daß es nicht Gottes Gebot war, sie hungern zu lassen. Aus der Versorgungskrise, die 1947 größer als 1946 war, entwickelte sich eine politische Aktion.

Am 3. April 1947 legten zunächst über 300 000 Bergarbeiter die Arbeit nieder. Transparente erschienen, die erkennen ließen, daß hier nicht nur für höhere Kaloriensätze gestreikt wurde: »Die Gruben in des Volkes Hand!« Der Streik weitete sich fast zu einem Generalstreik aus und griff auf die Bergarbeiter des Aachener Reviers über. Die Aktion, zunächst auf 24 Stunden beschränkt, hatte die Wirkung eines Weckrufes an die Arbeiterschaft in allen drei westlichen Zonen. Nicht ohne Grund befürchteten die Militärregierungen, es würde bei diesem Proteststreik, dessen politischer Charakter niemandem verbor-

gen blieb, nicht bleiben. Sie schritten ein. Über den Rundfunk ergingen Streikverbote der amerikanischen, englischen und französischen Militärregierungen. Ein US-Gouverneur verstieg sich zu der Drohung, im Falle der Fortsetzung des Streiks oder anderer gegen die Politik der Militärregierung gerichteten Umtriebe werde die Todesstrafe verhängt.
Das war die Situation, in der ich den *RUF* übernahm. Mit dem Leitartikel »Der gute Ton im Elend« auf der ersten Seite der ersten von mir gemachten Ausgabe sprang ich den Militärregierungen gewissermaßen ins Gesicht:
»Im Ruhrgebiet wurde gestreikt. Es war kein lang andauernder Streik mit dem Zweck, bestimmte Forderungen durchzusetzen, es war eine erste kurze Demonstration, deren Sinn man entstellen würde, wenn man den Hunger als ihre einzige Ursache ansehen wollte.
Sogleich sind zwei Ansichten über diesen Streik laut geworden. Einige Beobachter behaupteten, es habe sich um eine impulsive und spontane Regung der Arbeitermassen gehandelt, die so stark war, daß Bemühungen von oben, den Streik zu verhindern, erfolglos blieben. In diesem Falle hätten wir es mit einer Kundgebung des ›Volkswillens‹ zu tun, der ersten seit Januar 1933. Andere neigen zu der Auffassung, es habe sich, mit dem Blick auf Moskau, um bestellte Arbeit gehandelt. Wenn es so war, hätten wir es mit einem Beispiel für unerhörte Disziplin zu tun, die übrigens auch dann, wenn es sich um eine spontane Aktion handelt — und gerade dann —, bewundernswert bleibt. Es ist zu keinen Ausschreitungen gekommen; ein paar eingeschlagene Fensterscheiben braucht man nicht ernst zu nehmen ...
Desungeachtet haben sich Stimmen erhoben, die den Arbeitern das Unvernünftige ihres Tuns vorgehalten haben. Und nicht genug damit, die unfolgsamen Schüler der Demokratie wurden auch bestraft. Die Streikenden verloren vorübergehend den auf Leistung beruhenden Anspruch

auf gewisse Vergünstigungen, die ihnen selbstverständlich noch nicht im entferntesten eine normale Versorgung erlauben.
Die Erwartung, daß sich einige siebzig Millionen zusammengepferchter, bis vor kurzem frierender, hungernder und verelendeter Menschen vernünftig, artig und gesittet benehmen, wurde gelegentlich dieses Streiks nicht zum ersten Male ausgesprochen; sie ist in und außerhalb Deutschlands allgemein verbreitet und wurde bisher nicht enttäuscht. Aber es fragt sich, ob dieses gute Benehmen im Elend denjenigen wirklich als ein so erfreuliches Phänomen erscheinen darf, die sich um die politische Zukunft dieses Volkes bemühen. Soll diese Zukunft nicht Demokratie heißen?
So bequem es ist, es mit Leuten zu tun zu haben, die in scheinbarer Wohlanständigkeit verelenden, so beängstigend erscheint uns diese Haltung, wenn wir uns klarmachen, daß sie nichts anderes bedeutet als die absolute Teilnahmslosigkeit am eigenen Schicksal. Was hier fortwirkt, ist die Despotie Hitlers... Fürwahr, wir würden für die Sache der Demokratie in Deutschland hoffnungsvoller sehen, wenn das Volk sich weniger gut benehmen würde.
Einer Militärregierung muß dieser Anstand höchst erfreulich sein. Es liegt in ihrem Wesen, daß ihr troubles unangenehm sind... Der Politiker wird die Lage anders einschätzen. Ihm müssen Ruhe und Ordnung der Deutschen innerhalb der totalen Unordnung höchst unbehagliche Empfindungen verursachen...
Wir sind für die Vorteile der fast unbegreiflichen deutschen Disziplin nicht blind, auf die, wir wissen es, die ganze Welt mit Staunen blickt. Nur dieser Disziplin haben wir es zu verdanken, daß wir noch in einen Bäckerladen gehen und für wenige Pfennige ein Pfund Brot kaufen können... Es zeugt aber nicht von besonderem politischen Fingerspitzengefühl, von diesem Volk auch noch

ex cathedra Vernunft zu verlangen, Vernunft unter allen Umständen. Niemand — auch sie selbst nicht — zweifelt daran, daß die Ruhrarbeiterschaft nur ihrem eigenen Hungertod entgegenstreiken kann und daß es ganz und gar unvernünftig ist zu streiken. Aber es ist auch nicht vernünftig zu hungern, zu frieren, kein Dach über dem Kopf zu haben, keinen heilen Anzug am Leib, keinen heilen Schuh am Fuß...
Die Vernunft der Hungernden ist Lüge. Im Ruhrstreik, ganz gleich, wie er zustande kam, ist mehr Wahrheit als in der zweijährigen Geschichte der neuen deutschen ›Demokratie‹. (Wir setzen das Wort in Anführungszeichen, weil es uns — ohne Anführungszeichen — kostbar ist.) Und eben auf Wahrheit kommt es an. Der Cant ist ein psychologisches Requisit bürgerlicher, zufriedener Zeiten — und auch dann von Übel. In unseren radikalen Zuständen kann aber Wohlanständigkeit nur ein ernstes Anzeichen dafür sein, daß etwas faul ist im Nichtstaat Deutschland! Nützlich ist und weiter hilft nur die Wahrheit, die Wahrheit unter allen Umständen, ob sie nun angenehm ist oder nicht...«[37]
»Der gute Ton im Elend« war nach 16 Ausgaben des *RUF*, der sich auf seine sozialistische Gesinnung so viel zugute getan hatte, der erste Artikel, in dem in einem konkreten Fall unmißverständlich für die Arbeiter Stellung bezogen wurde — von einem Nichtsozialisten.*
In derselben Ausgabe nahm ich das Thema des Streiks zum Anlaß, den Amerikanern zu sagen, wir hätten keinen

---

* Vaillant bemerkt dazu: »Der Leitartikel... ist um so interessanter, als er von ICD, der der Bürstenabzug von Nr. 17 vorgelegt worden war [durch den Verlag, Anm. d. Verf.] nicht beanstandet worden war... In seiner Kritik an den Alliierten ging Kuby weiter als A. Andersch und H.W. Richter, denn seine Angriffe waren gezielter. Er wandte sich bedenkenlos an die Alliierten selbst, um ihnen offen die Meinung zu sagen.«[38]

Grund, ihnen auf den Knien dafür zu danken, daß sie uns nicht verhungern ließen. Der Kommentar war überschrieben: »To whom it may concern«, auf deutsch: Für den, den es angeht:
»... Nach einem Bericht der ›Neuen Zeitung‹ vom 11. April wurden die Delegierten der Bergarbeitergewerkschaften im Anschluß an den kurzen Streik im Ruhrgebiet aus amerikanischem Munde u. a. darauf hingewiesen, daß die Briten und Amerikaner Tausende von Dollar aus ihrer eigenen Tasche bezahlt hätten und künftig bezahlen würden, damit Deutschland ernährt werde ...
Dieses Jahrhundert ist nach amerikanischer Auffassung — und keineswegs nur nach amerikanischer — das amerikanische Jahrhundert. Durch Weltkrieg II ist Amerika seinen von höchstem Selbstbewußtsein getragenen Vorstellungen von seiner Sendung realpolitisch näher gekommen, als durch irgendwelche Erfolge zuvor ... Die unabdingbare Kehrseite dieser Erfolge ist die Übernahme von Verantwortung. Der Krieg wurde im Namen der Freiheit gegen die Unfreiheit geführt. Der Frieden wird von Amerika insoweit gewonnen, als sich Freiheit in der Welt verbreitete ... Die Ausgaben für das besiegte Land, von dem man die bedingungslose Kapitulation gefordert und erreicht hat, sind nichts anderes als ein Teilbetrag der zeitbedingten Geschäftsunkosten, wie sie sich zwangsläufig aus Amerikas neuer großartiger Stellung ergeben. Werden sie in Verbindung mit einer politischen Demonstration als Mittel benützt, um künftige Demonstrationen dieser Art zu verhindern, so erwächst für den Gedanken der Demokratie in Deutschland unabsehbarer Schaden ...
Wir sind der Überzeugung, daß es eine Schicht exemplarischer Demokraten in der deutschen Jugend gibt, die hier und heute den Mut haben, das Wort Demokratie ohne einen Schatten von Ironie auszusprechen, weil sie in ihrem Herzen einen in der Erfahrung ›Hitler‹ erhärteten,

unzerstörbaren Begriff gewonnen haben, was Demokratie als Möglichkeit ist. Diejenigen unter den westlichen Siegern, die an dem Vorhandensein dieser Schicht zweifeln, weil es ihnen an Unterscheidungsvermögen gebricht und sie sich nicht vorstellen können, daß dasselbe Volk, welches den SS-Staat hervorgebracht hat, zugleich eine edle demokratische Tradition besitzt, spekulieren in Bezug auf die Demokratie à la baisse. Sie müssen folgerichtig die Bemühungen der westlichen Mächte in Europa für töricht und jeden Dollar für verschwendet halten...«
Ich zitiere diesen Artikel nicht sozusagen mir zur Feier, sondern — mir zur Schande, wäre vielleicht zuviel gesagt, aber ich konnte ihn nach 37 Jahren nicht lesen, ohne mich zu ärgern. Er beweist, daß meine Urteilskraft von Illusionen eingenebelt war. Er beweist, daß auch ein von Skepsis geprägter Blick auf das eigene Volk es nicht mehr in seiner Unbelehrsamkeit erkannte. Daß »dasselbe Volk, welches den SS-Staat hervorgebracht habe, eine edle demokratische Tradition besitze« — bei diesem Satz (und ähnlichen!) hatte situationsbedingter Opportunismus meine Feder geführt. Um die »schöne Zeit« in all ihren Facetten nachvollziehen zu können, darf eben nicht übersehen werden, daß die »Fallhöhe«, der Zusammenbruch, die Not, die Ruinen, das erbärmliche Verhalten der nationalsozialistischen Führer, als ihre Macht dahin war, die Wahnvorstellung erzeugten, dieses Mal könne es nicht wieder wie 1918 sein. Nicht einfach abzuschütteln sei, was bis gestern gewesen war, eine nationale Bilanz werde gezogen. Diese Illusion zerstob noch nicht einmal, als die Alten wie der Teufel aus dem Schachterl auf die Trümmerszene sprangen und ihr Programm verkündeten: Aus alt mach neu! Danach handelten die Politiker, die Parteiführer der ersten Stunde; sie setzten sich mit einem kühnen Rückwärtssalto über das Dritte Reich hinweg und knüpften dort an, wo wenigstens formal Demokratie gespielt worden war.

Aber es gab eben auch jene, die nach dem Prinzip: Mach neu! handeln wollten und daran glaubten, es gebe eine politisch formbare Öffentlichkeit, eine »offene Situation«, wie vielfach gesagt worden ist. Die Bereitschaft, sich für eine neue Ordnung zu engagieren (»Neuordnung von Grund aus, nicht mehr kapitalistisches Gewinn- und Machtstreben«, wie es im Ahlener Programm roßtäuscherisch geheißen hatte), fand sich bei vielen, aber sie kamen nicht zum Zuge. Warum? Weil sie nicht politisch denken konnten und »nur« von einem moralischen Ansatz ausgingen? Das auch, aber nicht nur. Sie *mußten* scheitern, weil ihnen ihr Demokratieverständnis gebot, durchaus auf die »Lehren der Geschichte« zu vertrauen, Gewaltanwendung auszuschließen. Nichts weniger hielten die Idealisten und Moralisten für möglich, als daß sich der Satz, das Sein schaffe das Bewußtsein, in der geschichtlichen Situation umdrehen ließe: Verändertes Bewußtsein verändere das Sein. Verändert wodurch? Siehe oben! Sie nahmen an, der Zusammenbruch und seine Ursachen würden als Lehrstück wirken. Irrtum über Irrtum!

Die Entdecker des Satzes vom materialistischen Kausalzusammenhang zwischen Sein und Bewußtsein glaubten an seine Umkehrbarkeit nicht und waren damit auch immun gegen Erkenntnisse, die unsereiner aus Analysen des Volkscharakters gewonnen hat. Man erlaube mir hier eine Abschweifung, einen kurzen Blick auf jenes Gebiet, das damals »Es-Be-Zett« genannt wurde. Schließlich haben wir ja nicht nur zwei neue deutsche Staaten vor uns, sondern auch zwei Bevölkerungen, und wenn die eine von ihnen auf die alten Füße gefallen ist, so liegt die Frage nahe, wie es sich denn mit der anderen verhielt, der es unmöglich gemacht worden ist, dasselbe zu tun.

Im Kapitel »Berlin? Berlin!« wurden Situationen vorgeführt, die alle Vorurteile, wie sie der Westdeutsche im Normalfall gegenüber der DDR hegt und pflegt, zu be-

stätigen scheinen. Ich habe keinen Grund, diese Szenen zu unterschlagen, gerade weil ich hoffe, von gängigen Vorurteilen frei zu sein. Ich frage mich, ob die kommunistischen Führer im sowjetischen Machtbereich, jene der ersten Stunde wie die aus Moskau eingeflogene »Gruppe Ulbricht«, an die »offene Situation« geglaubt haben? Die Frage muß mit einem glatten Nein beantwortet werden, obwohl in Stalins Wort von den Völkern, die blieben, von den Hitlers, die gingen, die optimistische Auffassung zum Ausdruck kommt, eigentlich seien die Völker gut, nur leider verführbar; obwohl in frühen Veröffentlichungen in der SBZ, die mit sowjetischer Lizenz gedruckt worden sind wie beispielsweise in der *Weltbühne*, Sätze wie die folgenden zu finden sind: »Niemand bestreitet, daß eine Neuerziehung großer Massen, vor allem jugendlicher, in Deutschland notwendig ist, aber mit Methoden, die in sich schließen das Nichts, oder anders die Formel: Laßt alle Hoffnung fahren, dürfte diese Neuerziehung niemals gelingen. Was gestern in Deutschland war, das Verbrechen, das 1933 anhob, es wird nur dann tot und begraben sein, wenn die großen Massen des deutschen Volkes selbst es endgültig niedergerungen und so tief unter die Erde gewalzt haben, daß der Gestank des Vergangenen das Neue, das Werdende, das Kommende nicht noch einmal verpesten kann.«[39]
Offenbar hat es auch dort idealistische Gesundbeter gegeben. In den Kadern der Kommunistischen Partei gab es sie nicht. Sie sind realistischerweise nicht davon ausgegangen, als Propheten einer neuen Zeit begrüßt zu werden; sie kannten deutsche Geschichte und haben sich bei der Aufgabe, das Vergangene »tief unter die Erde zu walzen«, auf materielle, physische Gewalt verlassen, außerdem auf Propaganda, und dergestalt in Kauf genommen, daß ein partnerschaftliches Verhältnis zur Bevölkerung nicht herzustellen war. Das wird ihnen von uns, der »freien« Gefolgschaft der Amerikaner, vorgeworfen; des-

halb stehen sie als die brutalen Unterdrücker der Freiheit in unseren Geschichts- und Schulbüchern.
Ich aber bin überzeugt, daß sie, wenn sie eine neue Gesellschaft bauen wollten — natürlich wollten sie das, während bei uns die alte gebaut wurde —, auf Jahre nicht anders vorgehen konnten, als sie vorgegangen sind. Darin liegt für mich nicht der Grund, die DDR als das Resultat eines mißlungenen Versuches der »Umerziehung« anzusehen — indes die BRD das gelungene Resultat der kapitalistischen Propaganda ist —, nein, ich halte dieses System für unfähig, befriedigende sozialistische Verhältnisse zu schaffen, weil es die großartigen Leistungen des wirtschaftlichen Aufbaues — unter Bedingungen erzielt, die mit unseren unvergleichbar sind! — nicht dazu benutzt hat, Partnerschaft mit dem Volk herzustellen. Es hat sich bis heute in Mißtrauen eingemauert. Müßte ich sagen: nicht dazu benutzen konnte, weil die sowjetische Schutzmacht den dafür notwendigen Spielraum nicht zugestand — dabei bestimmt von der eigenen Praxis, die Partnerschaft zwischen den Regierenden und den Regierten ausschließt —, dann wäre das SED-Regime natürlich entschuldigt. Aber so ist es eben nicht!
Sowenig wir uns in Westdeutschland darauf hinausreden können, wir ließen uns in die Vorbereitung des dritten Weltkrieges nur unter amerikanischem Befehl zähneknirschend einspannen — wie schön, es wäre so, wieviel lieber wäre man ein Deutscher! —, sowenig glaube ich daran, daß der ostdeutsche Kommunismus bis zum heutigen Tage nur in Moskau gemacht wird. Was jedem, der in der DDR reist, zwischen Rostock und Halle an Pedanterie, Spießigkeit, Napfkuchengemütlichkeit, Sturheit, Minderwertigkeitskomplexen, Befehlsunterworfenheit begegnet, ist so unverkennbar deutsch, daß meine Überzeugung, unser Volk sei unerschütterlich im Kern trotz Flexibilität im taktischen Verhalten, von der Wirklichkeit der DDR eher bestätigt als erschüttert wird.

Zurück nach 1947! Die Haltung der westlichen Militärregierungen anläßlich des Ruhrstreiks hatte deutlicher als alles, was sie bisher unternommen hatten, erkennen lassen, daß sie eine Sozialisierung verhindern wollten. Schon jetzt hatte sich der ehrgeizige, politisierende General Lucius D. Clay, seit 17. April 1945 stellvertretender, ab 6. Januar 1947 (bis 1. Juni 1949) Militärgouverneur der amerikanischen Besatzungszone, zum eigentlichen Präzeptor der Deutschen entwickelt. Sein Einfluß auf die Behandlung der deutschen Frage ging weit über die Grenzen »seiner« Zone hinaus. An seiner Absicht, Sozialisierung mit allen Mitteln zu verhindern, hat er nie Zweifel aufkommen lassen, aber in Praxis ging er gegen die ohnehin schwachen deutschen Bemühungen um Sozialisierung behutsam vor, weil er sich nicht dem Vorwurf aussetzen wollte, politische Eingriffe von oben vertrügen sich nicht mit amerikanischem Demokratieverständnis. Ein gutes Beispiel für seine Taktik bietet die Art, wie er gegen den Artikel 41 der neuen hessischen Verfassung vorgegangen ist, der die Sozialisierung der Industrien vorsah. Er befahl nicht, den Artikel zu streichen, verlangte nur, über diesen Artikel müsse die Bevölkerung im besonderen abstimmen. Er scheint angenommen zu haben, dafür finde sich keine Mehrheit, aber er irrte sich, 71 Prozent wollten die Sozialisierung. Noch immer verlangte der General nicht, den Artikel herauszunehmen, aber er gebot, seine Durchführung »zunächst« auszusetzen. Dabei blieb es.

Der Konflikt zwischen deutschen Tendenzen zur Sozialisierung und den in Clay verkörperten amerikanischen Vorstellungen gewann neue Nahrung mit der bereits erwähnten Wahl des linken Sozialisten Viktor Agartz am 16. Januar 1947 zum Vorsitzenden des Verwaltungsrates für Wirtschaft, der Schlüsselbehörde für den wirtschaftlichen Wiederaufbau in der neugeschaffenen Bizone. (Die Sozialdemokraten hatten es verstanden, den

Exekutivausschuß vorübergehend ganz in ihre Hand zu bekommen.)
Es darf angenommen werden, daß sich aus dieser Konstellation eine offene Auseinandersetzung zwischen den Deutschen und der von Clay geführten Militärregierung entwickelt hätte, wären nicht sämtliche Initiativen, um deretwillen die Bizone überhaupt geschaffen worden war, eingeschlafen, weil die Konferenz des Rates der Außenminister in Moskau bevorstand (10. März bis 24. April 1947), von der man sich eine Klärung auf höchster Ebene erwartete, was mit Deutschland auf weitere Sicht geschehen solle. Diese Erwartung wurde auf eine Weise nicht enttäuscht, die allen Hoffnungen auf ein Gesamtdeutschland ein Ende bereiteten.
Amerika war durch den Nachfolger Byrnes' im Amt des Außenministers, General George C. Marshall, vertreten, der ganz auf der Linie des späteren Außenministers und Freundes von Adenauer, John Foster Dulles, lag und mit dem Entschluß nach Moskau gekommen war, das Tischtuch zwischen den USA und der UdSSR so zu zerschneiden, daß die Sowjets mit der Schere in der Hand zurückblieben. Er erklärte, die Bizone sei nicht gegründet worden, um Deutschland zu teilen, sondern um zu verhindern, daß auf unabsehbare Zeit England und Amerika Hunderte von Millionen Dollar in das deutsche Faß ohne Boden hineinwerfen müßten; klare Entschlüsse, mit denen die Deutschen wieder auf eigene Beine gestellt würden, duldeten nicht mehr den geringsten Aufschub, der Patient liege im Sterben. Er begegnete dem Vorwurf der Sowjets, die Westmächte setzten sich fortwährend über das Abkommen von Potsdam hinweg, mit einer Retourkutsche: Die Bizone sei nur notwendig geworden, weil Moskau die Bestimmungen des Abkommens nicht erfülle.
Damit standen sich die Fronten geschlossen gegenüber, während es bis dahin nur zu punktuellen Zwistigkeiten

gekommen war. Daß es die Franzosen gewesen waren und 1947 noch waren, die einen wie immer gearteten Zusammenschluß der Zonen hintertrieben hatten, wußte Marshall so gut wie jeder andere Politiker in Paris, London und Washington, aber er ließ es nicht mehr gelten. Die Schuldigen an der Teilung hatten die Sowjets zu sein, auch in den Augen der Bevölkerung Westzoniens – Punktum!
The point of no return war erreicht, und spätere Versuche der Sowjets, noch zu retten, was zu retten war, mußten scheitern. Als einen bescheidenen deutschen Versuch in dieser Richtung kann man mit viel gutem Willen in der Münchner Konferenz der Ministerpräsidenten aller deutscher Länder sehen, zu der der bayrische Ministerpräsident Hans Ehard nach dem Scheitern der Moskauer Konferenz am 7. Mai 1947 einlud. Die Zusammenkunft fand am 6. und 7. Juni statt.
In der westdeutschen Nachkriegsgeschichte gibt es keine zweite, für die Frage Vereinigung oder Teilung wichtige Konferenz, über deren Verlauf von den Beteiligten, soweit sie nicht überhaupt schwiegen, mehr gelogen und vertuscht worden ist. Als ich im August 1948 als Berichterstatter der *Süddeutschen Zeitung* den Verfassungskonvent auf der Insel Herrenchiemsee verfolgte und das unschätzbare Vergnügen hatte, einige Abende mit Carlo Schmid zu verbringen, mit dem ich auf freundschaftlicher Basis offen reden konnte, fragte ich ihn, wie es ein Jahr zuvor in München eigentlich gewesen sei.
»Ach«, sagte er, »lassen Sie uns darüber schweigen.«
»Warum?«
»Ich will keine schmutzige Wäsche waschen.«
»Wenigstens das eine«, beharrte ich, »habt ihr nicht über die deutsche Einheit reden dürfen auf Befehl eurer Militärgouverneure, oder wolltet ihr mit diesen Kommunisten, die keine Kommunisten waren, darüber nicht reden, weil die Teilung schon beschlossen war?«

»Wenn Sie fragen, wie es für mich war, der ich aus der französischen Zone kam, dann muß ich sagen, die Franzosen wollten es nicht.«
Er sagte nicht: Sie hatten es verboten, und das hatte er auch im Rechenschaftsbericht über die Konferenz, den er vor seinem Landtag erstattete, nicht zugegeben. (Er vertrat das Ländchen Württemberg-Hohenzollern, das später in Baden-Württemberg aufging.) Nur Wilhelm Boden, der Rheinland-Pfalz vertrat, hat offen zugegeben, er hätte die Sitzung verlassen *müssen*, wenn das Anliegen der Ministerpräsidenten der Sowjetzone auf den Tisch gekommen wäre.
Das ist der Punkt: Ehard hatte in einer Rundfunkrede vor Beginn der Konferenz (am 14. Mai) gesagt: »Die einfache Tatsache eines Treffens der Regierungschefs aller vier Zonen [sei] auch ein innerpolitisches und für den künftigen Staatsaufbau wichtiges Moment«, während der SPD-Bürgermeister der freien Hansestadt Bremen notierte: »Begrenzung des Beratungsstoffes auf die Frage: Wie kommen wir durch den nächsten Winter?, weil alles andere zu fruchtlosem Streit führt.«[40]
Damit sind die polaren Positionen bezeichnet: Sollte die Konferenz »wichtig für den künftigen Staatsaufbau« werden, oder sollten nur Versorgungsprobleme diskutiert werden?
Eigentlich wollte niemand die Konferenz, außer den Franzosen auch die Amerikaner nicht, obschon Clay eine diesbezügliche Weisung nicht ergehen ließ. Die Sozialdemokraten wollten sie nicht, am allerwenigsten wollte sie Ulbricht, der jedoch im Zentralsekretariat der SED überstimmt worden war. Er hatte immerhin angeordnet, der Antrag auf Bildung einer deutschen Zentralverwaltung *müsse* gestellt werden, wofür der SED-Chef auch detaillierte Vorstellungen seinen Ministerpräsidenten auf den Weg mitgegeben hatte, die ausnahmslos keine Parteimitglieder waren; Wortführer waren die Vertreter Sachsens,

Kurt Fischer, und Thüringens, Rudolf Paul. Um es kurz zu machen: Die Minsterpräsidenten der sowjetischen Zone bestanden auf der Diskussion über die Einrichtung einer deutschen Zentralverwaltung und verlangten zunächst, sie müsse als Punkt eins auf die Tagesordnung gesetzt werden, fanden sich aber unter dem Eindruck einer geschlossenen West-Opposition bereit, diese Forderung zurückzuziehen. Bis zu welchem Punkt die Kompromißbereitschaft der Vertreter der Ostzone gegangen ist, wird in allen Berichten entweder verschleiert oder falsch dargestellt. Auch der lange geheimgehaltene Bericht, den die bayrische Staatskanzlei besitzt, umgeht diesen Punkt. In welcher Beleuchtung die Konferenz nach wie vor gesehen werden soll, dafür hat Theodor Eschenburg in seinem Riesenwerk *Jahre der Besatzung* den neuesten Beleg geliefert. Man liest bei ihm: »Gegen 20 Uhr hörte man Autohupen, lauten Befehlston und Hackenklappen. Das war man im Westen seit zwei Jahren nicht mehr gewohnt. Die Teilnehmer aus der Ostzone waren eingetroffen. Zackig marschierte der thüringische Ministerpräsident Paul durch den ganzen Saal zum obersten Tisch, wo die Delegationsführer saßen. Nicht minder zackig, in Wort und Ton, war seine Rede.«[41]
Dieser *Bild-Zeitung*-Reportagenstil ist sonst Eschenburgs Sache nicht, seine sorgfältige Arbeit zeichnet sich durch Trockenheit aus, aber wenn es irgendwie um Kommunisten geht oder, wie in diesem Fall, um bürgerliche Vertreter einer kommunistischen Sache, von der schwer zu bestreiten ist, daß sie die deutsche Sache schlechthin war, dann verläßt auch diesen obersten Demokratiekosmetiker der Bundesrepublik die professorale Abgeklärtheit. Wir sind eben von unten bis oben, und ganz besonders oben, eine Gesellschaft von Neurotikern.
Welche Reden und Forderungen im einzelnen die Konferenz platzen ließen, bleibe dahingestellt. Festzuhalten ist, daß die politische Kluft zwischen West und Ost schon so

tief geworden war, daß Deutsche über sie hinweg nicht mehr über Deutschland reden konnten oder wollten. Unsichtbar saßen vier Militärgouverneure mit am Tisch und lenkten ihre Hilfswilligen. Die zurückgebliebenen westzonalen Landesherren sprachen dann über Ernährungsnot, Wirtschaftsnot und Flüchtlingselend. Daß der Staatsrechtler Carlo Schmid in einem glänzenden Referat über das alliierte Besatzungsrecht urteilte, auch dafür gebe es Beschränkungen, wurde bereits als ein sehr mutiges Vorgehen angesehen. »Er zeigte Zivilcourage und vermied dabei Provokationen«, schreibt Eschenburg.[42]
Ein in der Sowjetzone gedruckter Kommentar zur Münchner Konferenz lautete: »Die Katalogisierung der Nöte, an denen die deutschen Menschen leiden, mag dazu dienen, die Notwendigkeit ihrer Überwindung einprägsamer und dringlicher darzulegen. Doch die Hauptaufgabe einer ersten nationalen Konferenz mußte sein: die Form zu suchen und zu finden, in der eine gesamtdeutsche Kraftanstrengung alle unsere wirtschaftlichen Möglichkeiten anpackt, ausschöpft und koordiniert ... Die Wochenschrift ›Der Spiegel‹ in Hannover zitiert aus dem Daily Telegraph, daß ... ›die Amerikaner das Ziel verfolgten, die wirtschaftliche Vereinigung in eine Art politischer Vereinigung auf der Grundlage einer Bundesregierung in deutschen Händen‹ zu verwandeln ... In diesem Blickwinkel wird klar, warum der bayrische Ministerpräsident und die hinter ihm stehenden Kreise mit solch unnachgiebiger Schroffheit die Forderungen der Ministerpräsidenten der Ostzone ablehnten ... Es war eine Spekulation auf die Vergeßlichkeit des Lesers, wenn der gleiche Tagesspiegel, der einige Tage zuvor der Bildung des bizonalen Wirtschaftsrates seinen Beifall gezollt hatte, die Ministerpräsidenten der Ostzone als ›Spalter aus dem Osten‹ titulierte.«[43]
Die *Weltbühne* resümiert, weil es nicht gelinge, die deutschen Möglichkeiten zur Behebung der Not vollständig

und koordiniert auszuschöpfen, blieben nur neue Bittbriefe an den Kontrollrat übrig, wodurch die Abhängigkeit von ausländischer Hilfe »auch um den Preis der ›wirtschaftlichen Durchdringung‹ durch die privaten ausländischen Monopole verstärkt würde«[44]. So kam es.
Der nächste große Schritt zur Aufteilung des deutschen Territoriums in zwei Staaten war der Marshallplan. Der General soll bereits auf dem Heimflug von der Moskauer Konferenz das erste Konzept hierfür entwickelt haben als logische Konsequenz seines Taktierens in den Sitzungen. Obwohl der Plan, welcher dann die Grundlage für ein umfassendes amerikanisches Hilfsprogramm wurde, nicht auf die Westzonen beschränkt blieb, hat General Clay eine ganz wesentliche Rolle bei seiner Ausarbeitung gespielt, er, dem das westdeutsche Hemd nach und nach näher war als der ganze amerikanische Rock, wenn er sich auch bei jeder Wendung seiner Deutschlandpolitik in Washington absichern mußte, was durchaus nicht immer leicht war.
Bevor aber weitere Dollars in der Größenordnung von vielen hundert Millionen Dollar in den besetzten Zonen investiert werden durften, mußte dem deutschen Faß ein Boden eingesetzt werden, das heißt, es mußte mit den Demontagen Schluß gemacht und insbesondere die Lieferung von Reparationsgütern aus Westzonen an die Sowjetunion eingestellt werden. Untrennbar davon aber war, sich endlich verbindliche Vorstellungen darüber zu verschaffen, auf welchem Niveau sich die deutsche Wirtschaft einpendeln sollte. Und: Ob in den Deutschen weiterhin die zu bestrafenden, die zu entnazifizierenden Unholde gesehen werden sollten oder die Hilfsbedürftigen, denen aufzuhelfen war, weil man sie brauchte.
Es kam zu einer mittleren Lösung. Am 17. Oktober 1947 veröffentlichten die britische und die amerikanische Militärregierung eine neue, als endgültig bezeichnete Liste der noch vorzunehmenden Demontagen, die deutscher-

seits mit Protest und Wut gelesen wurde, weil man noch nicht erkennen konnte, daß die Demontagen die Roßkur waren, aus der die deutsche Industrie wie Phönix aus der Asche modernisiert emporsteigen würde. Die Liste benannte 682 Fabrikationsanlagen, während 1946 noch von 1636 Anlagen gesprochen worden war.
Mit der Stuttgarter Rede von Byrnes (vgl. S. 253) war bereits eine amerikanische Deutschlandpolitik angekündigt worden, die mehr auf Hilfe als auf Bestrafung hoffen ließ. Damit war die Fortsetzung der Demontagen schwer vereinbar, und nicht zuletzt dieser Widerspruch zwischen Worten und Taten wurde die Ursache, daß alle von den westlichen Besatzungsmächten bis dahin geschaffenen Institutionen — Länderregierungen, Länderrat, Wirtschaftsrat, Parteien — geschlossen erklärten: So geht es nicht weiter. Zu besonderem nationalem Ruhm als mutiger Kritiker der Besatzungspolitik kam der Münchner Johannes Semmler, Direktor des Wirtschaftsamtes der Bizone, der von dem Hühnerfutter sprach, das uns die Amerikaner für Maschinen und Patente lieferten.
Eine Ministerpräsidentenkonferenz in Wiesbaden verabschiedete eine Resolution, die ihrerseits einer Auflistung von Widersprüchen gleichkommt: Sie pendelt zwischen der Anerkennung der Verpflichtung zur Wiedergutmachung und dem Hinweis, daß die »Wiedereingliederung Deutschlands in die Gemeinschaft der Völker« gefährdet sei, wenn die nackte Not nicht behoben würde, was nur durch gesteigerte Industrieproduktion und Export möglich sei. Noch war Washington unfähig, sich zu einer eindeutigen Deutschlandpolitik durchzuringen: Fast am selben Tage, an dem die Demontageliste veröffentlicht wurde, forderte General Marshall vor einem Kongreß amerikanischer Gewerkschaften, *sofort* einen konkreten Hilfsplan zu verwirklichen, »um den politischen, wirtschaftlichen und psychologischen Zusammenbruch in Europa« zu vermeiden.[45]

Schon im Kriege waren in Washington Beschlüsse gefaßt worden, den Sieg in Europa, die enorme Schwächung der europäischen Staaten dafür zu benutzen, mit Anleihen und verlorenen Krediten beizuspringen und derart das eigene Wirtschaftssystem netzartig über Westeuropa auszudehnen. Der Marshallplan, die Annahme und Verwendung der amerikanischen Hilfe in Form von Geld und Sachlieferungen, hat die Westzonen in das amerikanische Imperium schon fast zwei Jahre vor der Gründung des Weststaates fest eingebunden. Ob die 1,4 Milliarden Dollar, die den Ländern der späteren Bundesrepublik bis 1952 zugeflossen sind, monokausal das »Wirtschaftswunder« ermöglicht haben, ist umstritten. Es wird auch die Meinung vertreten, die westdeutsche Wirtschaft sei bereits Ende 1947 auf hohen Touren gelaufen.
Für die Bevölkerung sah dieses Jahr noch ganz anders aus. Das Geld war wertlos, die Fabriken exportierten oder hielten die Waren zurück für den Tag der Währungsreform, die Lebensmittel-Zwangswirtschaft, durch das unverändert aus dem Krieg übernommene Lebensmittelkarten-System geregelt, hielt erstaunlicherweise noch inmitten einer absolut chaotischen »freien« Wirtschaft, aber mit den offiziellen Zuteilungen konnten die Männer und Frauen, die in der Produktion standen, ihre Arbeitsfähigkeit nicht aufrechterhalten. Hier sei ein Brief wiedergegeben, der an die Redaktion des *RUF* gerichtet war, unterzeichnet mit K.L. Zimmermann, Alsbach (Hessen). Gegen heftigen Widerstand des Verlages veröffentlichte ich diesen Brief in Nr. 10 (S. 4) in der Gewißheit, er würde ein ganz ungewöhnliches Echo finden. Hunderte von Briefen erreichten uns, und ich plante, nachdem ich einen Artikel mit dem Titel »Wir wollen sie hören!« geschrieben hatte, Dutzende dieser Antworten zu veröffentlichen, und zwar auf den äußeren Spalten aller Seiten einer Ausgabe. Es gibt den Bürstenabzug dieser Fassung,

deren Veröffentlichung am Einspruch des Verlages scheiterte; das war ihm zuviel Demokratie. Mir war die Nichtveröffentlichung zuviel Heuchelei. Wir einigten uns auf einen Kompromiß. Zum Brief selbst schrieb ich, er sei erstens subjektiv ehrlich; zweitens gebe er einer Gemütsverfassung Ausdruck, in der sich viele Deutsche befänden, sei also auch als politisches Symptom wahr; versuche drittens die Sieger für die deutsche Not verantwortlich zu machen, und zwar nicht »unter anderem«, sondern »vor allem«. Im übrigen verbiete der ganze Inhalt anzunehmen, dieser Zimmermann sei ein alter Nazi.

Um den Zeitgeist zu beschwören, sei noch erwähnt, daß ich neben den Brief in ungewöhnlich großer Schrift mit ungewöhnlich großen Zeilenabständen, geradezu plakativ, die Meldung gesetzt hatte, daß aus der soeben veröffentlichten Zahl der noch in der Sowjetunion zurückgehaltenen Kriegsgefangenen hervorgehe, daß dort anderthalb Millionen Deutsche verschwunden seien. Die selbstverständlich in der ganzen westlichen Presse veröffentlichte Meldung löste bei vielen Tausenden von Familien, die noch auf Rückkehr ihrer Angehörigen aus Rußland hofften, Entsetzen aus, und nicht nur bei ihnen.

Nun der Zimmermann-Brief, der ursprünglich vermutlich nicht an den *RUF* gerichtet, sondern die Antwort des Absenders auf ein Stellenangebot war. Über den Abdruck schrieb ich: »Ohne Kommentar«.

»Abgesehen davon, was Sie mir bieten können, möchte ich mir — unbeschadet späterer berufstechnischer Einzelabmachungen — erlauben, eine Grundbedingung an die Aufnahme jeglicher Tätigkeit in der US-Zone zu knüpfen, eine Bedingung, die mir um so notwendiger erscheint, als das jüngste Kontrollratsgesetz vom 1. April das Sattessen in Deutschland, das praktisch ohne bescheidene Rückgriffe auf den schwarzen Markt gar nicht mehr denkbar ist, unter schwere Zuchthausstrafen stellt. Diese Bedingung lautet: Gewährleistung eines Ernährungsminimums von 1550

Kalorien täglich statt der zur Zeit in der US-Zone tatsächlich gebotenen Durchschnittsernährung von 800—900 Kalorien. Sie werden begreifen, daß geistige Arbeit von einigem Belang ohne entsprechende Ernährung nicht geleistet werden kann. Wer nicht ißt, soll auch nicht arbeiten.
Gestatten Sie mir, einige private Bemerkungen an das Vorstehende anzufügen. Mir ist das mangelhafte Ernährungsniveau unverständlich aus mehreren Gründen. Es ist während etlicher Kriegsjahre trotz U-Boot-Blockade, Minen- und Fliegergefahr möglich gewesen, Millionenheere nicht nur mit Millionen Tonnen Bomben, sondern auch mit Nahrungsmitteln ausreichend zu versehen, obschon erfahrungsgemäß für jeden Überseesoldaten mindestens das Dreifache an Nahrungsmitteln bereitgestellt werden muß, wie für eine friedliche Zivilernährung.
Es hat zweitens im vergangen Jahre drüben derartige Rekordernten in Getreide und Kartoffeln gegeben, daß man heute schon wieder an die ominöse Vernichtung großer Nahrungsmittelbestände denkt, um ›den Markt nicht zu erschüttern‹.
Drittens haben die Halbzeug-, Fertig- und Spezialindustrien der angelsächsischen Länder durch die Übernahme der deutschen Patente und die erzwungene Lahmlegug der deutschen Exportindustrie so namhafte geschäftliche Vorteile, daß die Anlieferung ausreichender Ernährung für das so zum Feiern gezwungene deutsche Volk weiter nichts darstellen würde als die Zahlung einer bescheidenen Versicherungsprämie für den Fortbestand dieser so günstigen, auch die deutschen Friedensindustrien lahmlegenden Konjunktur.
Ich bin heute so weit und habe meinen jüdischen Verwandten in Amerika gegenüber daraus auch keinen Hehl gemacht, daß ich es fast bedaure, im Mai 1943 von der mir als Halbjuden gebotenen Gelegenheit, mich in Auschwitz vergasen zu lassen, keinen Gebrauch gemacht und mich vielmehr dieser gemessen am langsamen Aus-

hungerungstode sehr humanen, weil schnelleren Todesart durch eine abenteuerliche Flucht entzogen zu haben. Ich bin überzeugt, wenn heute Sonderzüge zu den Krematorien von Auschwitz gefahren würden, dann würden Millionen verzweifelnder Deutscher von dieser Möglichkeit Gebrauch machen, um so einer zunehmenden Verelendung auszuweichen.
Sie fordern von mir den ausgefüllten US-Fragebogen an, der mit seinen 132 Fragen doch nur Auskunft gibt über meine Einstellung zu den Idealen von Freiheit und Menschlichkeit bis zum Jahre 1945. Ich bin wahrheitsliebend genug, Ihnen und — wenn Sie es für angebracht halten — auch den Prüfungsbehörden nicht die Entwicklung vorzuenthalten, die meine Einstellung unter den obwaltenden Verhältnissen zwangsläufig nehmen mußte.«
In der Flut von Zuschriften überwogen die kritischen. Mit dem »Extrazug nach Auschwitz« hatte sich der Briefschreiber das Einverständnis verscherzt, auf das er sonst gestoßen wäre.
Ich selbst hatte mit der Veröffentlichung dazu beigetragen, daß ich für den Verlag zunehmend unerträglich wurde. Zwei der Verleger, Curt Vinz und Gustav René Hocke, der später in Rom seine Schriftstellerwerkstatt aufschlug, wollten einen *RUF*, »in dem eine klare christlich-menschliche Grundhaltung zum Ausdruck käme, aus der wiederum die Verpflichtung zu ganz bestimmten politischen Idealen erwächst, die wir als westliche Ideale bezeichnen«. Damit konnte ich nicht dienen. »Ein Anhänger der Neutralität, wie E. Kuby es war, konnte den Kampf für die westlichen Ideale nicht aufnehmen.«[46]
Über die Umstände, unter denen ich die Arbeit aufgeben mußte, lohnt nicht zu sprechen. Anfang 1948 war ich das Blatt los, im April begann ich für die nächsten zehn Jahre in der *Süddeutschen Zeitung* zu arbeiten, fuhr aber ab Ende der fünfziger Jahre noch auf einem zweiten Gleis, Bücher schreibend und sonst noch allerhand.

Einer der letzten Leitartikel, die ich für das Blatt schrieb, hat einen resignativen Charakter. Er resümiert die Entwicklung von zwölf Monaten, in denen die deutsche Teilung stattgefunden hat. Unter der Überschrift »Der Traum ist aus« heißt es:
»Die Erwartung von 1945, es sei uns aufgegeben, eine Mittlerrolle zwischen Ost und West zu spielen, war falsch. Die Vorbedingung dazu war, daß der Osten und der Westen von sich aus die Absicht hatten, sich zu verständigen. Dann allerdings wäre Deutschland eine Brücke gewesen. Der Traum ist aus. Was wir bestenfalls unter dem Stichwort ›Weststaat‹ mit Hilfe des Westens bauen werden, ist nicht ein Haus, sondern ein Behelfsheim...
Wir hätten 1945 gute Weltbürger abgegeben. Wir werden 1948 nicht ganz so gute Westbürger abgeben, weil wir eine begreifliche Abneigung gegen ideologische Fixierungen haben...
Was müssen wir an diesem Wendepunkt von uns selbst verlangen und von denen, ohne deren Hilfe wir keinen Schritt vorwärtskommen, erbitten? Wir müssen der kaum noch verborgenen Anarchie in dem uns verbliebenen Gebiet Herr werden und sie Zug um Zug durch eine uns gemäße Ordnung ersetzen. Zu diesem Zweck sind drei Dinge nötig: Erstens muß die Ursache der totalen Korruption, nämlich der Mangel am Notwendigsten, behoben werden, und gleichzeitig müssen die elementaren Gesetze der Wirtschaft wieder Gültigkeit erlangen; zweitens müssen wir Vollmachten bekommen, die Korruptionserscheinungen selbst, die jede Neuordnung unmöglich machen, wieder zu beseitigen; drittens sollten diejenigen, die uns beim Aufbau helfen wollen, sich dabei unseres Ratschlages bedienen und sich in bezug auf die innerdeutschen Angelegenheiten einer größeren Abstinenz befleißigen als bisher.
Es sind uns Beispiele geläufig dafür, daß ein Land aufge-

teilt wurde, weil sich seine starken Nachbarn geeinigt hatten, es unter sich zu teilen. Deutschland wird geteilt, weil sich große Mächte, die man nicht ohne weiteres als seine Nachbarn bezeichnen könnte, nicht darüber einig werden, wie aus den Teilen wieder ein Ganzes zusammengefügt werden soll. Wir werden darüber nachzudenken haben, ob uns die Teilung nur zum Schaden gereicht. Deutschland ist keine Brücke zwischen Ost und West, auch nicht der lachende Dritte zwischen den Streitenden oder, wie dieser neue deutsche Mythos heißt: Das Zünglein an der Waage. Ohne Zweifel können wir nach der gescheiterten Londoner Konferenz mehr innenpolitische Initiative entwickeln als vorher — genauer gesagt, die Lage gestattet uns diese Initiative. Ob wir sie entwickeln werden — das ist eine noch unbeantwortete Frage an die Zukunft.«[47]

Die Frage fand mit staunenswerter Schnelligkeit eine positive Antwort. Schon im Februar 1948 wurden dem Wirtschaftsrat der Bizone Kompetenzen eingeräumt, die ihm auf manchen Gebieten eine regierungsähnliche Tätigkeit erlaubten. Im März wurde die Einbeziehung der drei Westzonen in das europäische Wiederaufbauprogramm (ERP) beschlossen. Die Grenzen zwischen den Zonen wurden für den gesamten Personen- und Güterverkehr geöffnet. Vom 21. Juni an war das Geld, jetzt DM genannt, wieder ein allgemein verwendbares Zahlungsmittel, mit dem gekauft und verkauft werden konnte. Wie durch Zauberei gab es wieder volle Schaufenster und volle Regale. Selbst die Kirschbäume, die noch am 20. Juni nicht eine einzige Kirsche getragen hatten, lieferten sie am 21. Juni, es war ein Montag, in Körben auf die Märkte.

Die Blockade Berlins (vgl. S. 128 ff) festigte das Prestige der Amerikaner als das des guten, treuen Freundes; der gute, treue Freund ging jetzt daran, einen deutschen Staat zu schaffen. Die Ausarbeitung des Grundgesetzes wurde

befohlen, eine erste Expertenkonferenz fand, wie erwähnt, auf der Insel Herrenchiemsee statt.
Am 1. September trat in Bonn der Parlamentarische Rat zusammen. Damit war die politische Bühne gezimmert, auf der Konrad Adenauer sich auf seine Rolle einüben konnte, die er nach der Staatsgründung so spielte, daß sich die noch kaum aus der Taufe gehobene Demokratie in eine Kanzlerdiktatur verwandelte. Er ist von Mitarbeitern, Beratern oder Ministern, umgeben, die durch die Bank mehr Profil hatten als irgendein Bonner Politiker heute, Willy Brandt ausgenommen. Die politische Führungsmannschaft war noch nicht zur Mediokrität herabgesunken. An einige sei erinnert, so wie ich sie damals gesehen habe:[48]

Konrad Adenauer
»Als der Parlamentarische Rat zusammentrat, war die Wahl Adenauers zu seinem Präsidenten nicht zweifelhaft. Er ist herrschsüchtig wie ein Schumacher, aber es fehlt ihm dessen Fähigkeit, den Partner von der Benutzung seines Gehirns abzuhalten. Adenauer will aus der Distanz, kraft seiner Überlegenheit, führen. Wer ihn je in der rechten Ecke seines geschlossenen Mercedes langsam dahinrollen sah, kerzengerade und ohne sich in die Polster zurückzulehnen, der zweifelt nicht, daß der Dreiunsiebzigjährige im weißen Palais am Rhein eine gute Figur machen würde. Weder Alter noch Amt wären für ihn ein Grund, dort politischem Ränkespiel zu entsagen, und seine Freunde müßten ihm abraten, redend jene mythische Brücke zu betreten, welche durch Mißbrauch des Wortes zum Einsturz gebracht werden kann. Wie er denn überhaupt eine leise Ähnlichkeit insofern mit Hindenburg hat, als man einige seiner Eigenschaften und Züge hinter der zur Schau getragenen Würde nicht vermutet. Darunter die eines ungemein geistreichen und witzigen Causeurs«. (18. Juni 1949)

Carlo Schmid

»Der Tübinger Staatsrechtler hat unter allen deutschen Nachkriegspolitikern die steilste Karriere hinter sich, und vielleicht auch noch vor sich. Als er vor einem Jahr auf dem Verfassungskonvent auf Herrenchiemsee erschien, äußernd, er sei nur gekommen, dieses Unternehmen zum Scheitern zu bringen, war er, obschon ein Schauspieler hohen Ranges, noch nicht im ersten Fach. Er scheint die Chance, die ihm Bonn bot, erst Wochen später entdeckt zu haben — aber dann nahm er sie wahr. Er hat dreißig Jahre lang an sich selbst gearbeitet wie ein Goldschmied an einem Kunstwerk, nun ist er fertig und stellt sich aus. Er ist groß genug, um die anderen für klein halten zu können, und rund genug, um über ihre Dünne spotten zu dürfen. Daß er dies nicht nur insgeheim tut, wird ihm, je höher er steigt, um so mehr Ärger bereiten. Er ist kein Mann, der den Deutschen liegt und sie bestaunen ihn mehr als sie ihn lieben. In der Tat ist er sehr weit von einer deutschen Idealgestalt entfernt. Daß er sich in der SPD heimisch fühle und als Sozialdemokrat geboren worden sei, glaubt man ihm, wie alles übrige, so lange man ihn darüber sprechen hört. Seine Beredsamkeit hat nicht ihresgleichen bei uns und er hat eine solche Unzahl von Wahrheiten (und von Zitaten) zur Hand, daß er es kaum jemals nötig hat, die Unwahrheit zu sagen (oder sich eigener Formeln zu bedienen). Darin ist er das genaue Gegenteil von Adenauer.« (23. Juni 1949)

Theodor Heuss

»Ein ganzes Fach seiner Bücherregale hat ihn zum Verfasser. Wenn man ihn nicht als einen typischen deutschen Gelehrten ansehen kann, so weniger deshalb, weil er sich sein Leben lang mit der Politik eingelassen hat. Im Gegenteil, die Grenzen, in denen er sich auf dieser Bühne heute bewegt und seit 1919 bewegt hat, sein Mangel an konsequentem Ehrgeiz, an Schlagkraft und an Machtinstinkt sind recht kennzeichnend für den politisierenden Professor. Was ihn von diesem wirklich unterscheidet, ist sein ausgesprochener Hang und seine Befähigung zum Journalismus, sein Mangel an Vorurteilen und eine fast kokette schwäbische Formlosigkeit. Er ist zu geschmackvoll, um unverblümt zuzugestehen, daß es ihn freuen würde, seine Lauf- und Lebensbahn als Präsident der Bundesrepublik Deutschland abzuschließen. Auch ist es nach Vorhergesagtem einleuchtend, daß ein Teil seines Wesens vor der Bürde dieser Würde zurückscheut. Allerdings wäre die geistreiche und originelle Tochter des Nationalökonomen Knapp, Frau Professor Heuss seit 1908, ebenso bereit wie fähig, ihm die Bürde tragen zu helfen; das ist ein Argument, welches man im politischen Leben ganz allgemein nicht unterschätzen sollte. Sein Name wird mit zunehmender Häufigkeit in Verbindung mit dem Präsidentenstuhl genannt«. (25. Juni 1949. Am 12. September 1949 wurde Theodor Heuss zum ersten Bundespräsidenten gewählt.)

Kurt Schumacher
»Der einzige aktive Politiker Deutschlands, welcher in allen Teilen des Weststaates ein zugkräftiger Begriff ist, und es auch in Mitteldeutschland wäre, falls es zum neuen Weststaat gehören dürfte, kann nicht ohne weiteres zu dem kleinen Kreis derer gerechnet werden, die wir in einem hohen Regierungsamt zu sehen erwarten dürfen. Er hat selbst erklärt, daß er sich nur in einem besonderen Notstand zum Eintritt in die Regierung bereitfände, und es ist nicht anzunehmen, daß dieser eintritt. Dennoch wäre es falsch, in diesem Zusammenhang den autoritären Führer der SPD, ›den Hauptmann aus Westpreußen‹, wie ihn die Kommunisten zu bezeichnen pflegen, zu übergehen. Ob als Führer der Opposition oder der Regierungspartei, er wird einen kaum zu überschätzenden Einfluß auf die politische Atmosphäre Deutsch-

lands ausüben. Selbst in der homöopathischen Dosierung, in der das alte Preußentum in Schumacher lebendig ist, verfehlt es seine Wirkung auf unser Volk nicht – und das keineswegs nur auf seine norddeutschen Teile. Schumacher als einzigem ist es seit 1945 gelungen, das deutsche Bedürfnis, zu gehorchen, und das allen Volksmassen gemeinsame Bedürfnis nach Vereinfachung politischer Begriffe bis zu einem gewissen Grade zu befriedigen. Wenn der schwer leidende Mann, gestützt auf seine Begleiter, sich zum Sessel schleppt, vermag ihm niemand Teilnahme und Bewunderung für so übermenschliche Willenskraft zu versagen. Wenn er dann zu sprechen beginnt, vermögen nur wenige in ihrer Abneigung gegen seinen zuweilen ätzenden Ton, in dem er auch Kasino-Redewendungen vorzubringen sich nicht versagt, zu beharren. Weitaus die meisten geben es in der Auseinandersetzung mit ihm, geblendet von seiner außerordentlichen Kunst subjektiver Beweisführung, auf, ruhig nachzudenken und ihm zu widersprechen«. (30. Juni 1949)

Ludwig Erhard
»Daß Professor Erhard unter den maßgebenden Männern des Frankfurter Provisoriums der Erste ist an Ansehen, wundert niemand, der die übrigen kennt. Wohl aber ist es bemerkenswert, daß die Bevölkerung ein so feines ›Gspür‹, wie man in Bayern sagt, für die politische Hauptrolle dieses viel umstrittenen ›Fachministers‹ hat. Dieser ehemalige bayerische Wirtschaftsminister ist der bisher wichtigste Beitrag Bayerns zu einer zentral gelenkten Bundespolitik; er, und der Präsident des Direktoriums der Bank deutscher Länder, und dessen Nebenmänner, sind die Weichensteller in Westdeutschland. Die Politiker auf der Bühne sind nur Lokomotivführer.
Im November vorigen Jahres pfiffen die journalistischen Spatzen bereits Erhards politisches Ende von den Frankfurter Dächern. Er ist noch immer da. Seine Ver- und Be-

schlagenheit sind außerordentlich. Es ist Mode geworden, vom Erhardschen Zweckoptimismus zu sprechen. Wenn das Wort besagen will, er glaube nicht an seine optimistischen Prognosen, so irrt die öffentliche Meinung. Er ist ein Fanatiker, ein statischer Fanatiker im Gegensatz etwa zu dem dynamischen Fanatiker Schumacher. Fast der ganzen Welt zum Trotz, glaubt er, daß die freie Marktwirtschaft wieder Ordnung schafft«. (7. Juli 1949)

Als Adenauer zu regieren anfing, hatte er im Bundestag eine Mehrheit von einer Stimme hinter sich, seiner eigenen. Ich schrieb: »Der Wahlausgang beweist, wie weit die CDU/CSU davon entfernt ist, die regierende Partei zu sein. Sie ist eine lavierende Partei. Dennoch hat Dr. Adenauer recht, wenn er zum Ausdruck brachte, daß er auf dieser einen Stimme fest und sicher zu sitzen und seine Regierung zu führen gedenke... Nicht der Taktiker Adenauer, sondern der starke Mann hat sich heute durchgesetzt.«[49]

Die Schlagzeile der *Süddeutschen Zeitung* vom 22./23. Oktober 1949, einem Wochenende, lautet: »Bonner Regierung vertritt ganz Deutschland.«

In der Rede, in der Adenauer den Alleinvertretungsanspruch in aller Form proklamierte, versäumte er selbstverständlich nicht, die Alleinschuld der Sowjets an der deutschen Teilung herauszustellen. Man hat von Hitlers Reden schon zu einer Zeit, als er noch die Macht besaß, spöttisch vermerkt, eine jede beginne mit der »Parteierzählung«: Als ich im Lazarett von Pasewalk erblindet lag und beschloß, Politiker zu werden, da... Nicht nur in Adenauers Reden, in den Reden so gut wie aller Bonner Politiker ist stets die »Russenerzählung« enthalten, woraus zu schließen ist, daß sie ob ihrer Unglaubhaftigkeit immer wieder neu erzählt werden muß.

Mit dem Feindbild »Sofjetunion« hat Adenauer seine politischen Erfolge errungen. Ein paar Jahre lang war der

imponierende alte Mann tatsächlich ein Selbstherrscher, der zwischen gewonnenen Wahlen machen konnte, was er wollte. Eine Impression aus diesem Bonn, in dem der Alte alles allein entschied, beschließe diesen Abschnitt:
»Es hat etwas ebenso Imposantes wie Deprimierendes, eine Befehlsapparatur so riesiger und komplizierter Art zu erleben, die nur von einem einzigen Mann und von einer einzigen Stelle ihre Impulse empfängt, ohne daß mit Polizeikräften von diesem Mittelpunkt aus Zwang ausgeübt würde. Das Wissen, dem sei so, hat weiter nichts Reizvolles. Aber an Ort und Stelle *zu sehen*, wie sich dieser Tanz um die eine und einzige Autorität abspielt, das ist es wert, erlebt zu werden. Es bezeichnet nur einen Unterschied der Kinderstube, nicht der Devotion, ob jemand den Bundeskanzler ›Der Alte‹ oder ›Der alte Herr‹ nennt. Was tut der alte Herr heute vormittag? Wen hat er empfangen? Was hat er mit ihm gesprochen? Ach, Sie sind heute nachmittag bei Globke? (Der Leiter des Bundeskanzleramtes.) Ein Mann, der bei Globke empfangen wird, sticht einen Mann, der bei Globke nicht empfangen wird, auf jeden Fall bis auf weiteres aus, und das Lächeln der Lemuren wird freundlich, wenn man sagen kann: Ich war bei Globke. Die Redensart: Seid still, der Vater schreibt seinen Namen, ist in Bonn kein Witz. Alle Kinder sind still, bis der alte Herr seinen Namen geschrieben hat; dann tragen sie das noch tintenfeuchte Papier wie eine Siegesbeute davon und haben wieder etwas in der Hand, was ihnen den Rücken deckt. Sie können weiter regieren. Darauf verstehen sie sich aus dem Effeff. In welchem Bunker dieser Apparat eines Tages wird arbeiten müssen, kann niemand sagen. Daß er aber in jedem Bunker arbeiten wird, daran kann nicht der geringste Zweifel sein. Er läuft auf Kugellagern, nach außen fast völlig geräuschlos.
Es ist klar, daß es in diesem Bonn nur eine Art von Sensation geben kann: Eine Sensation ist, wenn etwas ge-

schieht, was der alte Herr nicht bestimmt oder nicht gewollt hat.
Eine Sensation allerersten Ranges, weil wirklich nicht vom alten Herrn entriert, ist für Bonn die Moskaueinladung an den Bundeskanzler gewesen, und ist es weiterhin. Die Schweigsamen sind noch schweigsamer, die Vorsichtigen noch vorsichtiger geworden, und das Getöse des Antikommunismus flaut merklich ab. Nie war Bonn interessanter als jetzt. Stimmt die Generallinie noch, oder bereitet der Kanzler eine neue vor? Wer weiß es?! Oh, seid still und verderbt euch nichts für die Zukunft! Bonn legt den Zeigefinger an die Lippen. Und auf der Terrasse des Presseclubs höre ich vom Nebentisch einen ziemlich hohen Herrn des Presseamtes im Tonfall des Eingeweihten zu seinem Gast von ›draußen‹ sagen: ›Der Alte ist damit beschäftigt, den ganzen Osten zu besetzen.‹ Der Satz heißt, in normales Deutsch übertragen: Der Herr Bundeskanzler ist damit beschäftigt, Persönlichkeiten ausfindig zu machen, auf die er sich a) verlassen kann, und die b) geeignet sind, im diplomatischen Dienst in Prag, Warschau, Moskau usw. verwendet zu werden. Sie bekommen ihre Orders für den Tag X. Aber kommt der Tag X? Bonn hält den Atem an.
Nach außen dringende Geräusche sind, wie gesagt, kaum noch zu vernehmen. Nur noch das innere Knirschen der Apparatur kann von günstigen Plätzen mit guten Mikrophonen wahrgenommen werden: Die zweihunderttausend täglichen Abschußgespräche gehen weiter. Wissen Sie schon, der Legationsrat X wird in die Abteilung Y versetzt? Warum? Na, da ist doch die Geschichte mit Z. Die Geschichte mit Z gibt es gar nicht, die hat derjenige, der sie gerade erzählt, in der vergangenen Nacht vielleicht unter Assistenz seiner Frau erfunden. Aber indem er sie erzählt, wird sie Wirklichkeit. Und wenn die Intrige erfolgreich ausgeht, dann wird Legationsrat X wirklich versetzt und kriegt ein Minuszeichen in seiner Führungsli-

ste. Aber vielleicht hat er einen direkten Draht zu seinem Minister oder vielleicht gar zu Globke? Dann wehe dem Erfinder der Geschichte mit Z. Jede Krähe hackt der anderen ein Auge aus. Aber sie existieren alle einäugig fort. Die Frage ist berechtigt, was dieses Abschußspiel eigentlich soll, da sich in der Summe minus und plus eigentlich immer ausgleichen, und somit der Spruch auch in seiner Urform richtig ist, daß keine Krähe einer andern ein Auge aushackt. Ich glaube, man muß darin die irrationale Ergänzung perfekter Ratio sehen, mit der allein sogar Beamte und Angestellte auf die Dauer nicht glücklich werden. Es liegt darin die künstlich geschaffene Unsicherheit in einer von Pensionen und Versorgungsansprüchen abgesicherten und abgedichteten Welt.

Das Spezifikum Bonns und die Erklärung dafür, daß dieser Apparat, soweit er nicht ein ungeheuer wirkungsvolles Instrument der Macht in der Hand des alten Herrn ist, wie um seiner selbst willen zu funktionieren scheint, sehe ich darin, daß die Bundeshauptstadt soziologisch im luftleeren Raum hängt. Das Stück wird weitgehend von der (leeren) Szene bestimmt. Dieser Apparat braucht sich nur als Apparat, politisch also, mit der Wirklichkeit auseinanderzusetzen, d. h. seine Herrschaft immer neu zu festigen; die Menschen aber, aus denen er sich ja schließlich zusammensetzt, pendeln zwischen ihren Wohnungen und Büros hin und her, und dazwischen ist nichts als ein Strom, auf dem in Permanenz eine rheinische Posse aufgeführt wird, und ein bißchen verbindlich-zahme Landschaft.

Die künstliche Hauptstadt — übrigens wohl die einzige der Welt ohne Zeitungen von Rang — ist keine Hauptstadt, sondern eine Anhäufung von Ministerien, und ihr soziologisches Bild ist ähnlich dem von Wolfsburg, einer Stadt, in der die Auseinandersetzung mit der Wirklichkeit auch auf ein Minimum zusammengeschrumpft ist. Nur mit dem Unterschied, daß in Wolfsburg Autos, in

Bonn jedoch Macht produziert wird. Das ist weitaus gefährlicher. Aber die Gefahr ist verdeckt. Das Bonner Credo ist, das Wunder werde ewiglich währen. Zentralgeheizt und airconditioned, betrachten die Bonner Machthaber die Welt durch Glas, und was sie hinter dem Glas sehen, ist ein Idyll. Ein Idyll mit Komfort. In ihren Akten aber finden sie nur sich selbst wieder, die Spuren ihres Tuns, und jede Unterschrift ist eine Selbstbetätigung. Kommt infolgedessen so ein Bonner Ministerialrat auf dem La Guardia an, dann ist er böse, wenn ihm Eisenhower keinen Staatssekretär und keinen Cadillac zum Empfang geschickt hat. Doch meistens schickt er sie ja. Bonn ist nicht klein, denn Washington ist nah. Wie groß würde Bonn, wenn auch Moskau näher rückte? Das ist die Frage, die heute alle erfüllt, die in dem Apparat fleißig und tüchtig ihre Rädchen drehen und sich den Rücken frei halten. Niemand stört sie dabei, niemand wird sie dabei je wieder stören können, außer es regnete Bomben vom Himmel.

Wer vom Venusberg auf Bonn hinunterschaut, aufs liebe Städtchen, der ist in der Versuchung, die dort produzierte Macht zu unterschätzen. Wer in irgendeiner amerikanischen Mittelstadt, 100 Meilen hinter Oklahoma, auf eine Party eingeladen wird und die Parade der Standardfragen Revue passieren läßt und die Reaktion auf die Frage: Aus welchem Deutschland kommen Sie? erlebt: ›Ah, aus Adenauers Germany, wonderful!‹, der denkt über diese Macht schon anders. Aus der Ferne sieht sie größer aus. Jener argentinische Minister, der kürzlich zu einem deutschen Journalisten sagte: ›Sie sind als Deutscher wirklich zu beneiden, in so kurzer Zeit zwei so große Männer, Hitler und Adenauer‹, wollte keinen unpassenden Scherz machen, und auch mir liegt, indem ich das Wort wiederhole, nichts ferner. Das bißchen Zusammenbruch dazwischen bemerkt man aus der Distanz nicht. Bonn ist eine Zentrale realer Macht. Solange alle still sind, wenn der alte Herr seinen Namen schreibt, wird das Unbehauste dieser Macht im Hier und Heute noch nicht so deutlich, wie es werden wird, wenn er den Federhalter nicht mehr führt.«[50]

Vom »anderen Deutschland« — das Weizsäcker-Syndrom

Am 12. Mai 1949 wurde die Blockade Berlins aufgehoben. Während die Stadt einen harten Winter lang aus der Luft versorgt wurde, hatte ich, wie der Leser erfahren hat, mehrfach aus Berlin berichtet; es hätte nahegelegen, jetzt wieder hinzufliegen, um an Ort und Stelle mitzuerleben, wie die Berliner auf diesen diplomatischen Sieg der Amerikaner reagierten. Mir erschien jedoch ein anderes Ereignis wichtiger zu sein, das weniger, ja, fast gar nicht beachtet, in seiner Bedeutung jedenfalls nicht gewürdigt wurde. Ich fuhr nach Nürnberg, wo Amerikaner über das »andere Deutschland« zu Gericht saßen.
Ich spreche von dem elften Prozeß, der Deutschen gemacht wurde, weil sie als Hauptschuldige, zumindest als prominente Mitschuldige an den deutschen Verbrechen angesehen wurden. Es war der sogenannte »Wilhelmstraßenprozeß« gegen hohe Beamte des Auswärtigen Amtes unter Ribbentrop. Kaum einer von ihnen war ein in der Wolle gefärbter Nationalsozialist gewesen. Es waren Bürger und Großbürger, auf Gymnasien mit klassischer Bildung getränkt. Sie hatten ein Hochschulstudium hinter sich, sorgsam auf gesellschaftliche Reputation geachtet, sich in den Zäunen geltender Konventionen gehalten, waren jeglichem Extremismus abgeneigt gewesen, mit einem Wort: als Konservative besten deutschen Traditionen verpflichtet.
Nun standen prominente Angehörige dieses nichtnazisti-

schen Deutschlands als Verbrecher vor Gericht. Was stimmte da nicht? War die Anklage falsch, oder gab es das »andere Deutschland« gar nicht, nicht als Politikum? War es vielleicht nur eine Fiktion, raffinierte propagandistische Erfindung der Mehrheit, ein geschichtsnotorischer deutscher Etikettenschwindel zur Täuschung der Umwelt? So etwas Ähnliches wie das Volk der Dichter und Denker — wenn schon, dann doch eher der Musiker und Träumer —, das es auch nicht gibt, statt dessen ein Volk, das nicht einmal in seiner Sprache zu Hause ist und das, wenn es hochkam, in der *Volks*-Schule den »Erlkönig« und die »Glocke« hatte auswendig lernen müssen. Mehr an Kulturvermittlung gibt es im Grunde bis heute nicht — den »Erlkönig« von Böll, die »Glocke« von Grass. Aber andererseits — dieses gehobene deutsche Bürgertum hatte es doch wirklich gegeben, das mit Goethe zu Bett gegangen war, sich von »Seid umschlungen, Millionen« hatte aufwecken lassen und es seit mindestens einem Jahrhundert mit den führenden Schichten anderer europäischer Völker leicht hatte aufnehmen können, wenn es ihnen an Geistesbildung nicht sogar überlegen gewesen war. Es war vorhanden gewesen und hatte zu Hunderttausenden bessere und beste Positionen inne, als Hitler zur Macht gekommen war. Es hatte bis dahin eine Atmosphäre von Humanität und Weltbürgergeist verbreitet, so daß sich nicht nur die ihm angehörenden deutschen Juden dem verhängnisvollen Irrtum hingegeben hatten, diese Schicht sei repräsentativ für das ganze Volk und derart fest in Humanität verankert, daß der Gedanke nicht zu denken sei, es könne ein Volk, in dem es diese Elite gab, in die Barbarei zurückfallen.

Die prophetischen Warnungen eines Goethe, eines Hölderlin, eines Heine waren nicht gehört worden, wenn auch immer wieder einmal die Abgründe der deutschen Seele ausgeleuchtet worden sind. Der »faustische« Mensch war von seiner literarischen Geburt an als ein zerrissenes, in sich widerspruchsvolles Wesen erkannt worden, ihm war allenfalls Weltfremdheit und ein darauf beruhendes falsches Handeln im Hier und Jetzt attestiert worden, niemand aber hätte die Deutschen des organisierten Völkermordes für fähig gehalten. Als mit der Öffnung der Vernichtungslager eben hierfür der entsetzliche Beweis erbracht worden war, wäre der Augenblick gekommen gewesen, auch die These von der Existenz eines »anderen Deutschland« einer kritischen Überprüfung zu unterziehen. Dies jedoch ist nicht geschehen.

Das »andere Deutschland« wurde der Nutznießer einer Zwangslage, in der sich die westlichen Besatzungmächte deshalb sahen, weil sie einerseits mit einem deutschen Hilfspersonal arbeiten mußten, um überhaupt dem Chaos Herr zu werden, andererseits sich theoretisch mögliche progressivere Alternativen als nicht praktikabel erwiesen.

Die eine schied von vornherein deshalb aus, weil es sich um Deutschland handelte. Ich meine damit, daß der Arbeiterschaft eines anderen Landes, die sich derart betrogen fühlen mußte, nach dem Zusammenbruch der Staatsgewalt vielleicht hätte einfallen können, die Revolution zu wagen. Tatsächlich argwöhnten die westlichen Besatzungsmächte jahrelang, es könnte kommunistischen Kadern gelingen, die Arbeiterschaft gegen die kapitalistische Restauration zu mobilisieren. (Im anderen Teil Deutschlands, wo die gesellschaftlichen und ökonomischen Verhältnisse tatsächlich umgestürzt wurden, fand eine Revolution als Massenbewegung ebensowenig statt; die verordnete neue Ordnung stieß zunächst auf eine minimale Zustimmung bei der Bevölkerung. Daß in vierzig Jahren politische Geländeverwerfungen zugunsten des Parteiregimes stattgefunden haben, will man bei uns noch immer nicht wahrhaben.)

Nun hat es aber jene Generation gegeben, auf die zum Beispiel der *RUF* setzte. Sie war bei Kriegsende zwischen fünfundzwanzig und dreißig, hatte das Dritte Reich weder mitgeschaffen noch aktiv mitgetragen. Sie war unerfahren, jedoch, weil vom Kriegserlebnis geprägt, von einem antifaschistischen Elan erfüllt, aus dem mit Zustimmung der übrigen Bevölkerung mehr zu machen gewesen wäre als aus dem Antifaschismus gestandener, aus dem Untergrund und aus der Emigration auftauchender Kommunisten – dieses von vornherein verlorenen, ins Aus getriebenen Häufleins. Dieser »jungen Generation« hätte nach und nach Verantwortung zugeschoben werden können, und selbst aus heutiger Sicht darf angenommen werden, daß dabei der Staat Adenauers nicht herausgekommen wäre. Für das Wagnis, das darin gelegen hätte, waren die Militäradministrationen zu unsicher. Mit Fragebogen war nicht herauszubringen, was mit diesen jungen Deutschen los war, deren Fähigkeit, sich zu artikulieren, minimal blieb, denn sie waren aufgewachsen, ohne daß sich jemand dafür interessiert hätte, was sie dachten. Sie hatten zu gehorchen gehabt, Punktum. Formale Belastungen waren ihnen nicht nachzuweisen, auf Verdienste aus der Weimarer Demokratie konnten sie sich nicht berufen, da waren sie fast noch Kinder gewesen.

Was blieb also? Einzig und allein der Rückgriff über das Dritte Reich hinweg auf die Weimarer Zeit, unbeschadet sie der Schoß gewesen, aus dem der Nationalsozialismus hervorgekrochen war. Die Parteien, die Länderregierungen, die Zonenverwaltungen, die Rathäuser wurden mit ehemaligen Stützen der Weimarer Demokratie besetzt, soweit sie sich nicht auch dem Nationalsozialismus verschrieben hatten. Diese Älteren und Alten waren nicht kritiklos gegenüber dem Weimarer Staat, in dem sie es zu etwas gebracht hatten. Als sie einen neuen Staat auf fremden Befehl errichten mußten, spielte die Frage: »Was haben wir damals falsch gemacht?« durchaus eine Rolle, zum Beispiel bei der Abfassung des Grundgesetzes.

Sie legten Emsigkeit an den Tag festzustellen, wie es denn eigentlich zum Dritten Reich habe kommen können und wem die meiste Schuld zuzuschreiben sei. Es ging ihnen dabei auch darum, Personen oder Gruppen ausfindig zu machen, die dadurch, daß sie besonders schuldig waren, dem leidigen Kollektivschuldvorwurf Abbruch tun konnten; vor allem aber beschäftigten sie sich damit, den deutschen Charakter auszuforschen und das pur Kriminelle, wie es zum Durchbruch gekommen war, als psychische Disposition zu transzendieren, was dem Bestreben nahe kam, für das deutsche Volk den Paragraphen 20 (früher Paragraph 51, Absatz 2) des Strafgesetzes in Anspruch zu nehmen, der Bestrafung wegen Zurechnungsunfähigkeit ausschließt.

Soweit gingen sie, was sie selbst betraf – vom Volk bereits wieder geschieden in führenden Positionen –, natürlich nicht, aber man hätte doch erwarten können, sie kehrten auch vor ihrer eigenen Tür, denn als die Luxusexemplare des deutschen Menschen, als die sie sich vorkamen, durften, ja, mußten sie das Faust-Klischee auf sich selbst anwenden: hochbegabt, nach Höherem strebend, aber doch mit den Füßen auf der Erde, geborene Kolonisatoren – diesem Klischee galt ihre kritische Analyse.

Dieser hochgestochene Versuch, Vergangenheit zu bewältigen, hatte im Politischen nicht den geringsten Effekt, weil er das Kernproblem listig ausklammerte, das darin bestand, daß dieses »andere Deutschland« gerade dadurch schuldig geworden war, daß es Verbrechen für Verbrechen hielt, sie aber dennoch hinnahm, als gingen sie es nichts an. Sie waren in ihrer Gesinnung keine Nationalsozialisten und wurden es vor allem deshalb nicht, weil sie Hitler verachteten. Die meisten von ihnen verabscheuten ihn weniger um dessentwillen, was er tat und tun ließ, als deshalb, weil er von ganz unten gekommen und ungebildet war. Das stimmte zwar so nicht, aber sie wünschten, es wäre so. Sie visierten ihn über das Wiener Männerasyl an und sahen ihn immer noch selbstgepinselte Ansichtskarten auf der Straße verkaufen, als er schon »der Führer« geworden war. Ihr Standesbewußtsein, kombiniert mit ihren politischen Vorbehalten, verlangte die Betonung, daß er ihrer Schicht nicht angehöre, kein Abitur habe und nicht wisse, wie eine Universität von innen aussieht. Ein Dr. Adolf Hitler hätte ihren Ressentiments schweren Abbruch getan. Eine der dümmsten Bemerkungen über Hitler stammt von Thomas Mann, der von ihm gesagt hat, er wäre nicht einmal fähig gewesen, einen untergeordneten Beruf auszuüben. Als ob er das je gewollt hätte! Ganz ähnlich drückte Hindenburgs Wort: »dieser böhmische Gefreite« die Bemühung aus, ihn zu deklassieren, wofür dem Feldmarschall, der bei einem Herrenessen sogar Einstein gefragt hat: »Gedient?«, allerdings nur die militärische Rangstufung zur Verfügung stand.

Dieses »andere Deutschland« gehörte einem sozialen Bereich an, dessen untere Grenze die obere Mittelschicht war, während die obere so hoch lag, daß es höher nicht mehr ging. Sie befanden sich zur Zeit der Machtübernahme durch den Nationalsozialismus, wie gesagt, in qualifizierten, wenn nicht sogar in führenden Positionen. Ein von ihnen listig praktizierter »Bummelstreik«, ja, schon »Dienst nach Vorschrift« hätte die Wirkung gehabt, daß NS-Staatsorganisation und NS-Wirtschaft nur mühsam hätten dahinkrebsen können.

Der krasseste und folgenschwerste Fall von Komplizentum eines Repräsentanten des »anderen Deutschland« mit Hitler sei nicht übergangen: Wie hätte dieser die Aufrüstung finanzieren können ohne die für sich genommen hervorragenden Ratschläge und Maßnahmen des Reichsbankpräsidenten und Finanzministers Hjalmar Schacht? Der aber gehörte zu jenen drei Angeklagten von zweiundzwanzig, die freigesprochen worden sind! Obwohl dem »Hauptkriegsverbrecher-Prozeß« nicht unbegründet vorgeworfen worden ist, es habe nachträglicher Rechtsschöpfung bedurft, um die Urteile abzustützen, so war sie doch so unvollkommen, daß ein Schacht nicht hingerichtet werden konnte, mit dessen Schuld verglichen die eines Rosenbergs, der zum Tode verurteilt wurde, weit geringer deshalb war, weil auch ohne ihn, nicht aber ohne Schacht der Krieg hätte geführt werden können. Er profitierte davon, daß die Richter mit dem ideologischen Gefasel Rosenbergs nichts anfangen konnten, es zu Recht für typisch deutsch hielten, während ihnen Schacht als Finanzzauberer so einleuchtete, daß sie ihn am liebsten gleich ins Weiße Haus geschickt hätten mit herzlichem Gruß aus Nürnberg.

Das Dritte Reich wäre in seinem Glanz und seiner Macht ohne die Nichtnazis nicht entstanden; denn seine beispiellose technische und organisatorische Effizienz beruhte ganz vorwiegend auf der wieseleifrig betriebenen Arbeit des »anderen Deutschland«, jener Fachleute, die, sich selbst überlassen, weder nach Stalingrad marschiert wären noch Auschwitz eingerichtet hätten. Polen hätten allerdings auch sie als gute Patrioten zerschlagen wollen.

Das Risiko einer »Verweigerung« aus nicht deklarierten Gewissensgründen wäre nicht null, aber gering gewesen. Mangelnde Tüchtigkeit, mangelnder Aufstiegswille, selbst schiere Dummheit, als gespielt nicht erkennbar, hätten nur dieselben Folgen gehabt, die in der heutigen Leistungsgesellschaft von denen hingenommen werden müssen, deren Leistung nicht mehr gefragt ist, den Arbeitslosen. Das bekannte Bild ist hier zu benutzen: Auch die Nazis konnten die Pferde nur an die Tränke führen, zum Saufen sie nicht zwingen. In der Mordjustiz des Dritten Reiches kommt der Fall nicht vor, daß ein Mann oder eine Frau zum Tode verurteilt wurde wegen Unfähigkeit, es sei denn, sie wäre als eine Form von Sabotage nachweisbar, beim Militär auf Feigheit zurückzuführen

gewesen. Klug getarnte Verweigerung wäre ein weit wirkungsvolleres Mittel gewesen, den Nationalsozialismus zu bekämpfen, als die dilettantischen Versuche, Hitler umzubringen oder zu entmachten. Aber es wurde nicht benutzt.
Unsere Sprache hält für Personen, denen ihre Gesinnung und Moral eigentlich gebieten würde, sich nach bürgerlichen, daß heißt in diesem Fall, sich nach ihren eigenen Maßstäben wohlanständig zu verhalten, die aber aus Opportunismus und Geltungssucht dennoch mit vollem Einsatz einem Verbrecherregime dienen, den Ausdruck »Gesinnungslumpen« bereit. Nichts selbstverständlicher, als daß sich das »andere Deutschland« auch nicht nachträglich zu der Erkenntnis seiner jämmerlichen und schändlichen Rolle unter der Diktatur durchringen konnte, die ihm geboten hätte, das böse Wort auf sich anzuwenden. Zum Kummer und Ärgernis dieser guten, nichtnazistischen Deutschen gab es aber einen Deutschen, es war leider auch der berühmteste, der ihnen dem Sinne nach gerade Gesinnungslumperei vorgeworfen hat.
Kaum schwiegen die Waffen, erreichte Thomas Mann in seinem angenehmen Refugium in Kalifornien aus dem Kreis der »inneren Emigration« die Bitte, er möge doch rasch in sein Vaterland zurückkehren. Der Adressat ließ sich mit seiner Antwort Zeit. Als sie eintraf und ersichtlich das »andere Deutschland«, das nicht emigriert war, in toto meinte, war die Empörung groß: »Ja, Deutschland ist mir in all diesen Jahren doch recht fremd geworden. Es ist, das müssen Sie zugeben, ein beängstigendes Land. Ich gestehe, daß ich mich vor den deutschen Trümmern fürchte, daß die Verständigung zwischen einem, der den Hexensabbat von außen erlebte, und euch, die ihr mitgetanzt und Herrn Urian aufgewartet habt, immerhin schwierig wäre...«[51]
In einem anderen Brief heißt es: »Es mag ein Aberglaube sein, aber in meinen Augen sind Bücher, die von 1933 bis

1945 in Deutschland überhaupt gedruckt werden konnten, weniger als wertlos und nicht gut in die Hand zu nehmen. Ein Geruch von Blut und Schande haftet ihnen an. Sie sollten alle eingestampft werden.«[52]
Bestand der guten, nichtnazistischen Deutschen Ehre nicht gerade darin, daß sie nicht »mitgetanzt«, nicht »Herrn Urian« aufgewartet hatten?! Bestätigte ihnen nicht jeder Amerikaner, Engländer oder Franzose, der darüber zu befinden hatte, ob Deutsche wieder tätig werden durften, damit, daß es ihnen erlaubt wurde und sie zu Ministern, zu Landräten gemacht, ihre Bücher verlegt, ihre Gemälde nun endlich wieder ausgestellt wurden, daß sie genauso schuldlos wie der Briefschreiber an der Verwandlung Deutschlands in ein »beängstigendes Land« voller »deutscher Trümmer« waren, womit dieser der Perfidie so kundige Wortkünstler aufs tückischste nicht die zerbombten Häuser meinte, sondern den moralischen Trümmerhaufen, genannt, das »andere Deutschland«.
Das durfte nicht unwidersprochen bleiben! Diesem Richter über Deutschland, der außerdem noch jenen bösartigen, beleidigenden Roman *Faustus* über ein »diabolisch-infiziertes Deutschland« geschrieben hatte, das »allenfalls das halbe Deutschland« sei [53] — ihm mußte beigebracht werden, daß er von Deutschland dank langer Abwesenheit nichts mehr verstand, wohingegen sie, die innerlich Emigrierten, die einzigen seien, die authentisch über Schuld und Nichtschuld sich äußern durften. Einer von diesen schrieb: »Auch ich bin oft gefragt worden, warum ich nicht emigriert sei, und konnte immer nur dasselbe antworten: Falls es mir gelänge, diese schauerliche Epoche (über deren Dauer wir uns freilich alle getäuscht hatten) lebendig zu überstehen, würde ich dadurch derart viel für meine geistige und menschliche Entwicklung gewonnen haben, daß ich reicher an Wissen und Erleben daraus hervorginge, als wenn ich aus den

Logen und Parterreplätzen des Auslands der deutschen Tragödie zuschaute.«[54]

Thomas Mann hatte vergessen oder wollte es zu diesem Zeitpunkt nicht mehr wahrhaben, daß auch er einmal den deutschen Affentanz mitgetanzt hatte — und wie! Seine *Betrachtungen eines Unpolitischen,* die mir auf der Universität gut zehn Jahre nach ihrem Erscheinen (1918) in die Hand gekommen waren, hatten einen wesentlichen Anteil daran, daß ich dem »anderen«, dem geistigen Deutschland fürderhin nur mit dem größten Mißtrauen begegnen konnte. Fand ich doch in dem lange Zeit heftig umstrittenen Buch, das jetzt in den diversen Gesamtausgaben eingesargt worden ist und das Bild vom großen Anführer des gesitteten, des weltbürgerlichen, des durch und durch humanen »anderen Deutschland« nicht mehr zu verdunkeln vermag, Passagen wie diese gehäuft (geschrieben, während der Erste Weltkrieg tobte und sich schon absehen ließ, daß er von den »Mittelmächten« Deutschland und Österreich-Ungarn verloren würde): »Woher aber das Gefühl, das mich zu Anfang des Krieges bis in den Grund meines Wesens beherrschte, daß ich nicht hätte leben — ohne im geringsten ein Held und todesmutig zu sein, buchstäblich nicht weiter hätte leben mögen, wenn Deutschland vom Westen geschlagen, gedemütigt, im Glauben an sich selbst gebrochen worden wäre, so daß es sich ›schicken‹ und die Vernunft, die ratio, der Feinde hätte annehmen müssen? Gesetzt, das wäre geschehen, die Entente ihrerseits hätte rasch und glänzend gesiegt, die Welt wäre vom deutschen ›Alpdruck‹, dem deutschen ›Protest‹ befreit worden, das Imperium der Zivilisation hätte sich vollendet, oppositonslos übermütig geworden: das Ergebnis wäre ein Europa gewesen — nun, ein wenig drollig, ein wenig platt-human, trivial-verderbt, feminin-elegant, ein Europa, schon etwas allzu ›menschlich‹, etwas preßbanditenhaft und großmäulig-demokratisch, ein Europa der Tango- und Two-Step-Gesittung, ein Geschäfts- und Lusteuropa ...«[55]

Es war ein mich verstörendes Buch — woran sich nichts geändert hat. Wenn das die richtigen Deutschen waren, die mir aus diesen Seiten entgegensprangen, der Autor selbst der richtige Deutsche, dann war nicht nur ich ein anderer Deutscher, sondern alle, mit denen ich umging, waren es auch. Nichts, was von ihm als echt deutsch gefeiert und herausgestrichen wurde, konnte ich in mir entdecken. Dieses Deutschland Thomas Manns, den ich sonst so verehrte, war mir widerwärtig und ekelhaft — und ich wiederhole: Nichts hat sich daran geändert, geändert hatte sich der Autor. Mit seinen Augen von damals betrachtet, war ich einer der von ihm verachteten Demokraten, ein windelweiches »westliches« Zivilisationsprodukt. Jetzt war er zu einem stählernen (amerikanischen) Zivilisationsprodukt geworden, und wie tausendmal recht er auch hatte, wenn er zum Ausdruck brachte, gerade für die Nichtnazis seien Freiheit und Recht keine zentralen Probleme gewesen, denn anders hätten sie sich in Wirtschaft, Kunst, Rüstung und Militär für den großen Erfolg nicht so angestrengt, wären nicht »mitgetanzt« — so hatte er doch übersehen, daß Egoismus, Ehrgeiz, Prestigedenken nicht die einzigen Motive gewesen sind, aus denen sich der schamlose Opportunismus des »anderen Deutschland« erklären läßt. Wenn er sein eigenes Buch von 1918 noch einmal gelesen hätte, wäre er gerade dort auf jenen »anderen Deutschen« gestoßen, der sich ab 1933 von der Bindung an Volk und Reich trotz Hitler nicht frei machen konnte, weil es mehr eine idealistische Idee von Volk und Reich als die Realität war, an die er sich gebunden fühlte; auf den Patrioten, wie es ihn seit den Befreiungskriegen gab und den ein Theodor Körner in törichten Liedern gefeiert hatte, von der Nation bejubelt.

Einem Deutschen dieser Art begegnete ich in der Gestalt

des ermordeten deutschen Botschafters Ulrich von Hassell. Als seine »nachgelassenen Tagebücher« aus den Jahren 1938 bis 1944 als Buch erschienen (1946), stand ein Repräsentant des »anderen Deutschland« vor uns, an dem einerseits zu studieren war, warum es diesem Lager der gesitteten Bürger nicht möglich gewesen ist, sich im Verbrecherstaat totzustellen, auch dann nicht möglich, wenn Ehrgeiz, Prestigedenken und nackter Egoismus dafür nicht die Motive gewesen sind; den andererseits schließlich doch seine Gesinnung zwang, das Band zum eigenen Volk zu durchschneiden und seinen patriotischen Gefühlen zuwiderzuhandeln. Patriot zu sein und gerade deshalb Volk, Reich und Führer die Gefolgschaft aufzusagen, dafür steht nicht einmal von Hassell in höchster Position des deutschen Widerstandes, dort stehen die Studenten der »Weißen Rose«. Ihr Denken und Fühlen waren eine echte Antithese. Sie bedeutete den einfachen ewigen Gegensatz zwischen Gut und Böse, Gott und Teufel, Wahrheit und Lüge, Unschuld und Schuld, Geist und Macht. Von hier aus und nur von hier aus wäre nach dem Krieg eine echte geistige Revolution möglich gewesen, eine unmißverständliche Absage an alle Kräfte, die seit hundert Jahren unseren Untergang vorbereitet hatten. Daß das Volk diese Tat in träger Gleichgültigkeit hinnahm und sich bis zum heutigen Tage nicht eine geheime große Brüderschaft im Namen der Freiheit um sie kristallisierte, macht deutlich, wie verstiegen und unwirklich die Hoffnung ist, das Volk selbst sei durch seine Leiden auf eine bessere Bahn geraten. Zwischen den Verschwörern, die den 20. Juli 1944 zu einem Ereignis machten, das zur Aufschönung der deutschen Verbrechen immer wieder herhalten muß, und dem herrschenden Regime bestand diese echte Antithese nicht. Im Oktober 1939, das Volk jubelte über den Sieg in Polen, notierte von Hassell, dieser Ritter ohne Furcht und Tadel, eine typische Gestalt des überständigen, nationa-

len Großbürgertums: »Der Zustand, in dem sich mitten in einem großen Kriege Deutschlands die Mehrzahl der politisch klar denkenden, einigermaßen unterrichteten Leute befindet, die ihr Vaterland lieben und sowohl national wie sozial denken, ist geradezu tragisch. Sie können einen Sieg nicht wünschen und noch weniger eine schwere Niederlage, sie müssen einen langen Krieg fürchten und sehen keinen wirklich realen Ausweg.«[56]
In diesen für sie unlösbaren Konflikt verstrickt, war es den *knowing men*, das heißt den Männern, die die Führung haßten, ihr aber zugleich nahe genug standen, um überhaupt Schalthebel in die Hand zu bekommen, unmöglich, von der Diskussion in die Aktion geschlossen vorzustoßen. Unbeschadet ihrer politisch verschiedenen Ansichten operierten sie mit einem Begriff »Deutschland«, der in politischer wie geistiger wie moralischer Hinsicht sechs Jahre nach Hitlers Machtübernahme — als reale Umsturzpläne in diesem Kreis nach dem Schlag von »München« wieder besprochen wurden — inhaltlos geworden war. Sie glaubten, man brauche nur die halb verbrecherische, halb wahnsinnige Führung zu entfernen, um dann »mit anständigen Mitteln« das alte politische Spiel um »Ehre« und »Vaterland« fortzusetzen.
Der Grundirrtum, dem ein Mann von Hassells Herkunft zum Opfer fallen mußte, war, daß er glaubte, man könne in Deutschland noch eine zugleich »nationale« und »anständige« Politik treiben. Er und seine Freunde weigerten sich zu lange anzuerkennen, daß sie nur zwei Möglichkeiten hatten: für den totalen Sieg oder für die totale Niederlage zu arbeiten. Noch im November 1942 schreibt er, eine Kompromißlösung erwägend: »Jetzt ist es schon höchst zweifelhaft, ob die Gegenseite überhaupt noch geneigt ist, auch einem anderen Deutschland einen passablen Frieden zu geben.«[57]
Auch mit dem hitlerisierten Volk war, nachdem es den Sieg gekostet hatte, eine Mittellösung nicht mehr mög-

lich. Es hätte eine gemäßigte nationale Regierung nach kurzer Zeit weggefegt. Den totalen Sieg aber wollten die Männer vom 20. Juli nicht, das ist ihre Ehre. Ihr Verhängnis war, daß ihr Nationalgefühl sie hinderte, auf die Niederlage hinzuarbeiten, gleich, was daraus für Deutschland entstehen würde. Es ist durchaus nicht abwegig, nachträglich Männern, die im Kaiserreich ihre entscheidenden Erfahrungen gesammelt hatten, gewissermaßen vorzuwerfen, den politischen Untergang Deutschlands nicht gewollt zu haben, um die Zerstörung der menschlichen Substanz dieses Volkes und die Zerstörung Europas zu verhindern, denn sie waren sich von Anfang an darüber klar, daß dies die Folge sein würde, wenn es nicht gelänge, Hitler und sein Regime zu beseitigen. Verstand und Gewissen hinderten sie nicht, sondern befahlen ihnen, bedingungslos die Niederlage herbeizuführen! Aber stärker als Verstand und Gewissen waren in ihnen gewisse sentimentale Vorurteile, die sich in ihnen gebildet hatten, als sie jung gewesen waren. Sie konnten nicht über ihren eigenen Schatten springen, und deshalb strebten sie die außenpolitisch mögliche, innenpolitisch, das heißt, psychologisch unmögliche Mittellösung an.
Margret Boveri sagt über den von ihr bewunderten, weit über andere 20.-Juli-Verschwörer hinausgehobenen von Hassell: »Auch er war Nationalist. Das bewies sein ganzes Leben ...« Sie zitiert eine Eintragung von Hassells in seinem Tagebuch vom 10. Juli 1944 (am 28. Juli wurde er in Berlin, trotz aller Warnungen an seinem Schreibtisch sitzend, verhaftet), in der er einen Besuch bei den Bismarcks in Friedrichsruh erwähnt und geschrieben hatte: »Alles trat aber zurück hinter der Erinnerung an den Großen im Haus, im Mausoleum, im kleinen Museum. Kaum zu ertragen, ich war dauernd nah an Tränen bei Gedanken an das zerstörte Werk.«[58]
Von Hassell rang sich zu der Einsicht durch, daß ein Sowohl-Als-auch nicht mehr herbeizuführen sei, Hitler und

sein Machtgebäude nur um den Preis der bedingungslosen Kapitulation zu vernichten seien. Er geriet auf einen Weg, an dessen Ende seine Ermordung stand. Er ging ihn in aufrechter Haltung wie die anderen Opfer der Rache Hitlers. Was sie in ihren letzten Tagen und Stunden geschrieben haben, könnte man die Freisetzung des »anderen Deutschland« nennen: den Sieg des individuellen Charakters über den Deutschen als Produkt seiner Geschichte.

Ich habe im Jahre 1947, als ich im *RUF* von Hassells Tagebücher unter dem Titel »Vom anderen Deutschland« vorstellte, abschließend geschrieben, in der Begegnung mit diesem deutschen Europäer hätten wir zu begreifen, »wie bösartig und einfältig jene hysterischen Demokraten sind, die auf kein historisches Faktum mehr ihren Blick richten können, ohne Hitler dort stehen zu sehen«.

Heute sehe ich nicht »historische«, sondern aktuelle Fakten — neu sind sie nicht —, die nicht anzuschauen sind, ohne Hitler zu sehen, ohne sich des Zustandes des Volkes vor 1933 zu erinnern, weil die Symptome sich wieder zeigen, die damals das Ableben der Demokratie ankündigten; das bedrückenste: Die kritische Gegenmacht der Macht, die »Medien«, stellt sich dem Abbau der inneren Freiheit nicht mehr entschlossen entgegen; alle *politisch* krisenhaften Symptome werden nicht mehr oder nur noch am Rande und ohne Wirkung auf die öffentliche Meinung diskutiert.

Abgesehen von den wenigen, die sich vor 1945 zur Aktion durchgerungen haben und für deren Erfolglosigkeit mit dem Tod bezahlen mußten, scheiterte das »andere Deutschland« politisch daran, daß »ein Volk, ein Reich, ein Führer« kein Propagandaslogan war, sondern Realität. Mögen nach Stalingrad auch Verehrung für und Vertrauen in Hitler nach und nach in ihrer bindenden Wirkung durch die Angst vor den Vergeltungsmaßnahmen der Sowjets ergänzt worden sein — die Bindung hielt, bis

es keinen Quadratkilometer Reichsboden mehr gab, der noch hätte verteidigt werden können. Nicht einmal, als die Niederlage besiegelt war, fand das Erwachen statt, wie jeder weiß, der in Gefangenschaft geraten war.
Von Amerikanern vereinnahmt, war ich seit Mitte September 1944 Gefangener in einem Lager in Frankreich, in dem zeitweise nahezu 50 000 Deutsche in Zelten und Baracken hausten. Es war lebensgefährlich gewesen zu äußern, der Krieg sei verloren. Den Begriff »Treue« hierauf anzuwenden oder gar, wie tausendfach geschehen, die Komplizenschaft im Verbrechen mit dem »Soldateneid« zu erklären, vertuscht nur, daß der Nationalsozialismus sozusagen der Maßanzug gewesen ist, den sich das Volk geschneidert und den es getragen hat, bis er ihm in Fetzen vom verwundeten Leib gerissen worden ist.
Nicht nur der einfache, schlecht informierte Soldat war nicht willens zu erkennen, daß er in einer Wahnwelt lebte und für Ziele noch kämpfte, die einem normalen Verstand längst als unerreichbar erkennbar geworden wären — auch Männer, die dem Führungszentrum so nahe waren, daß ihnen die Verbrechen in ihrem ganzen Ausmaß vor Augen standen und sie den Schriftstücken, die auf ihren Tisch kamen, entnehmen konnten, die deutsche Kraft sei verpulvert und erschöpft, waren nicht bereit, sich noch vor Einstellung der Kampfhandlungen innerlich von allem loszusagen, was sie selbst im Dienst der Diktatur gedacht und getan hatten. Sie sahen infolgedessen auch nicht voraus, daß ihnen als Komplizen des Regimes ein objektiver Schuldzusammenhang nachgewiesen werden könne.
Damit komme ich nun endlich nach Nürnberg und sitze in dem Prozeß, der gegen eine exquisite Auswahl jener »anderen Deutschen« geführt wurde, die in vollem Bewußtsein, wem ihre unverzichtbaren Dienste zunutze kamen, zu welchen Verbrechern und Verbrechen sie geschwiegen hatten und die in ihren Stellungen geblieben

waren, bis alles das, was sie verabscheut und doch mitgetragen hatten, durch die siegenden Feinde liquidiert wurde, ein Ereignis, das herbeizusehen ihnen ihr Patriotismus verboten hatte.

Die herausragende Figur dieses Prozesses war der Staatssekretär im Auswärtigen Amt, Ernst von Weizsäcker, zuletzt Hitlers Botschafter bei Pius XII., jenem »Stellvertreter«, dem die Nazis immer noch lieber waren als die Kommunisten. In einer Geschichtsschreibung über Deutschland im 20. Jahrhundert, die nicht um den heißen Brei »deutscher Daseinsverfehlungen« herumginge und die deutsche Katze entschlossen gegen den Strich bürstete, müßte Weizsäcker als die Leitfigur des »anderen Deutschland« in seiner ganzen Erbärmlichkeit herausgestellt werden. Daß Amerikaner kommen mußten — auch sie nur in einer ganz kurzen Ausnahmesituation willens —, um das noble deutsche Großbürgertum zu demaskieren, so daß es in seiner »unbegrenzten Zumutbarkeit«[59] sichtbar werden konnte — gerade das zeigt, daß wir es insgesamt mit lauter deutschen Krähen zu tun haben, die einander kein Auge aushacken.

Weizsäcker entstammt einer deutschen Elitefamilie, die sich als fähig erwiesen hat, wie jedermann weiß, noch eine weitere Generation äußerst tüchtiger, zumindest äußerst erfolgreicher Männer hervorzubringen. Er war hochgebildet, ein Ehrenmann vom Scheitel bis zur Sohle, der er geblieben wäre, wenn nicht ein gewisser Hitler den Staat erobert hätte. Dieses Ereignis mit allen seinen Folgen veranlaßte die »Weizsäckers« — nun meine ich den Typ, nicht die einzelne Person — nicht, diesem Staat die in ihren Familien durch Generationen geübte Loyalität aufzukündigen und in Zukunft nicht mehr die Rolle zu spielen, zu der sie sich nach Herkunft und Fähigkeiten legitimiert fühlten. Das hätte ihnen eigentlich leichtfallen müssen, weil sie Hitler für unfähig hielten, sich auch nur ein paar Jahre an der Macht zu halten. Aber sie blieben.

Ihre tradierten Moralvorstellungen, diese Hauptstütze ihrer Selbsteinschätzung, lösten sich gleichwohl nicht in Luft auf, sie behielten gerade noch soviel Kraft, daß ein paar Juden oder anderen Verfolgten insgeheim Hilfe geleistet wurde. Dabei war der Gewinn für die »Weizsäckers« weit größer als für die, denen geholfen wurde, denn er bestand darin, daß dem eigenen Gewissen das Maul gestopft wurde. Vor den durchaus nicht teilnahmslosen Blick auf die Vernichtungslager schob sich das Bild von fünf – oder waren es zehn? – Juden, die man mit kalkuliertem Risiko dem Henker entzogen, vor der Gaskammer bewahrt hatte. Da ließ sich gut weitermachen. Möglicherweise keimte auch schon der Gedanke auf, daß sich gerettete Hausjuden eines Tages bezahlt machen würden. Und wie sie sich bezahlt gemacht haben!

Davor aber lag die peinliche Nürnberger Episode des Prozesses. Die *Süddeutsche Zeitung* schrieb am 31. Mai 1949: »Der Staatssekretär von Weizsäcker ist ganz ohne Zweifel die große Gestalt« in diesem Prozeß. Das amerikanische Militärgericht habe ihn zu einer Gefängnisstrafe von sieben Jahren verurteilt und »gleich den übrigen Angeklagten und Verurteilten mit Handfesseln und in Gefängniskleidung von Nürnberg nach Landsberg« überführen lassen, dorthin, wo Weizsäckers oberster Chef und Führer jene kurze Haftzeit verbracht hatte, die ihm Gelegenheit geboten hatte, *Mein Kampf* zu diktieren und seine politische Laufbahn klüger zu beginnen.

Diese ungemein symbolträchtige Transportart, wie die einschlägigen Prozesse überhaupt, hätte die öffentliche Meinung in einem politisch reagiblen Volk möglicherweise doch veranlaßt, an das tief ins 19. Jahrhundert zurückreichende Fundament des Prestiges ihrer Eliten sozusagen mit dem Preßlufthammer der Vernunft heranzugehen und es zum Einsturz zu bringen. Es waren aber die Urteile samt den Handfesseln amerikanischer Mach-

art — was für ein glücklicher Umstand, weder diese noch jene brauchten ernst genommen zu werden!
Ganz grundlos waren deutsche Zweifel an der Kompetenz des Militärgerichtes nicht. In diesem letzten großen politischen Prozeß, den die Sieger durchgeführt haben, amtierten drei Richter: W.S. Christianson aus Red Wing in Minnesota, einem Ort, der etwa auf dem 44. Breiten- und 93. Längengrad liegt; R.F. Maguire aus Portland in Oregon auf dem 123. Längengrad, unweit der landschaftlich herrlichen Stelle, wo der Columbia-River auf dem Weg zum Stillen Ozean das Gebirge durchbricht, und der Indianer-Reservation Warmsprings; ferner L.H. Popers aus Denison in Iowa, einem Städtchen am Boyer-River, der ein Nebenfluß des Missouri ist. Diese drei Herren, deren keiner je zuvor in Deutschland gewesen war, mußten etwa 80 000 Seiten Akten studieren.
Nur das Amt des Anklägers war auch in diesem Prozeß wie in anderen zuvor wieder mit einem Mann besetzt, der als Emigrant und ehemaliger Beamter im preußischen Innenministerium viel von deutschen Dingen verstand: Professor Dr. Kempner. Mit ihm saß ich in Nürnberg während des Weizsäcker-Prozesses zusammen. In einem Gespräch beschwerte er sich über seine Angeklagten.
»Das sind alles so mindere Burschen, die haben nie gelernt, für ihre Sache von Mann zu Mann einzustehen. Nicht im Traum wäre es dem Herrn Minister Lammers[*] eingefallen, daß einmal jemand kommen und fragen könnte: ›Nu sagen Se mal, Herr Lammers, wie viele Juden haben sie umgebracht?‹ ›Ich?‹ sagt Herr Lammers. ›Das war doch die Gestapo.‹«
Mit seiner Ironie steckte mir Kempner ein Licht über den Fall Ohlendorf[**] auf. Dieser Schreibtischmörder war

---

[*] Bürochef des Führers, Staatsminister, Leiter der Reichskanzlei.
[**] Otto Ohlendorf, SS-Brigadeführer, tätig im Reichssicherheitshauptamt und Stellvertreter des Staatssekretärs im Reichswirtschaftsministerium, wurde hingerichtet.

zwar zum Tode verurteilt worden, durfte sich aber nichtsdestoweniger großer amerikanischer Sympathien erfreuen.
»Ja, der Ohlendorf«, sagte Kempner, »›Sie haben 300 000 Juden umgebracht?‹ — ›Jawohl, Hohes Gericht, vielleicht waren es auch 400 000.‹ Zack-zack, das zieht. ›Sie waren ein Nazi?‹ — ›Jawohl, Hohes Gericht, es lebe der Führer!‹ Zack-zack, das zieht. ›Bekennen Sie sich schuldig?‹ — ›Jawohl, Hohes Gericht‹, mit markiger Stimme, den Blick frei geradeaus, die Gesäßbacken leicht angezogen, die Füße bilden nicht ganz einen rechten Winkel.«[60] (Was ich hier als die heldenhafte Haltung der Deutschen beschreibe, war mir in meiner Soldatenzeit immer wieder beigebracht worden, als ich schon drei und vier Jahre der Armee angehörte.)
»Was Herrn von Weizsäcker betrifft, so ist er doch aus einem anderen Holz, meinen Sie nicht?« fragte ich Kempner.
»Ich hätte ihn lieber verteidigt als angeklagt. Sein Anwalt hat sehr gut gearbeitet. Aber er hat einen Fehler gemacht, er hat die Öffentlichkeit zu wenig über die Tatsachen und zu viel über Meinungen informiert.«
»Sie glauben also, daß diejenigen, die Freunde Herrn Weizsäckers sind, eine große Enttäuschung durch das Urteil erleben werden?«
»Ich will Ihnen etwas sagen«, entgegnete Dr. Kempner, »es sind Leute zu mir gekommen und haben gesagt, was wollen Sie denn mit dem Weizsäcker, der war doch Hausgast im Vatikan, hinter dem steht doch der Heilige Vater.* So, sage ich, der Heilige Vater. Was hat der Heilige Vater gesagt? Weizsäcker sei ein braver Mann, und er,

---

* Tatsächlich hatte sich der deutsche Verteidiger Weizsäckers mit Erfolg bei Pius XII. um einen »Persilschein« für seinen Mandanten bemüht.

der Heilige Vater, werde für ihn beten. Ich hoffe, das wird er auch für meinen verstorbenen Freund Hans Frank* getan haben, fünf Minuten bevor man ihn aufgehängt hat. Aber die Dokumente, mein Lieber, die Dokumente! Die Leute sollen sich die Dokumente ansehen!«

Wenn mit den »Leuten« die Deutschen gemeint waren, so haben sie sich weder damals noch später für Dokumente interessiert, die geeignet waren, Männer zu belasten, die sie jenem »anderen Deutschland« zurechneten, dessen sie so dringend bedurften, um sich der Kollektivschuldthese zu erwehren. Ist zu verstehen, daß in der psychischen Situation der ersten Nachkriegsjahre eine Neigung vorherrschte, die »deutschen Reihen« wenigstens insoweit fest zu schließen, daß in Fällen prominenter Zusammenarbeit mit dem Regime, in denen triftige Entschuldigungsgründe gefunden werden konnten – dazu gehört der »Fall Weizsäcker« –, diesen größere Aufmerksamkeit geschenkt wurde als den Belastungen, die aus den »Dokumenten« bewiesen werden konnten,[61] so kann dieses Argument für die inzwischen vergangenen Jahrzehnte nicht mehr in Anspruch genommen werden. Tatsache ist, daß erst »während des Prozesses systematisch damit angefangen wurde ... Weizsäcker zu einem Seher und ›Mann des Widerstandes‹ gegen Hitler zu stilisieren«[62].

Erst aus Anlaß der Wahl seines Sohnes Richard zum Bundespräsidenten wurde der Entlastungskampagne für den Staatssekretär mit einer Darstellung seiner Tätigkeit entgegengetreten. Der Artikel, Anhang in einem Buch über Richard von Weizsäcker, wird unwirksam bleiben in der Hauptsache, die darin zu sehen ist, daß der Mythos vom »anderen Deutschland« aufgebrochen werden

---

* Rechtsanwalt aus München, Reichsjustizminister, dann der in Krakau residierende Statthalter Hitlers im »Generalgouvernement« (= Polen)

müßte. Dieser hat nicht nur die Bewältigung der deutschen Vergangenheit entscheidend verhindert, er trägt auch dazu bei, daß den Politikern, die einen Staat wie die BRD repräsentieren und führen, einen Staat, von dem gesagt werden könnte, daß er alles in allem eine politische Konkretisierung des »anderen«, des »anständigen«, des »demokratischen«, des »humanen« Deutschland ist, freie Hand gegeben wird, sich an der Vorbereitung eines Kriegsverbrechens zu beteiligen, mit dem verglichen, wenn es begangen ist, sich die »Endlösung« wie ein deutsches Kavaliersdelikt ausnehmen wird.
Um eine Figur wie den Opportunisten aus Patriotismus, Ernst von Weizsäcker, hat sich nach Prozeß und Verurteilung das »anständige«, das nationale Deutschland geschart. Statt der drei Verteidiger, die er in Nürnberg hatte, setzten sich jetzt Hunderte für ihn ein. Eine Wortführerin war dabei die erwähnte, nazistischer Sympathien nicht verdächtige Journalistin Margret Boveri. Sie veröffentlichte 1965 über ihre Berufserfahrungen im Dritten Reich ein Buch, in dem sie über ihre Arbeit im *Berliner Tageblatt* berichtet und das politische Milieu der Redaktion so schildert, daß es auf die Verteidigung der Zeitung und ihrer Mitarbeiter, insbesondere des von ihr verehrten Chefredakteurs Scheffer, allesamt keine Nationalsozialisten, hinausläuft, obwohl sie auch schreibt, sie sei in der Redaktionsarbeit insofern schon der »inneren Emigration« entwachsen gewesen, als sich das Blatt in einer dauernden Auseinandersetzung mit den Nationalsozialisten befunden habe. Hier wird also die »innere Emigration« ersichtlich als die Haltung des absoluten Kopfeinziehens und Nichtstuns definiert, während die »Auseinandersetzung« das »andere Deutschland« charakterisiert. Es habe aber, bekennt Frau Boveri, ein Zwiespalt zwischen dem bestanden, was im *Berliner Tageblatt* noch geleistet werden konnte und was sich dezidierte Antinazis erwartet hätten.

Ich schrieb Frau Boveri am 11. Dezember 1965 einen Brief, in dem es u. a. heißt: »Wenn ich Ihr Buch richtig gelesen habe, so sind Sie der Auffassung, daß es ganz gut war, daß das Berliner Tageblatt so, wie es war, erschienen ist. Um Gotteswillen, warum? Warum durfte das braun angeschissene Klosett nicht als solches erscheinen? Gab es etwas, das notwendiger gewesen wäre, als es nicht zu tarnen?«

Dieser Auffassung waren unmittelbar nach dem Krieg auch Intellektuelle im neutralen Ausland. Sie waren nicht bereit, im Dritten Reich eine Art deutscher Verkehrsunfall zu sehen. Zu ihnen gehörte beispielsweise die berühmte norwegische Schriftstellerin Sigrid Undset, die im Oktober 1945 in einem Artikel über »Die Umerziehung der Deutschen« schrieb, es sei Illusion anzunehmen, die Deutschen seien »umerziehbar«, da gebe es keinen guten Kern. Nachdrücklich bestritt sie die politische Realität eines »anderen Deutschland«.

Das alte »andere Deutschland« und das junge, formal »unbelastete« begehrte gegen Frau Undset auf. Im *RUF* schrieb Walter Kolbenhoff eine lange Antwort, in der er Roosevelt als Kronzeugen dafür benannte, daß man zwischen den Deutschen und den Nationalsozialisten unterscheiden müsse: Er wiederholte also, was der *RUF* auf der ersten Seite der ersten Nummer als Trostpflaster gedruckt hatte (vgl. S. 62 ff.) und schrieb: »Glauben Sie nicht, daß ich das Recht habe, eine Trennung von Gefühlsäußerungen, die Ihnen der Haß diktiert, und kühleren Überlegungen vorzunehmen? Ich bin ein entschiedener Gegner der Barbarei, wie Sie es sind. Der Unterschied ist nur der, daß ich erstens Deutscher bin und zweitens nicht so pessimistisch wie Sie.«[63]

Unter den Verteidigern des »anderen Deutschland« gegenüber der Nobelpreisträgerin war der Philosoph Karl Jaspers der berühmteste, der sich mit seinen Schriften zur deutschen Politik seinerzeit ebensoviel Ansehen er-

worben, wie er sich die Feindschaft »national denkender« Deutscher zugezogen hat. Er schrieb unter anderem: »Sollen wir Deutschen für die Untaten, die uns selber von Deutschen zugefügt wurden, oder denen wir wie durch ein Wunder entronnen sind, haftbar gemacht werden? Ja — sofern wir geduldet haben, daß ein solches Regime bei uns entstand (wir haben nicht unser Leben im Kampf gegen dieses Regime eingesetzt, und daher ist, daß wir noch leben, unsere Schuld). Nein — sofern viele von uns in ihrem inneren Wesen Gegner all dieses Bösen waren und durch keine Tat und durch keine Motivierung eine moralische Mitschuld in sich anzuerkennen brauchen. Haftbarmachen heißt Als-schuldig-erkennen. Es wird zur gleichen Selbstbesinnung gehören, die Voraussetzung für die Möglichkeit des Nationalsozialismus in uns zu durchleuchten. Das aber bedeutet keineswegs, daß wir anerkennen könnten, ›die deutsche Gedankenwelt‹, ›das deutsche Denken der Vergangenheit‹ [Ausdrücke, die von Frau Undset verwendet worden waren, Anm. d. Verf.] schlechthin sei der Ursprung der bösen Taten des Nationalsozialismus. Unsere Gedankenwelt ist die Welt Lessings, Goethes, Kants und der vielen Großen, deren Adel und Wahrheit für uns unantastbar sind ...
Nur solche, denen jede anschauliche Kenntnis Innerdeutschlands während des letzten Jahrzehnts abgeht [wie z. B., meint Jaspers, der Adressatin, Anm. d. Verf.], können behaupten, daß diese deutsche Gedankenwelt verschwunden gewesen sei. Wohl war sie in der lauten Öffentlichkeit kaum fühlbar, wohl war sie durch Unterdrückung eingeschränkt ... aber sie war nicht ausgelöscht.«[64]
In der ganzen Nachkriegsliteratur dürfte sich keine prägnantere, keine so klassische Definition dessen finden, was mit dem Begriff »das andere Deutschland« nur gemeint sein dürfte, wenn man den Ausdruck überhaupt gebraucht: »ihn auf die Gedankenwelt Goethes, Kants«

und so weiter anzuwenden, die niemals »verschwunden« gewesen sei, was besagt, es habe auch unter der Diktatur Deutsche gegeben, die sich gerade in dieser Gedankenwelt zu Hause gefühlt hätten. Kein Widerspruch! Was das andere modische Schlagwort aus den Nachkriegsjahren allenfalls zum Ausdruck hätte bringen dürfen, wäre es ehrlich verwendet worden: »innere Emigration«, so war es dies: Es habe immer Deutsche gegeben, welche die Lektüre Goethes und Lessings jener Rosenbergs und Houston Stewart Chamberlains vorgezogen haben. Kein Widerspruch!
Weder das »andere Deutschland« noch »innere Emigration« sind indes als deutsche Wortmünzen nur dafür in Umlauf gesetzt worden, eine geistige Orientierung zu bezeichnen. Sie wurden und werden politisch benutzt für Schönheitsoperationen am deutschen Volk: Es habe immer, nicht etwa nur unter Hitler, eine deutsche Minderheit gegeben, die, eine Art unsichtbare Loge bildend, zur Macht gekommen, ein völlig »anderes« Deutschland kreiert habe als jenes, das es zuvor gab. Kein Widerspruch? Und ob!!
Diese spekulative These scheint in der deutschen Geschichte zweimal Bestätigung gefunden zu haben; in beiden Fällen, 1918 und 1945, war es fremde Heeresmacht gewesen, die dem »anderen Deutschland« dazu verholfen hat, den Staat zusammen mit anderen (SPD) zu übernehmen (1918) oder allein (ab 1949 unter Adenauer). Wie die »anderen Deutschen« von ihrer Chance, ein »anderes Deutschland« aufzubauen, nach 1918 Gebrauch gemacht haben, wissen wir, das Kapitel ist abgeschlossen. Im übrigen war das Kaiserreich doch nicht der Verbrecherstaat, zu dem die Weimarer Demokratie unter Hitler geworden war — unter dem frenetischen Beifall der Nicht-»anderen Deutschen« gemacht werden konnte! Die politische Konstruktion, in der ein Ebert und ein Rathenau Spitzenstellungen besetzten, wies nicht eine der-

artige grundstürzende Andersartigkeit auf, verglichen mit der Vorkriegszeit, daß sich daraus schon ein deutscher Glaubensartikel hätte ableiten lassen: Ein »anderes Deutschland« sei der soziologisch analysierbare gute Kern des deutschen Volkes, dessen Angehörige seit 200 Jahren auf der Lauer lägen nach der Chance, einen besseren Staat, eine bessere Gesellschaft zu schaffen.
Thomas Mann war in Amerika durch das Verhalten jener Intellektuellen während des Dritten Reiches, die in Deutschland geblieben waren, zum Richter über dieses »andere Deutschland« geworden. Er steht außer als großer Schriftsteller nach wie vor auch mit dieser quasi-politischen Funktion denkmalhaft in der Nachkriegsgeschichte der *beiden* deutschen Nachfolgestaaten des Reiches. Sein verbindliches Verhalten nach der Rückkehr, sein Ruhm, seine Werke haben die unerfreulichen Begleiterscheinungen der nur scheinbar politischen, in Wahrheit peinlich persönlichen Auseinandersetzungen vergessen lassen. Es ist nicht genügend herausgestellt worden, daß es die besonderen sozialen Umstände waren, in denen sich der Emigrant befunden hat, dank derer er sich zum Antipoden der »inneren« Emigranten machen konnte.
Nur indem sich sein Ansehen als Schriftsteller mit der gar nicht zu unterschätzenden Tatsache addierte, daß er weiterhin flott im Geschäft war, so daß er einen entsprechenden Lebensstil aufrechterhalten konnte, hat er die Position des Repräsentanten Nummer eins des »anderen Deutschland« erreicht. Die Rolle des Repräsentanten war schon seit den Buddenbrooks die seine gewesen. In Wahrheit ist aber all das, was nun drei Bände füllt: »die politischen Schriften und Reden«, in sich widersprüchlich und traf niemals den Nagel wirklich auf den Kopf. Nicht er, sein Sohn Klaus und sein Bruder Heinrich, jener noch mehr als dieser, waren die politisch wirklich urteilsfähigen, mit deutscher Geschichte innerlich verwachsenen Mitglieder dieser Familie.

Die Fragwürdigkeit der amateurhaften, allzu redseligen, von der eigenen Person nie loskommenden, nur quasipolitischen Produktivität Thomas Manns hat dem intellektuellen Publikum der Bundesrepublik den »Politiker« dieses Namens annehmbar gemacht.

Wie beleidigt oder wütend es reagiert, wenn ihm keine Hintertüren mehr geöffnet bleiben, durch die es sich der Verantwortung für seine eigene Geschichte entziehen könnte, läßt sich an einem Mann zeigen, der die überragende Figur des »anderen Deutschland« sein müßte, sofern es in politischem Sinne, und das heißt: als dingfest zu machende Minderheit nachzuweisen wäre und wirklich eine den Kurs der Mehrheit korrigierende Rolle gespielt hätte. Ich spreche von Friedrich Wilhelm Foerster. Er ist ein aus unserer politischen Kultur ausgetilgter Prophet und Warner, obschon es von ihm ein riesiges, zwischen 1894 und 1950 geschriebenes Werk gibt, politisch wie pädagogisch gleich bedeutend. Während und nach dem Ersten Weltkrieg gehörte er zu den umstrittensten Geistern Deutschlands; daß er Pazifist war, wurde ihm weniger verziehen, als wenn er gemordet hätte. Jedem Deutschen, mag er nach landläufigen Maßstäben demokratisch und friedliebend sein, müßte noch immer, ja, gerade jetzt, sehr unbehaglich werden, wenn er sich mit diesem im Ton milden, aber in der Analyse noch im höchsten Alter unerbittlichen Richter über Deutschland und Deutsche beschäftigte. Daß es niemand tut, konnte auch eine 1951 gegründete Friedrich-Wilhelm-Foerster-Gesellschaft (Sitz Bonn) nicht ändern.

Ganz ungeheuer unbehaglich war es der *ZEIT* geworden, als sie 1953 in der (amerikanischen) Zeitschrift der »Gesellschaft zur Verhinderung des dritten Weltkrieges« (Society for the Prevention of World War III, gegründet 1943 [!]) auf einen Artikel über »Das böse, böse Deutschland« stieß. Die Redaktion vermutete, Foerster, Mitglied der Gesellschaft, damals nahezu 85 Jahre alt und nahezu

blind, sei der Verfasser. In ihrem am 28. Februar 1953 veröffentlichten Wutausbruch nennt *DIE ZEIT* Foerster einen »blinden Hasser«, die amerikanische Zeitschrift »ein ödes Blatt«, dessen Veröffentlichung »eine vierzig Seiten lange Deutschlandhetze« sei, an der sich äußerstenfalls noch »überlebende ›Morgenthau-Boys‹« aufrichten könnten. Man habe in New York das Gespenst vom »ewigen Friedensstörer Deutschland galvanisiert«. Des streitbaren Greises Antwort vom 11. Mai 1953 umfaßt acht Druckseiten und ist eine Analyse der Ursachen deutschen Fehlverhaltens, an die Thomas Mann mit keiner seiner »politischen« Schriften heranreicht.
DIE ZEIT mußte von Foerster eine vernichtende Kritik ihres Standpunktes hinnehmen; darin stehen Sätze wie diese: »Wie kommt eigentlich der Autor Ihres Blattes dazu, mich einen blinden Hasser des deutschen Volkes zu nennen? Solche groteske Mißdeutung hätte man doch zu einer Zeit verzeihen können, als meine Enthüllungen betreffend die heimliche Aufrüstung und meine Angriffe auf die dafür verantwortlichen Kreise noch nicht durch die geschichtliche Entwicklung in ihrer restlosen Berechtigung bewiesen worden waren. Ist dies nicht ungeheuerlich gegenüber einem Deutschen ältester Tradition, der seinen ganzen nationalen Ruf aufs Spiel gesetzt hat..., um das deutsche Volk vor einer blinden Politik zu warnen, die ihm Millionen von Toten und unerhörte Zerstörungen eingebracht hat und es schließlich in zwei Teile spaltete...?«[65]
Das ist die Sprache eines anderen Deutschen, der sich lebenslang kein X für ein U hat vormachen lassen und die zur stärksten Militärmacht herangewachsene Bundesrepublik nicht für einen Tugendbund gehalten hätte, wenn er noch lebte. Die »Harmlosigkeit« eines Kanzlers Kohl hätte er durchschaut und sie nicht als Beweis für die Harmlosigkeit des ganzen Staatswesens gehalten, unter anderem weil »die langsam vorbereitete Vernichtung der

Weimarer Republik durch die finanziell mächtigsten Kreise und *die dabei offenbarte Ohnmacht des liberalen Deutschland* eine warnende Erinnerung sei«[66].

Kaum verwunderlich, daß die in dem genannten Bändchen enthaltene Würdigung des Wirkens von Foerster von Renate Riemeck stammt, der Ersatzmutter und politischen Mentorin Ulrike Meinhofs (deren Abgleiten in die RAF-Szene Frau Riemeck gewiß nicht zu verantworten hat).

Die Auseinandersetzung der *ZEIT* mit Foerster ist, da es sich nicht um die *Nationalzeitung* handelt, nur aus der jeder geschichtlichen Erfahrung hohnsprechenden Überzeugung zu verstehen, mit dem Zusammenbruch von 1945 und mit der verordneten Demokratie hätte sich das ganze Volk über Nacht verwandelt. Nicht mehr nur eine Minderheit, die im stillen Kämmerlein Goethe las und sich Beethoven auf Platten vorspielte – was sogar im Krieg nicht verboten gewesen war! –, bildet nun das »andere Deutschland«, das ganze Volk, mindestens in seiner übergroßen Mehrheit, sei, so hieß es, ein ganz anderes geworden und mit ihm der Staat. Ja? 1984 so gefragt, heißt dann die Antwort immer noch: Ja? War es nicht vielleicht so, daß nur das total entmachtete Deutschland wirklich ein ganz anderes Deutschland gewesen ist, nämlich ein nicht mehr existierendes? Das »andere Deutschland« keine politisch faßbare Realität, sondern ein Leerraum?

In diesen Leerraum hinein, leer auch insofern, als es in ihm keine autonome deutsche Staatsmacht gegeben hat, haben solche Fans der Freiheit wie Andersch und Richter und gleich ihnen viele andere illusionäre Konzepte entwickelt. In diesem Leerraum habe ich bei ICD, danach als *RUF*-Redakteur Tätigkeiten ausgeübt, deren Voraussetzung der Aberglaube war, ein »anderes Deutschland« sei realisierbar. Wie sollte es aussehen? In knapp vierzig Jahren, ausgefüllt mit mehr oder weniger politischem,

immer aber kritischem Journalismus, habe ich darauf keine Antwort gefunden. Nichts ist leichter, als aus diesem Mangel auf politische Impotenz zu schließen. Dank dessen aber, daß einer wie ich, einer von meinem Metier und meiner Denkungsart, sich doch unentwegt vor die Kästner-Frage gestellt sieht, sich ihr auch selbst stellen muß: Wo bleibt das Positive? — das Positive aber ausbleibt —, bin ich zu einer anderen Erklärung gelangt. Könnte es nicht sein, daß gerade darin, daß ich mir »das Positive« nicht einfach ausdenke, ein politischer Wirklichkeitssinn zur Geltung kommt, der den Bodensatz eines moralischen Rigorismus bildet? Ein Wirklichkeitssinn, der auch ausschließt, mir die Rettung durch die Geburt des »neuen Menschen« zu versprechen, und zwar nicht deshalb, weil ich bestritte, daß veränderte gesellschaftliche Verhältnisse — verändert nicht durch Einsicht der Inhaber der Macht, sondern weil die bestehenden an ihren inneren Widersprüchen zerbrechen — zu nachhaltigen Veränderungen menschlichen Verhaltens führen können. Warum es dazu nicht (mehr) kommen wird, ist für mich eine Frage der Termine. Ich halte es für mehr als unwahrscheinlich, daß die Vereinigten Staaten von Amerika den Zusammenbruch ihres ökonomischen Systems und ihrer Weltmachtstellung herankommen sehen, ohne die Welt in Atomflammen untergehen zu lassen, bevor es soweit kommt.
Ich hätte dieses Kapitel hier beendet, wäre nicht der Sohn Ernst von Weizsäckers zum Bundespräsidenten gewählt worden. Er ist kein »Frettchen«, wie ihn eine sonst verdienstvolle linke Zeitschrift[67] bedauerlicherweise auf ihrem Titel genannt hat, ergänzend, das Frettchen sei »eine farblose Variante des Iltis«. Die Geschmacklosigkeit stört, mehr stört der Mangel an politischer Aussage. Sie kann nicht anders als kritisch ausfallen, denn alles, was man von diesem Mann weiß, läßt ihn als idealtypische Kombination aus Ehrenhaftigkeit und Opportunis-

mus erscheinen. Auf geradezu gespenstische Weise scheint sich in ihm der Vater zu wiederholen. Wie dieser ist er im Typ ein wunderbares Exemplar des »anderen Deutschland«. Man kann nur den Instinkt der reaktionären Politiker bewundern, die ihm den Weg zu seinem Lebensziel ebneten.

Ich bin nicht ganz sicher, ob ihm allein sein Alter ersparen wird, in eine Lage zu geraten, jener ähnlich, in die, wie der Generalankläger Dr. Kempner formuliert hat, beispielsweise Hitlers Staatsminister Lammers so unerwartet gekommen war, als er sich mit der Frage konfrontiert sah: »Nu sagen Sie mal, wie viele Juden haben Sie umgebracht«? »Ich?« sagte Lammers. »Das war doch die Gestapo!« Die entsprechende Frage an Richard von Weizsäcker und seine Antwort würden nach dem dritten Weltkrieg lauten: »Nu sagen Sie mal, was haben Sie sich eigentlich gedacht, daß Sie sich an die Spitze eines Staates haben wählen lassen, der unter dem Vorwand, Freiheit müsse verteidigt werden, bei Europas Vernichtung so fabelhaft mitgeholfen hat?« »Ich?« würde der Sohn jenes Staatssekretärs sagen. »Das waren doch die Amerikaner.« Nein, ich bin mir wirklich nicht sicher, ob der derzeitige Bundespräsident um diese Frage nur deshalb herumkommt, weil er diesen Krieg vielleicht nicht mehr erlebt. Sollte sie ihm nie in einem Prozeß gestellt werden, so deshalb, weil niemand mehr da wäre, sie ihm vorzulegen, abgesehen davon, daß er selbst auch nicht mehr da wäre.

Diese Atomrüstungspolitiker sind nicht in der Lage Hitlers, der sich umbringen mußte, um nicht zur Verantwortung gezogen zu werden. Ihre Entlassung aus der Verantwortung wird ganz automatisch geschehen. Wenn ich mich in ihre Lage versetze, komme ich zu dem Schluß, daß dieser Gedanke die Lässigkeit erklären könnte, mit der sie ihre Entscheidungen treffen.

Wintersport der dritten Art

»Sektion Wintersport in der
Deutschen Demokratischen Republik *Datum des*
Lieber Sportkamerad! *Poststempels*
Wir erlauben uns, Sie hiermit herzlichst zu den III. Wintersportmeisterschaften der Deutschen Demokratischen Republik während der Zeit vom 13. Januar bis 20. Januar 1952 nach Oberhof einzuladen.
Wir würden uns freuen, wenn wir Sie in Oberhof begrüßen könnten. Sie sind während dieser Zeit Gast der Demokratischen Sportbewegung, die auch die Fahrtkosten ab Zonengrenze bis Oberhof sowie die Rückfahrt bis Heimatort übernimmt.
Damit ein reibungsloser Grenzübergang ermöglicht wird, bitten wir Sie, uns mit Ihrer Zusage die Personalien (Name, Vorname, Geburtsdatum und Ihren ständigen Wohnsitz) an die Sektion Wintersport, Organisationsbüro Oberhof, Haus ›Werner Seelenbinder‹ mitzuteilen, damit Ihnen die Aufenthaltsgenehmigung rechtzeitig übersandt werden kann.
Mit freundschaftlichen Sportgrüßen
Sektion Wintersport in der
Deutschen Demokratischen Republik«

Die Einladung verdankte ich erstens dem Umstand, daß ich mir bis 1952 eine gewisse Bekanntheit erschrieben hatte und daß man mich zweitens kommunistischerseits für einen nützlichen linken Idioten halten konnte. Ich erreichte mit Koffer und Ski per Zug Georgental und wurde zunächst gebeten, zusammen mit anderen »westdeutschen Sportkameraden« in einer Gastwirtschaft zu warten, bis uns ein Bus nach Oberhof hinaufbringen würde. Der Bus kam nicht. Mit den anderen verbrachte ich eine schlaflose Nacht in einem überheizten Raum. Unsere Laune sank von Stunde zu Stunde, und allmählich ent-

wickelten wir Galgenhumor. Der Morgen dämmerte, jetzt ging immer wieder einer auf die Straße hinaus, um nach einem Fahrzeug Ausschau zu halten. Als der dritte oder vierte zurückkam und sagte, da sei nichts zu machen, reagierte ich mit dem zugegebenermaßen gänzlich unpassenden Ausruf: »Na denn, Heil Hitler«, eine von mir vor 1945 nicht verwendete Grußformel. Zweifellos löste ich damit aus, was dann kam, aber merkwürdigerweise wurde mir in der Folge von niemandem vorgehalten, ich sei wohl ein Nazi. Es kam anders.
Es war schon taghell, als ich an einer Kreuzung einen Lastwagen stoppte. Der Fahrer war ein freundlicher Berliner, der mich und zwei andere nach Oberhof brachte, obwohl der Ort nicht auf seiner Route lag.
Wir hatten Anweisung, uns beim »Orglei«, dem Organisationsleiter, zu melden, und lernten einen ungemein straffen jüngeren Parteigenossen kennen, sein Name: Erich Honecker. Die beiden Sportkameraden bekamen Passagierscheine, mich forderte der Orglei auf, in einer Stunde wiederzukommen. Diese Stunde nutzte er vermutlich, sich höheren Parteiortes Weisungen zu holen.
Als ich wieder vor dem Orglei stand, stellte er sich hinter seinem Schreibtisch in Position und sagte:
»Sie haben gestern nacht die Staatsgrenze überschritten?«
»Wie Sie sehen«, entgegnete ich und deutete auf meine Papiere, die vor ihm lagen.
»Sie werden heute nacht bis zwölf Uhr die DDR an der Stelle wieder verlassen, wo Sie hereingekommen sind.«
»Wollen Sie mir sagen, warum?«
»Nein, ich diskutiere nicht mit Ihnen. Das Komitee hat es beschlossen.«
»Herr Organisationsleiter, Sie machen einen Fehler.«
»Ich mache lieber einen kleinen Fehler als einen großen«, fuhr er mich an, »wer ›rote Hunde‹ sagt, hat hier nichts verloren.«
»Was heißt hier ›rote Hunde‹?« fragte ich.

»Machen Sie keine Schwierigkeiten. Sie haben soeben den Ausdruck ›rote Hunde‹ gebraucht.«
Ich schrie ihn an, daß ich nur den von ihm gebrauchten Ausdruck wiederholt hätte.
»Nein, Sie haben ›rote Hunde‹ gesagt!«
Nun schrie auch er. Ich hatte es satt.
»Diese Methoden kenne ich«, sagte ich wieder mit normaler Stimme, »adieu.«
Kaum hatte er erkannt, daß er gesiegt hatte, kam er hinter seinem Schreibtisch hervor, streckte mir die Hand hin und sagte:
»Ich haben Ihnen Ihre Ausweisung in korrekter Form mitgeteilt. Sie werden nicht behaupten können, daß Sie schlecht behandelt worden sind.«
»Aber keine Spur«, sagte ich und schlug ein, als hätten wir gerade Blutsbrüderschaft gefeiert.
Mit dem Pendelbus fuhr ich zum Bahnhof hinunter, eine Fahrt von etwa einer Viertelstunde durch tiefverschneiten Winterwald. Es war eines jener einstöckigen gelben Fahrzeuge, die ich vor dem Krieg in Berlin oft benutzt hatte. Wie gut kannte ich den Ton, mit dem die Preßluft die Türen öffnete und schloß. Im Bahnhof kaufte ich eine Fahrkarte nach München, was dem Fräulein am Schalter Schwierigkeiten machte und ihre übrige Arbeit für zwanzig Minuten unterbrach. Diese bestand darin, aus weißen Pappdeckeln nach Schablonen Buchstaben für Wandlosungen auszuschneiden.
Im Wartesaal überdachte ich meine Situation. Dann ging ich noch einmal zum Schalter und kaufte eine Fahrkarte nach Weimar. Ich hatte mich entschlossen, der Ausweisung bis auf weiteres nicht Folge zu leisten.
In Erfurt stieg ich um, kurz vor 22 Uhr war ich in Weimar und ging ins frühere Hotel »Kaiserin Augusta«, jetzt »HO-Hotel International«, gegenüber dem Bahnhof. Ich bekam ein reizendes Mansardenzimmer mit Biedermeiertapeten, fließend heißem und kaltem Wasser und Tele-

fon am Bett für 6,90 Mark (Ost) pro Nacht. Der Portier, ein älterer kreuzbraver Bürger, war von vollendeter Höflichkeit. Ich bat ihn, mich mit dem Ministerpräsidenten von Thüringen zu verbinden. Ich erfuhr, daß die Regierung Thüringens nicht mehr in Weimar ihren Sitz hatte, sondern an einen anderen Ort umgezogen war. Eine halbe Stunde später hatte ich tatsächlich die Frau des Ministerpräsidenten am Apparat, die mir sagte, ihr Mann sei in Jena, sie wisse nicht, wann er zurückkomme, morgen wolle er nach Oberhof zur Eröffnung der Meisterschaften. Ich bat, er möge mich wann auch immer anrufen. Das tat er selbstverständlich nicht, aber am nächsten Morgen gegen neun Uhr erreichte ich ihn. Er versprach, einen Referenten zu schicken.
Der Referent, etwa 23 Jahre alt, traf, begleitet von seiner Freundin oder Braut, mit Chauffeur im BMW mittags in Weimar ein. Wir aßen zu dritt im Goethezimmer (Tischbeinbild!) des Hotels Wiener Schnitzel. Der Chauffeur blieb im Wagen sitzen, aber als ihm unsere Unterhaltung zu lang dauerte, kam er an unseren Tisch und sagte:
»Max, wir müssen weiter.«
»Gleich«, meinte der.
Ich erzählte Max meine Geschichte. Die Braut, die den Vogel aus Westdeutschland sehen wollte — und außerdem war es Sonntag —, sagte überhaupt nichts, sie war zu keinem unbefangenen Wort zu bewegen. Wenn ich die Kurzfassung für die Frau des Ministerpräsidenten einrechne, war das die zweite Wiederholung der Story. Ich brachte es im Lauf einer Woche auf ein Dutzend. Der Referent machte sich Notizen und versprach, Erkundigungen einzuziehen.
»Das allein wird nicht genügen«, sagte ich, »der Organisationsleiter wird den Unsinn, den er gemacht hat, jetzt verteidigen. Sie sollten sich entweder in Berlin beim Presseministerium über meine Zeitung und über mich erkundigen oder einen Lokaltermin ansetzen, bei dem ich den

Genossen gegenübergestellt werde, die ihn falsch informiert haben.«
»Wollen sehen, was sich machen läßt«, sagte der junge Mann.
Dann wurde er gemütlich, und damit mir die DDR in einem besseren Licht erschiene als bisher, erzählte mir Max, daß er eines Arbeiters Kind sei, aus Schlesien, und unter kapitalistischen Verhältnissen niemals den Aufstieg zum Referenten des Ministerpräsidenten hätte nehmen können. Neben seinem Beruf mache er ein Fernstudium mit. Es war unmöglich, ihm ein Wort zu entlocken, das nicht taktischer Natur gewesen wäre. Daß wir uns in einer gemeinsamen Muttersprache unterhielten, war eine Verhöhnung des Begriffs »Kulturnation«. Er hätte einem kommunistischen Mörder weit mehr vertraut als mir — auch mehr anvertraut.
Am nächsten Nachmittag fuhr ich nach Erfurt. Die Straßenbahn hielt vor einem achtstöckigen Hochhaus, der Schaffner sagte:
»Nun müssen Sie aussteigen, da in dem kleinen Häuschen wohnen die Herren.«
Ich traf den Referenten nicht. Ein Telefongespräch gegen Abend brachte das erwartete negative Ergebnis: In der Sache sei nichts zu machen, Oberhof bleibe bei seiner Ansicht. Ein zweites Telefongespräch mit dem Ministerpräsidenten wurde von seiner Seite mit äußerster Reserve geführt.
Ich begann mich für einen längeren Aufenthalt einzurichten und meine Sache gemächlicher zu betreiben, den Zufall walten zu lassen und das Leben eines Journalisten zu führen, dessen Informationsquelle der Alltag ist.
In Tagesausflügen durchquerte ich Thüringen und besuchte auch einige Städte in Sachsen. Bevor ich nach Berlin zur Zentrale vordrang, wohin ich wahrscheinlich hätte gleich fahren sollen, wurde mein Aufenthalt in der DDR beendet. Täglich aber kehrte ich in das Mansardenzim-

mer in Weimar zurück. Wieder und wieder lief ich durch die Straßen dieser von Hitler besonders brutal mißhandelten Stadt, ein Buch mit vielen Abbildungen vom alten Weimar in der Hand. Es sollte mir helfen, es zu finden, aber es bildete sich nicht mehr in meiner Vorstellung. Goethe- und Schillerhaus waren wiederhergestellt, nichts erinnerte mehr an Zerstörungen, der Teller mit Gartenerde stand wieder auf dem Schreibpult im Haus am Frauenplan. Goethes Werkstatt, Lebenszelle, Familienwabe, Residenz, Museum und Sterbeort, zu einem etwas theatralischen Panoptikum eingefroren, hatte mit der Welt vor den Fenstern nichts zu tun.

Der Zufall fügte es, daß ich am Anschluß an eine Veranstaltung des Goethe-Schiller-Archivs mit einer SED-Mitarbeiterin dieses Instituts in ein Gespräch kam, an dem sich ein junger Mann beteiligte, der ein Parteiabzeichen angesteckt hatte, aber nicht das der SED. Die beiden lud ich zum Kaffee ins Hotel ein, es war schon sieben Uhr abends, und natürlich hatte der junge Mann seinen BMW und seinen Chauffeur. Ich sagte ihm, ich würde gerne den Landesvorsitzenden der SED, Herrn Münzenberger, kennenlernen, und er sagte, wenn ich jetzt gleich mit ihm nach Erfurt führe, dann könne ich ihn mit ein wenig Glück noch heute sprechen. Wir fuhren, und ich holte den jungen Mann nach seiner Funktion aus, er war Referent für Zusammenarbeit mit Westdeutschland in der Landesleitung der Nationalen Front.

Münzenberger, telefonisch befragt, bedauerte, er sei in einer Sitzung, ein Termin wurde für den nächsten Morgen zehn Uhr verabredet. Wir saßen im eleganten Empfangsraum der Nationalen Front. Ich erzählte dem jungen Mann meine Geschichte, zum vorletzten Male.

»Ich kann nur lachen«, sagte der junge Mann. »Genosse Honecker, den ich kenne und schätze, hat einen Fehler gemacht. Darf ich Ihre Sache dem Genossen Münzenberger berichten, damit vielleicht schon etwas geklärt ist,

wenn Sie morgen kommen?«
»Ich bitte dringend darum.«
Am nächsten Morgen war ich wieder in Erfurt und meldete mich in der Landesleitung, die in einer ehemaligen Polizeikaserne untergebracht war. Büro neben Büro. Genosse Münzenberger war »in einer Sitzung«, Referent Genosse Ferber empfing mich, hörte sich die letzte Wiederholung meiner Geschichte an und machte sich mit wenigen Stichworten Notizen auf einen Block. Er versprach Klärung.
Zurück in Weimar, war ich bereits kurz vor zehn ins Bett gegangen und las, als das Telefon anschlug und der Portier sagte:
»Hier sind zwei Herren, die möchten Sie sprechen.«
»Ich liege schon zu Bett, ich muß mich erst anziehen, die Herren mögen bitte fünf Minuten warten.«
Die Herren warteten nicht. Ich hatte noch keinen Strumpf an, da kamen zwei Gestalten herein, die nicht hätten sagen müssen:
»Wir kommen vom Innenministerium.«
Der eine hatte einen schwarzen korrekten Hut auf dem Kopf, trug einen dunklen Mantel und sah wie ein Versicherungsvertreter aus. Er sagte gar nichts. Er stand herum und sah sich alles genau an. Der andere hingegen war unglaubhaft als realer Polizeiagent, er sah vielmehr wie die Erfindung »Polizeiagent« eines sehr schlechten Regisseurs aus. Einen grau-grünen verbeulten Hut trug er bis über die Augenbrauen herabgezogen, ein Mantel in Pfeffer und Salz mit Gürtel hatte seit Jahren kein Bügeleisen verspürt, die Absätze zu weiter Halbschuhe waren schiefgetreten. Dieser freundliche Mann tat den Mund auf und sagte:
»Wir haben den Auftrag, Sie nach Oberhof zu bringen, dort soll eine Besprechung sein. Packen Sie Ihre Sachen.«
Ich zog mich langsam weiter an und meinte, das sei doch sehr merkwürdig, wir hätten mindestens zwei Stunden

Fahrt bis Oberhof, kämen also erst nach Mitternacht an, so eilig sei es nun auch wieder nicht, ich zöge vor, morgen früh nach Oberhof zu fahren. Er erwiderte, das gehe nicht, sie hätten »sowieso« oben zu tun, und es passe gut, das Auto stehe unten, sie würden mich mitnehmen.
Ich überlegte, was sie wohl in Wahrheit vorhaben könnten, und sagte, gut, ich käme mit, aber ich dächte nicht daran zu packen und mein Zimmer aufzugeben, ich hätte noch Verabredungen in Weimar und käme zurück. Daraufhin packte ich in eine Mappe Waschzeug, Schlafanzug und einen dicken Pullover, da ich die Nacht vielleicht in einem kühlen Raum würde verbringen müssen, und ging, gefolgt von den beiden Herren, die Treppen hinunter. Der Portier wagte gar nicht von seinem Pult aufzuschauen, aber ich ging zu ihm hin, als ob nichts wäre, und diktierte ihm eine Bestellung, mit der ich eine Verabredung mit dem Goethe-Schiller-Archiv für den nächsten Morgen absagte.
Draußen stand der obligate schwarze BMW mit einem Fahrer am Steuer. Ich setzte mich hinter diesen, mußte aber, barschen Tons belehrt, lernen, daß der Verhaftete sich nicht hinter, sondern schräg hinter den Chauffeur zu setzen habe. Der Polizeiagent setzte sich neben mich, der Versicherungsvertreter auf den freien Vordersitz.
»Fahr noch an der Garage vorbei«, sagte mein Nachbar.
Wir fuhren in ziemlichem Tempo auf verschlungenen Wegen durch das dunkle Weimar und hielten auf der Straße vor einer verlassenen Garage mit mehreren halbdemolierten Tanksäulen. Aus einem Fenster fiel Licht. Der Ort sah wenig vertrauenerweckend aus. Es wurde nichts gesprochen, mein Nachbar verließ den Wagen und ging in die Garage. Als er zurückkam, wurde klar, daß er mit seiner vorgesetzten Behörde telefoniert hatte.
»Es geht so nicht, es wird gewünscht, daß Sie alles packen, die Rechnung begleichen und die Brücken hinter sich abbrechen.«

Nun schien es mir geraten zu sein, das Spiel nicht mehr mitzuspielen.
»Mein lieber Herr, Sie holen mich nachts um halb elf aus dem Bett, es ist zwar nicht die übliche Zeit für solche Besuche, Sie kommen sonst um vier Uhr früh, aber der Termin ist doch ungewöhnlich genug. Ich möchte jetzt von Ihnen wissen, was Sie vorhaben, und ich bin bereit zu packen, wenn Sie mir erklären, daß Sie den Auftrag haben, mich unmittelbar an die Zonengrenze zu fahren. Sonst nicht.«
Er sagte wieder etwas von einer Besprechung in Oberhof, und ich antwortete, er solle mich nicht für ganz so blöd halten, das sei ein Fehler in seinem Beruf.
»Aber was wollen Sie«, sagte er in bestem Sächsisch, »haben Sie doch Vertrauen zu mir.«
»Mein Vertrauen kennt keine Grenzen. Das sehen Sie schon daran, daß ich selbst die SED auf mich aufmerksam gemacht habe. Also was ist nun, wohin fahren Sie mich?«
Wir einigten uns dahin, daß ich packen und bezahlen würde, während er mit einem weiteren Telefongespräch klären wolle, daß »die Besprechung in Oberhof« nicht mehr stattzufinden brauche. Wir brausten ins Hotel zurück, ich sagte, das dauere aber eine Weile, und ging in mein Zimmer. Der Versicherungsvertreter folgte mir und stand, während ich packte, schweigend im Zimmer herum, der andere blieb unten. Als wir herunterkamen, stellte sich heraus, daß er nicht telefoniert hatte, er behauptete, keinen Anschluß bekommen zu haben. Wir verluden Gepäck und Ski und fuhren wieder zur Garage. Die Burschen wollten nur nicht vom Hotel aus telefonieren, woraus jedenfalls hervorging, daß dieses HO-Hotel keine Stasi-Außenstelle war. Der Geheimdienstler kam zurück und sagte:
»Also es ist klar, wir fahren Sie gleich an die Grenze.«
»Nach Probstzella?«

»Nein, nach Wartha.«
»Wo ist das?«
»Das ist die Strecke nach Frankfurt am Main.«
»Aber da will ich ja gar nicht hin«, rief ich.
»Warum haben Sie das nicht gleich gesagt?« erwiderte der Versicherungsvertreter, es war sein erstes Wort. »Sie sind nun schon in Wartha avisiert«.
»Weil Sie mir nicht gesagt haben, wo Sie mich hinbringen wollen«, sagte ich, und dieses Argument war so schlagend, daß der andere wieder in die Garage ging und telefonierte. Wir würden nach Probstzella fahren, war das Ergebnis.
Ich schlief ein und wachte erst kurz vor Probstzella wieder auf. Es ging bereits auf zwei Uhr.
»Wir fahren zum Bahnhof?« fragte ich.
Keine Antwort. Wir fuhren am Bahnhof vorbei, manchmal hielten wir, einer sprang hinaus und versuchte sich zu orientieren, schließlich ging es auf einem Nebenweg einen ziemlich steilen Hügel hinauf. Der Wagen blieb im Schnee stecken. Der Chauffeur weigerte sich weiterzufahren; er schlief sofort ein, in Sekunden. Der Versicherungsvertreter stapfte durch den tiefen Schnee davon auf ein hellerleuchtetes Haus zu, eine große Villa im Burgenstil der neunziger Jahre. Ein russischer Doppelposten tauchte auf, umging unser Fahrzeug, der eine entzündete ein Streichholz und leuchtete durch die Scheiben. An dem Benehmen meines Nebenmannes merkte ich, daß die Russen nicht in dem Stück vorgesehen waren, das mit mir gespielt wurde. Wir warteten im Wagen, während der Versicherungsvertreter im Ort das Quartier der Grenzpolizei suchte und fand. In deren Wachlokal verabschiedeten sich die Häscher von mir und fuhren ab.
Hinter einem Schreibtisch, bedeckt mit Zigarettenstummeln, saß der Wachhabende, auf einem Feldbett schlief ein Polizist offenen Mundes. Der Raum war, wie alle Wachlokale der Welt im Winter, überheizt. An der Wand

hingen die Bilder der landesüblichen Götter, darunter, was damals sehr selten in der DDR war, auch Marx und Engels. Natürlich fehlte auch ein Wandspruch nicht: »Kameraden, die Aufmerksamkeit noch verdoppeln, heißt dem Frieden dienen und unsere DDR schützen.«
»Ja«, sagte der etwa 25 Jahre alte Diensthabende, »das ist dumm, wären Sie doch eine halbe Stunde früher gekommen, der Interzonenzug ist gerade weg.«
»Und wann geht der nächste?«
»Morgen nacht.«
Es stellte sich heraus, daß die Grenze, seitdem die Wismut AG in Probstzella uranfündig geworden war und dort einen Zweigbetrieb aufgebaut hatte, ausschließlich für den Interzonenzug offen war, während hier sonst kein Verkehr stattfand.
»Wie weit ist es denn bis zur Zonengrenze?« erkundigte ich mich. Es sei nicht weit, höchstens eineinhalb Kilometer. Wir besprachen den Fall, ich hatte keine Lust, einen Tag hier herumzusitzen, und schlug vor, man möge mich sofort über die Grenze bringen, ich brauchte allerdings dann Hilfe für das Gepäck. Ich hatte einen Koffer, eine Mappe und die Ski. Die Polizei telefonierte mit dem Grenzposten am Straßenübergang.
Nach einer Stunde erschien von dort ein junger Polizist, der beinahe vor mir Haltung angenommen hätte. Ich nahm den Koffer, der Junge die Ski und die Mappe. So wanderten wir in dichtem Schneetreiben durch Probstzella und gelangten zu einer zweiten Unterkunft der Grenzer. Hier hatte der Wachhabende einen gewaltigen Schnupfen und war redselig. Um vier Uhr war Postenablösung. Ich wurde gebeten, solange zu warten, die aufziehenden Posten würden mich dann unmittelbar an den Übergang bringen.
Wir saßen eine Stunde zusammen, und ich war erstaunt, wie eifrig der Polizist mir die Interna seines Dienstbetriebes erzählte, Rangordnungen und Organisationen der

Volkspolizei und so fort, bis einer der neuen Posten, eben geweckt, schlaftrunken erschien. Als ihm gesagt wurde, er solle mich über die Grenze bringen, antwortete er mit einem Blick auf meine Halbschuhe:
»Aber mit den Schuhen können Sie nicht gehen, der Schnee liegt einen halben Meter hoch da oben.«
»Der Herr hat doch einen Interzonenpaß«, sagte der Wachhabende, »der kann die Straße benutzen.«
Da wurde mir erst klar, daß mich die Polizei für einen Agenten der DDR hielt, der auf Schleichwegen in die Bundesrepublik geschmuggelt werden sollte. Meine Stasi-Leute hatten sie nicht oder falsch informiert. Um vier Uhr zogen wir los durch den Winterwald. Als das Licht des westdeutschen Grenzpostens erschien, machte sich mein Führer davon.
Ich ging auf das gemütlich aussehende neue Holzhaus zu und sah den Grünen hinter seinem Schiebefenster sitzen. Er sah mich nicht. Ein Jeep mit amerikanischen Posten fuhr gerade ab. Nichts hätte mich gehindert, über die Bahngeleise zu gehen, die hier die Straße schnitten, und ich wäre ebenso unkontrolliert in die Bundesrepublik gekommen, wie ich unkontrolliert und ohne Stempel im Interzonenpaß die DDR dank der Bemühungen der Staatspolizei verlassen hatte. Aber ich wußte nicht, wohin, und erschreckte den Grünen, indem ich an die Scheibe klopfte. Auch sein Zimmerchen war überheizt. Er las im *Echo der Woche*. Er verhörte mich eine knappe Stunde, schrieb, schrieb und schrieb, durchsuchte mein Gepäck. Noch nie war ein Westdeutscher in diesem Grenzabschnitt von »drüben« gekommen.
Nach einer Stunde lockerte der Kommissar seine dienstliche Strenge etwas, und weil ich nun doch schon ein Journalist laut Paß zu sein vorgab, begann er ein politisches Gespräch, in dem er behauptete, die Amerikaner hätten uns 1945 sechzig Zentner Gold gestohlen. Wenn wir dieses Gold hätten, was glaubte ich, wieviel Geld wir

drucken könnten. Da wäre es mit der Armut gleich vorbei. Aber wir dürften ja selbst gar kein Geld drucken, früher sei es in Amerika gedruckt worden, jetzt in Frankreich. Ob er das alles aus dem *Echo der Woche* wisse, fragte ich, und er sagte, naja, manche knalligen Sachen stünden schon drin, das müsse er zugeben. Dann telefonierte er gegen 20 Pfennig Gebühr ein Taxi aus Ludwigstadt herbei, das mich in westliche Gegenden brachte.

Der Betrug: die Wiederaufrüstung

»Die Straße glich dem Bett eines reißenden Stromes, bis auf die Bürgersteige überschwemmt von Massen flüchtender Menschen, die in blinder Angst um ihr Leben liefen, von der schon nahe heranlangenden Peitsche knatternder [amerikanischer] Maschinengewehre gehetzt. Keinem Ruf mehr zugänglich außer dem einen, der den Einbruch des toddrohenden Sturmwinds verkündete, den man von der Bahnhofsgegend herauf unwiderstehlich erbrausen hörte, wälzte sich der tobende Menschen-Wildbach unter wütenden Stauungen straßauf, Zivilpersonen jeden Alters und Geschlechts, vermengt mit den in panischer Auflösung begriffenen Truppen, Soldaten aller Waffengattungen und jedes Ranges, von denen einzelne sich die Zeit nahmen, mit einem wütend-hoffnungslosen Schlag gegen einen Bordstein oder eine Mauerecke ihr Gewehr zu zerbrechen, andere im Laufen, im Überklettern von Gartenzäunen, im Stürzen und Sichwiederaufraffen ihre Stahlhelme oder Mützen vom Kopf rissen, ihre Pistolen fortschleuderten, sich des Koppels entledigten, worunter bereits das Blau eines Monteuranzuges oder sonstiges Zivilzeug zum Vorschein kam. Gleich hochgehenden Wogen aber und die reißende Kraft unaufhaltsam beschleunigend, drängten inmitten des Stroms fortwährend hupend Wehrmachtautos voran, peitschten ste-

hend die Fahrer von Fouragewagen unter Hetz- und Warnrufen ihre Pferde, fegten, preschten, galoppierten herrenlose Gespanne und ledige Gäule mit hocherhobenen, apokalyptischen Köpfen dahin. Es war ein Bild entfesselter Naturkräfte.«[68]
So war es, im Rheinland am 16. April 1945. Es konnte das Ende auch ganz anders aussehen. Außerhalb der alten Reichsgrenzen standen sogar nach Beendigung der Kriegshandlungen noch intakte deutsche Divisionen, deren Offiziere fast ausnahmslos, deren Mannschaften zum großen Teil hofften, sie brauchten nur den auf dem Hakenkreuz horstenden Reichsadler von der Uniform abzutrennen und durch das amerikanische Hoheitszeichen zu ersetzen, um nun Arm in Arm mit dem Feind von gestern dieses Feindes Freund von gestern, die Sowjets, doch noch zu besiegen. Das war ein voreiliger Wunschtraum, dessen Erfüllung zunächst nicht für möglich gehalten wurde.
Die gequälte und hungernde Zivilbevölkerung war froh, daß keine Bomben mehr fielen und nicht mehr geschossen wurde. »Noch ist man unfähig, der neuen Wirklichkeit mit einem neuen Lebensgefühl zu entsprechen, aber zuweilen – so heute nachmittag, als ich die ersten Bekanntmachungen der Alliierten Militärregierung las – gibt es Augenblicke von durchdringender Erhellung. Aus der Menge, die sich vor den Anschlägen drängte, konnte man manchen Seufzer der Erleichterung hören.«[69]
Gott sei Dank, der Terror ist vorbei, den Hitler sind wir los – diesem Gefühl wurde spontan nirgendwo Ausdruck gegeben. Sich deshalb in die Arme zu fallen und mit einem Gefühl ungeheurer Erleichterungen die Hakenkreuzembleme abzuschlagen – dazu war das Volk Hitlers nicht fähig. Die Embleme verschwanden deshalb, weil man wußte, daß die Sieger darauf bestanden.
Gott sei Dank, der Krieg ist vorbei, nie wieder Krieg führen – diese Stimmung hielt nicht vor, wir wissen es heute

nur zu gut, aber es wäre ungerecht zu bestreiten, daß sie einmal vorhanden gewesen ist. Von einer »schönen Zeit« zu sprechen ist auch gerade deshalb erlaubt, weil die besiegten Deutschen vorübergehend ohne Feindbild auskamen, nachdem die Feinde, die äußeren, zu Siegern geworden waren und jene, die zu inneren erklärt worden waren wie die Juden, nicht mehr existierten. Noch suchte das Volk nichts, woran es sich aggressiv wieder hätte reiben können, und für den längst verinnerlichten Antikommunismus gab es kein politisches Ventil, solange die Amerikaner mindestens in der praktischen Ausübung ihrer Militärherrschaft offene Kritik der Deutschen an den Sowjets nicht zuließen.

Das Volk hatte vorübergehend keine Angst, die im wesentlichen nicht Angst vor anderen, sondern Angst vor sich selbst ist. Totale Machtlosigkeit schützte es davor, neue Schuld auf sich zu laden, nachdem es die extremste seiner Möglichkeiten gerade durchexerziert hatte und noch unter dem Eindruck seines Mißerfolges stand. Auch empfand es keine Lebensangst, denn es war am Boden angelangt und konnte nicht noch tiefer stürzen. Ein paar Millionen Menschen verhungern zu lassen wäre weiter nicht schwierig gewesen, war doch gerade mit über drei Millionen Sowjetbürgern, die man in Lagern hatte verhungern lassen, vorgeführt worden, wie sich das ohne sonderlich unangenehme Folgen für die Mörder hatte machen lassen. Mit fünfzig Millionen wäre es jedoch eine ganz andere Sache gewesen. Die Furcht, die Sieger würden sie zur Sühne für ihre Verbrechen und sie, um Europa endlich von den Hunnen zu befreien, ganz auslöschen, brauchten die Deutschen nicht zu haben. Tatsächlich gab es keine zuverlässigere Garantie gegen den endgültigen Untergang als die, daß sich ein ganzes Volk physisch hart am Rande des Untergangs befand.

Ein braveres Deutschland hatte die Welt noch nie erlebt. Selbst jener Deutsche, von dem heute hinlänglich bekannt ist, in welchem Maße sein psychisches Wohlbefinden davon abhängt, daß er auf selbstgeschaffene oder auch nur eingebildete Feindbilder verbal eindreschen kann, und der sich heute nach nichts mehr sehnt als danach, über eine nationale Atomwaffe verfügen zu dürfen, war damals lammfromm. Bis zum Überdruß ist vom Schongauer Landrat Franz Josef Strauß zitiert worden, wer noch einmal ein Gewehr anfasse, dem möge die Hand abfaulen. Nicht wörtlich, doch sinngemäß habe ich diesen Ausspruch von ihm 1946 gehört, als er im »Bräuwastl« zu Weilheim in Oberbayern sich erstmals als politischer Redner ausprobierte. Das Sensorium des jungen Strauß für Volksstimmung reagierte zuverlässiger als das des alten.

Wenn man überhaupt von einer Stunde Null sprechen will, die es in dem Sinn, in dem der Ausdruck verstanden wird, nicht gegeben hat, so vielleicht doch mit einer gewissen Berechtigung insofern, als die Sehnsucht nach der schimmernden Wehr erloschen war. Es ist mehr als unwahrscheinlich, daß es den Amerikanern so rasch gelungen wäre, die politischen Voraussetzungen für die Aufrüstung, für die *Wieder*aufrüstung zu schaffen, hätten sie nicht nach Aufkündigung der Kriegskoalition den latenten Antikommunismus durch die betrügerische Propaganda aktivieren können, die Potsdamer Beschlüsse, die ein Gesamtdeutschland vorgesehen hatten, seien von den Sowjets sabotiert worden und sie allein hätten die deutsche Teilung herbeigeführt.

Für die Russenfurcht der Deutschen, die aus schriftlichen Zeugnissen bis in den Anfang des 19. Jahrhunderts zurückzuverfolgen ist, wurde damit ein ganz neues, scheinrealistisches Argument geliefert. Das politische Geschäft, das mit der Behauptung gemacht wurde, die Sowjets seien an der Entstehung zweier deutscher Staaten schuld, übertraf jenes bei weitem, das zuvor schon mit den vergewaltigten Frauen gemacht worden war. Die

Vergewaltigungen, die Uhren- und Fahrräder-Räubereien hatten einen episodischen Charakter, die Erinnerung daran wäre allmählich verblaßt, mit der Teilung aber steht es ganz anders, auf sie ist Verlaß. Das längst in ideologische Höhen emporgeschwebte russische Feindbild hat mit den Sowjets, die zu Verursachern der deutschen Teilung gemacht worden sind, eine neue gesellschaftliche Relevanz gewonnen — ein deshalb durchaus nicht selbstverständlicher, rational gar nicht erklärbarer Vorgang, weil mit Propagandaparolen für die Wiedervereinigung heute kein bundesdeutscher Hund mehr hinter dem Ofen hervorgelockt werden kann. Dennoch reagiert dieser Hund auf: »Die Russen sind an der Teilung schuld« nach wie vor im gewünschten Sinne, und die Schulkinder lernen es nicht anders.
Noch nach einem Menschenalter sind die Informationsmanipulationen mit den zeitgeschichtlichen Vorgängen aus den Jahren 1945, 1946, 1947, 1948 die solide außen- wie innenpolitische Basis für Rüstung, Aufrüstung, Hochrüstung, die als Nachrüstung der Öffentlichkeit verkauft wird. Daß es für notwendig gehalten wurde, diesen Schwindelbegriff einzuführen — von dem nicht ganz sicher ist, ob er von Kissinger oder von Genscher erfunden wurde —, läßt erkennen, daß selbst jenen breiten Schichten der westdeutschen Bevölkerung, die unverdrossen das NATO-Bündnis als unverzichtbar ansehen, so richtig wohl bei der Vorstellung nicht wird, es sei nunmehr waffentechnisch möglich, die Sowjetunion zu vernichten. Es wäre anders, bestünde darin das Endergebnis dieses in Vorbereitung befindlichen Krieges, schade nur, daß es eben nicht ganz sicher ist. Ja, es wird sogar von vielen als unwahrscheinlich angesehen, daß nur der Feind dabei zugrunde geht, und deshalb war es notwendig, mit dem Begriff »Nachrüstung« gleich frei Haus und Fernsehgerät die Entschuldigung zu liefern: Wir würden ja nichts lieber tun als abrüsten, aber der böse Feind zwingt uns statt

dessen, *nach* ihm schützende Maßnahmen zu ergreifen.
Läßt sich also das politische Problem der deutschen Teilung vom militärischen der Aufrüstung nicht trennen, so sind doch die beiden Bereiche nicht derartig interdependent verbunden, daß man vor der Frage stünde, ob die Henne oder das Ei zuerst dagewesen ist. Unzweifelhaft hat die Teilung stattgefunden, bevor Amerika auf die Aufrüstung der Westzonen einschwenkte. Überprüft man das tatsächliche Geschehen zurück bis nach Jalta, so gelangt man an den Anfang der bis zum heutigen Tag nicht abgerissenen amerikanischen Argumentationsreihe und Propaganda, wonach die NATO gewissermaßen in Moskau entstanden sei, das heißt als Reaktion auf sowjetische Vertragsbrüche und eine aggressive Politik, die im kommunistischen Weltherrschaftsanspruch ihre Zielsetzung habe, der mit sowjetischen Texten aus den zwanziger Jahren »bewiesen«, das heißt herbeigelogen wird.
Unbestreitbar hat sich ein erster scharfer Gegensatz zwischen den noch in Kriegskameradschaft verbundenen Großmächten daran entzündet, daß Stalin die sogenannte »Lubliner Regierung« für Polen anerkannt hat, die nicht aus freien Wahlen hervorgegangen war, während in Jalta ausgemacht worden sei – so die amerikanische Interpretation, die sich durchgesetzt hat –, die Regierung des neuen, nach Westen verschobenen Polen habe unter Kontrolle der drei Alliierten von den Polen frei gewählt zu werden.
Die Vereinigten Staaten, nun von Truman geführt, nicht mehr von dem kompromißbereiten Roosevelt, waren nicht willens, Stalins Polenpolitik mit russischen Augen zu sehen, das heißt anzuerkennen, daß die Sowjetunion zweimal eine deutsche Invasion durch ein schwaches Polen hindurch erlebt hatte und deshalb um seine Sicherheit ganz anders besorgt sein mußte als die Amerikaner, die niemals unter fremden Truppen im eigenen Land gelitten hatten.

Truman hatte *dieses* Rußland nicht gesehen: »Die Fahrt auf der Strecke Moskau zur neuen Grenze bei Brest-Litowsk gleicht einem Albtraum. Auf Hunderte, auf Tausende von Meilen war nicht ein einziger aufrechtstehender Gegenstand zu sehen. Jeder Marktflecken, jede Stadt war dem Erdboden gleichgemacht. Es gab keine Scheunen, es gab keine Maschinen. Es gab keine Bahnhöfe und keine Wassertürme. In der weiten Landschaft war kein einziger Telegraphenmast stehengeblieben.«[70]
Harry Truman war gerade elf Tage an der Macht, als ihn Molotow aufsuchte, der an der Gründungsversammlung der UNO teilnahm und von Stalin beauftragt war, dem neuen Präsidenten zu versichern, ihm liege alles daran, die bisherige gute Zusammenarbeit fortzusetzen. Der amerikanische Journalist Drew Pearson schrieb über die Begegnung, Molotow habe die Sprechweise eines Maultiertreibers aus Missouri zu hören bekommen. Er wurde angeschrien: Erfüllen Sie gefälligst Ihre Verpflichtungen! Es war der Verhandlungsstil dessen, dem sein Generalstab gesagt hatte, die Atombombe sei so gut wie fertig. (Am 16. Juli wurde die erste zur Probe gezündet.) Die engsten Berater des Präsidenten waren sich nicht einig, wozu man Stalins Vorgehen in Polen benutzen solle: für einen harten Kurs oder für vorsichtiges Taktieren; einige der »Tauben« bestritten, Moskau habe das Abkommen von Jalta gebrochen, es entbehre präziser Bestimmungen in der Streitfrage. Die »Falken« in Washington gaben unmißverständlich ihrer Befriedigung darüber Ausdruck, daß die Zeit der Rooseveltschen Beschwichtigungspolitik vorbei sei, und einer der Hauptantreiber zum kalten Krieg, Arthur Hendrick Vandenberg, nachmals Mitautor des Marshallplans, schrieb, als er hörte, wie Truman Molotow abgefertigt hatte: »Nichts könnte mir größere persönliche Genugtuung bereiten als eine öffentliche Verurteilung der Konferenz von Jalta.«[71]
Denkschriften, die den kalten Krieg ankündigten wie

jene des britischen Außenministers Ernest Bevin vom 3. Mai 1946, wurden noch als Geheimsache behandelt. Darin heißt es unter anderem: »Vorausgesetzt, wir sind nicht bereit, Rußland das Feld zu überlassen, dann ergibt sich die Frage, womit uns am besten gedient ist: an der in Potsdam festgelegten Politik festzuhalten und sie weiterzuentwickeln oder sie über Bord zu werfen und unsere Zone, unabhängig von den übrigen Zonen, allein nach unseren Vorstellungen zu organisieren und, soweit es uns möglich ist, die übrigen westlichen Zonen mit einzubinden.«[72]

Es trifft nicht zu, daß der stählerne Antikommunist Churchill, von dem das Wort stammt: »Wir haben das falsche Schwein geschlachtet«, den Bruch mit Moskau als erster angestrebt habe. Im Gegenteil, vor dem Unterhaus hatte der Premier am 27. Februar 1945 in seinem Bericht über Verlauf und Ergebnis der Konferenz in Jalta ausgeführt, er kenne keine Regierung, die fester zu ihren Verpflichtungen stehe als die sowjetische, und die Zukunft der Welt sei düster, wenn es zwischen den Demokratien und der Sowjetunion zur Spaltung käme.

War Truman auch in seiner antikommunistischen Gesinnung unwandelbar, so war doch die Deutschlandpolitik des Weißen Hauses Schwankungen unterworfen, nachdem Deutschland besetzt und in Zonen aufgeteilt worden war, die von Militärregierungen beherrscht wurden. Es gab Phasen, in denen die Deutschlandexperten der Labour-Regierung die Amerikaner verdächtigten, den Sowjets gegenüber im Kontrollrat zu lasch aufzutreten, und es waren auch die Briten, die schon im Herbst 1943 einen Plan für die Aufteilung Deutschlands ausgeheckt hatten, der sich von dem, der dann verwirklicht wurde, nur wenig unterschied. Geht man nicht davon aus, was schwarz auf weiß vorliegt, sondern nur gesprochen worden ist, so war es freilich Stalin, der im Dezember 1941, als die deutschen Vorausabteilungen, keine zwanzig Ki-

lometer vom Kreml entfernt, nicht mehr weiterkamen, dem englischen Außenminister Eden vortrug, wie er sich die Gestaltung Europas nach dem Krieg vorstelle und wie Deutschland aufgeteilt werden solle. Davon ist er als erster abgekommen, als ihm aufgegangen war, daß nur eine deutsche Zentralregierung unter Drei-Mächte-Kontrolle (von Frankreich als viertem im Bunde war noch nicht die Rede) ihm erlauben würde, auf die Entwicklung ganz Deutschlands Einfluß zu nehmen.
Es gibt auch britische Texte, aus denen herauszulesen ist, mehr zwischen als auf den Zeilen, daß ihren Verfassern eine Situation vor Augen stand, in der entschieden werden mußte, wer mit wem gegen wen sich verbündete. In einem Memorandum des britischen Außenministers Eden vom August 1944 sagt er, man dürfe Moskau keinen Anlaß liefern anzunehmen, die Westmächte würden einen *Block* aufbauen, »denn die sowjetische Regierung würde mit Recht davon ausgehen, daß ein solcher Block zwangsläufig früher oder später ohne die Beteiligung Deutschlands nicht auskommt«[73].
Im März 1945 gab es in Praxis keine Zoneneinteilung, es wurde noch gekämpft, aber mit immer deutlicheren Worten wurde vom Ost-West-Gegensatz gesprochen und geschrieben. In einem offiziellen Memorandum des britischen Schatzkanzlers vom 7. dieses Monats heißt es: »Wenn wir voraussetzen müssen, daß die russische Besatzungszone allmählich das Berliner Gebiet umfassen und sich zu einem Regierungs- und Verwaltungssystem herausentwickeln wird, das der russischen Politik entgegenkommt, so sollten wir uns wenigstens [!] überlegen, ob es nicht ein vereinigtes Westdeutschland geben sollte, das in die allgemeine Wirtschaft der westeuropäischen Länder eingegliedert werden kann.«[74]
Die Amerikaner waren in genau dem Augenblick entschlossen, den Sowjets ihre im Krieg gewonnene Weltmachtposition streitig zu machen, in dem sie den Ver-

bündeten nicht mehr brauchten, weil Deutschland und Japan besiegt waren. Daß der Wechsel der Politik mit dem Wechsel im Präsidentenamt zusammenfiel, Truman nach Roosevelt ins Weiße Haus einzog, Roosevelt ein Diplomat, Truman ein hemdsärmeliger Rabauke gewesen ist, hat zur Auffassung geführt, unter Roosevelt wäre der kalte Krieg nicht ausgebrochen. Das ist eine unbeweisbare, allzu personalistische These — es waren die Interessen einer imperialistischen Macht, welche die Politik des Weißen Hauses bestimmten, Truman war nur der richtige Mann im richtigen Augenblick, wie Reagan es heute ist.
Konkret ist es zur Auflösung des Kriegsbündnisses gekommen über Fragen, die mit Deutschland nichts zu tun haben. Sie betreffen Japan, den von den USA nicht mehr gewünschten Eintritt der UdSSR in den Krieg gegen Japan, die darauf abgestellte Terminierung der beiden Atombombenabwürfe am 6. und 9. August 1945 (Truman im Juni: »Wenn sie explodiert, wie ich denke, daß es geschehen wird, habe ich einen Hammer gegen diese Kerle«[75] — womit er die sowjetische Delegation meinte), ferner die Lage in Griechenland (Bürgerkrieg), in Rumänien (Wahlen) und andere gegen die UdSSR gerichtete Schachzüge, auf die hier nur hingewiesen werden kann: Truman handelte in Anpassung an die veränderte Situation nach dem Programm, dem er 1941, damals noch Senator, Ausdruck gegeben hatte, nachdem die Deutschen in die UdSSR eingefallen waren: »Wenn wir sehen, daß die Deutschen den Krieg gewinnen, helfen wir Rußland, wenn Rußland siegt, helfen wir Deutschland and in that way let them kill as many as possible.«[76]
Die Westdeutschen bekamen von dieser Entwicklung so gut wie nichts mit, abgesehen vom Einsatz der Atomwaffe. In der Sowjetzone war das selbstverständlich anders, dort wurden die Etappen des kalten Krieges zum Nennwert registriert. Vergleicht man im Abstand der ver-

flossenen Jahrzehnte die Kommentierung der politischen und militärischen Maßnahmen, die vor das Tor zur Hölle des dritten Weltkrieges geführt haben, wie sie in der veröffentlichten Meinung der heutigen DDR nachzulesen ist, mit jener in unserer »freien Presse«, dann ist man an eine Stelle bei Tucholsky erinnert, die sich, 1926 geschrieben, in der langen Würdigung der Aufsätze Lenins und Sinowjews aus den Jahren 1914 bis 1916 findet: »In solchem Wust von Charakterlosigkeit, Bequemlichkeit, Beharrungsvermögen und Blindheit vor den eigenen Niederlagen wirken die Russen wie die ersten Chemiker im Zeitalter der Alchimie; wie die ersten Astronomen inmitten astrologischer Quacksalber.«[77]

Was »Chemiker« und »Astronomen«, die keine Kommunisten waren, nicht Mitglieder der SED, aber in einer mit sowjetischer Lizenz zugelassenen Zeitschrift der damaligen Ostzone oder SBZ (Sowjetische Besatzungszone) schrieben, klang so:

»Die Lehre des vergangenen halben Jahres in der internationalen Politik ist augenfällig: Der Frieden kann nur von den Großmächten, die gemeinsam den Krieg für die demokratische Freiheit der Völker gewonnen haben, und zwar durch ihre Einheit auf der Grundlage der Gleichberechtigung gesichert werden. Der Sinn des Vetorechtes im Sicherheitsrat der Vereinten Nationen liegt darin, daß es die fünf Großen zu einer Einigung untereinander zwingt, wenn über Krieg oder Frieden entschieden werden soll. Wer aber könnte sich mit gepanzerter Faust oder selbst mit der Drohung der Atombombe einer UN-Organisation entgegenstellen, deren Kraft in der Einheit der Sowjetunion, der Vereinigten Staaten, Englands und Frankreichs verbürgt ist?... Hat diese Klarstellung für uns Deutsche überhaupt eine Bedeutung? Sie hat das größte nationale Interesse für das deutsche Volk, das zwölf Jahre lang entwöhnt wurde, durch offene Fenster in die Welt zu blicken und das reale Wirken der politi-

schen Kräfte in ihr zu beobachten. Deutschland braucht den Frieden, um die entsetzlichen Wunden zu heilen, die ihm Hitler, der größte Verderber seiner Geschichte, geschlagen hat. Deutschland ist tief interessiert an einer Regelung seiner eigenen Zukunft und der aller Völker, die eine lange Friedensdauer garantieren kann. Das müßte klar sein. Es ist es nicht für jene, die noch alten Spekulationen à la Goebbels nachhängen ...
Wir denken dabei an Mister Churchill und seine sagenhaften ›Vereinigten Staaten von Europa‹ unter gemeinsamer Führung Frankreichs und Deutschlands, die er am 19. September in Zürich propagierte und die nur für Naive bestechend friedlich klingen. Sie wären die veruneinigten Staaten Europas: ein ›Westblock‹, der die Regierungen von Moskau wie von Washington um das Mitbestimmungsrecht über die friedliche Zukunft Deutschlands, also um das eigentliche Ergebnis ihres Sieges prellen soll. Churchill würde Europa nicht einigen, sondern in zwei Lager spalten ... Er denkt in ›Blocks‹, am liebsten in antibolschewistischen ...
In Moskau wird die Zukunft Deutschlands von Grund auf debattiert werden. Vielleicht wird man dabei genauer erfahren, warum seit dem August 1945 der Beschluß der Potsdamer Konferenz auf Schaffung ›gewisser unerläßlicher Zentralverwaltungen, insbesondere auf dem Gebiete der Finanzen, des Transportwesens, des Verkehrs, des Außenhandels und der Industrie, die von deutschen Staatssekretären geleitet werden und unter der Leitung der Kontollkommission arbeiten‹, nicht verwirklicht wurde. Bei der neuen Diskussion ... wird der ›Zweizonen‹-Ersatz für die deutsche Einheit zur öffentlichen Kritik stehen. Einige Zeitungen in den westlichen Sektoren von Berlin haben die Zweizonen-Vereinigung ihren Lesern als einen Schritt zur wirtschaftlichen und politischen Vereinheitlichung Deutschlands aufgetischt; sie wissen genau, daß sie das Gegenteil ist.«[78]

So geschrieben Ende 1946! In der gesamten, für die Westdeutschen bestimmten Presse findet sich aus dieser Zeit keine Analyse der realen Situation, in der gesagt würde, wohin die Reise geht. Vielleicht wurde es da und dort erkannt, geflüstert, nicht laut gesagt, vorwiegend aber vermutlich überhaupt nicht begriffen.

Die »Alchimisten« und »Quacksalber« faselten davon, die deutschen Interessen seien in Händen der Amerikaner am besten aufgehoben. Daran hat sich wenig geändert. Antisowjetischer Schwindel ist versteinert in die offizielle Lesart der Zeitgeschichte eingegangen. So kann man 1980(!) in einem weitverbreiteten historischen Nachschlagewerk über die auf Japan abgeworfenen Atombomben — abgeworfen, um den Sowjets klarzumachen, wer der Herr in dieser Weltregion sei — noch immer lesen: »Truman führt die Politik seines Vorgängers mit innenpolitischen Reformen und weltpolitischem Engagement fort. Mit dem Abwurf von zwei Atombomben... zwingen die USA Japan zur Beendigung des Krieges.«[79]
Das Lexikon als Märchentante!

Die amerikanische Propaganda hat uns eingebleut, die Sowjetunion sei sofort nach dem Krieg auf dem Sprung gestanden, ganz Deutschland zu unterjochen. In Wahrheit hatte Molotow auf der Pariser Außenministerkonferenz am 10. Juli 1946 unmißverständlich klargemacht, die Sowjetunion werde an den Potsdamer Beschlüssen festhalten und sich mit einem geteilten Deutschland nicht abfinden, sondern nur mit *einem* Deutschland, »dem die wirtschaftlichen und militärischen Möglichkeiten genommen werden, sich von neuem als aggressive Macht zu erheben«. Hierdurch sahen sich die Westmächte veranlaßt, ihre inzwischen in komplizierten Geheimverhandlungen errungene Übereinstimmung hinsichtlich ihrer ganz anderen Deutschlandpolitik öffentlich zu proklamieren.

Anfang September duldete eine antisowjetische Propa-

ganda-Aktion auch deshalb keinen Aufschub mehr, weil die Oberbefehlshaber der britischen und amerikanischen Zone sich am 5. September einig geworden waren, ihre Gebiete zur »Bizone« zu vereinigen. (Am 2. Dezember wurde dieser Beschluß bekräftigt und trat am 1. Januar 1947 in Kraft.)
Am Tag darauf, am 6. September 1946, ging Byrnes, der amerikanische Außenminister, in Stuttgart, wo der Länderrat seinen Sitz hatte, vor dem Sternenbanner ans Mikrophon und hielt jene Rede, die in der Zeitgeschichte als der Wendepunkt der Deutschlandpolitik der Anglo-Amerikaner angesehen wird, es aber nicht war, weil Byrnes nur in sehr vorsichtiger Form zusammenfaßte, was schon beschlossen war. Kernsätze lauteten: »...[wir] wollen nicht, daß es [= Deutschland] der Vasall irgendeiner Macht oder irgendwelcher Mächte wird oder unter einer in- oder ausländischen Diktatur lebt.« Und: »Das amerikanische Volk wünscht, dem deutschen Volk die Regierung Deutschlands zurückzugeben.«
In gewisser Weise wiederholte sich mit dieser Rede, was mit Hitlers *Mein Kampf* geschehen war: Die eigentliche Bedeutung dessen, was da gesagt bzw. geschrieben worden ist, wurde nicht begriffen, obwohl es weder der deutsche Führer noch der amerikanische Minister, den Truman wegen seines rabiaten Antikommunismus ins Amt geholt hatte, an Deutlichkeit hatte fehlen lassen.
Als Byrnes' Stuttgarter Ausführungen, im Wortlaut in vielen Zeitungen abgedruckt, bekannt wurden, ging nicht ein national fundiertes Erschrecken durch die Öffentlichkeit: Ach, du lieber Augustin, Deutschland ist hin!, vielmehr war die Reaktion ein Aufatmen in den drei westlichen Zonen. Die Rede wirkte ähnlich wie der Ruf des Matrosen: Land! Land!, der Kolumbus glauben ließ, er sei in Indien angekommen. Man könnte sagen, Byrnes' Rede habe die Westdeutschen glauben gemacht, sie seien in Amerika angekommen. Sie waren es in vieler Hinsicht.

Es ist ausgeschlossen, daß niemand in Politik und Presse begriffen haben sollte, daß schon in Stuttgart die Spaltung Deutschlands proklamiert worden ist. Die Frage, warum deutsches Wehgeschrei ausblieb, ließe sich dahin beantworten — und die Enkel Adenauers werden sie nach wie vor so beantworten —, daß jede Lösung der deutschen Frage schon im Ansatz illusionär erscheinen mußte, die ein Gesamtdeutschland unter Drei-Mächte-Kontrolle anvisierte. Wenn dies zuträfe und die deutsche Teilung nur zu vermeiden gewesen wäre, wenn *ganz* Deutschland in den Nachkriegsgrenzen entweder im amerikanischen oder im sowjetischen Einflußbereich integriert worden wäre, dann war die deutsche Teilung nicht allein das Ergebnis der Politik der Amerikaner, dann war sie objektiv unvermeidbar.

Jeder Satz, den ich seit 1947 zum deutschen Problem geschrieben habe, bringt direkt oder indirekt zum Ausdruck, daß ich mir diese Auffassung nie zu eigen gemacht habe. Selbstverständlich bin ich dabei nicht der einzige; wer immer über ein Deutschland zwischen den Blöcken nachgedacht hat — sei es aus nationalen Impulsen heraus wie beispielsweise Augstein, als er gegen den Spalter Adenauer antrat, sei es deshalb, weil dann in jeder Hinsicht der Weg des Kompromisses hätte eingeschlagen werden müssen (das war mein zentrales Argument) —, keiner hätte die Hand dafür ins Feuer legen können, daß eine solche Konstruktion das Jahrhundert überdauere. Welche politische Konstruktion hält schon ein halbes Jahrhundert in einem Spannungsgebiet erster Ordnung? Aber diese Aussage ist doch möglich: Vor einem Atomkrieg, der in Europa beginnt, stünden wir nicht, wäre das militärische Potential der damaligen Westzonen nicht aktiviert, das heutige Bundesgebiet nicht zum Startplatz atomarer Offensivwaffen der Amerikaner gemacht worden.

Dafür, daß in der prowestlichen veröffentlichten Mei-

nung oder in den bereits gegründeten Parteien oder in den bereits existierenden Länderregierungen derartige Perspektiven ausdiskutiert worden wären, läßt sich kein Beweis finden. Die Gleichgültigkeit, mit der über die absehbaren Folgen der Politik der westlichen Siegermächte hinweggegangen wurde, ist selbst im Abstand von Jahrzehnten noch überraschend. Man darf sogar fragen, ob die französische Absicht, das übriggebliebene Reichsgebiet fünffach zu teilen, sich die Saar für immer einzuverleiben, das Ruhrgebiet zu internationalisieren, einfach nicht zur Kenntnis genommen worden ist oder ob sich deutscher Widerstand nicht einmal daran entzündet hat. Die oft vertretene These, die Öffentlichkeit habe eben nicht gewußt, was im Busch lag, ist unhaltbar. Man braucht sich nur zu vergegenwärtigen, mit welcher Aufmerksamkeit (und Empörung!) beispielsweise das Thema »Demontagen« in allen westlichen Zonen behandelt wurde, um sich keiner Täuschung darüber hingeben zu können, worauf das völlig einseitige Echo auf die Byrnes-Rede, von der nur die versprochenen Erleichterungen zur Kenntnis genommen wurden, zurückzuführen ist: auf Desinteresse an der Frage, was aus Deutschland werden solle, sofern sich nur erkennen ließ, daß auf die antikommunistische Politik der Westmächte Verlaß sei. Daran aber konnte nach Byrnes' Stuttgarter Ausführungen nicht mehr gezweifelt werden. (Nur die Berliner, mit den Sowjets in hautnahem Kontakt, waren noch weit davon entfernt, den Amis Standfestigkeit in ihrer Stadt zuzutrauen. Daran glaubten sie erst nach der »Luftbrücke«.)
»In Stuttgart sind keine Würfel gefallen. Aber es ist seit Stuttgart an der Zeit, die Hoffnung, das sicher zu erwartende Diktat doch noch in eine Chance umwandeln zu können, für berechtigt zu halten. Fraglos ist der Raum für diese Hoffnung bildlich genommen die deutsche Einheit ... Man muß den Wunsch der Deutschen, in einer

ungeteilten Welt zusammenleben zu wollen, in letzter Konsequenz als das seit langer Zeit erste Bekenntnis zu weltbürgerlichen Idealen erkennen. Die Aufforderung, nach diesem Bekenntnis zu handeln, können wir mit ruhigem Gewissen der Absicht des amerikanischen Außenministers unterstellen. Die deutsche Einheit ist eine praktische Vorbedingung des Friedens.«[80]
Wenigstens im Hauptpunkt ist dieser verblasene Text nicht zweideutig: Ob der Verfasser selbst der Überzeugung war, die Rede Byrnes' sei ein Bekenntnis zur deutschen Einheit, mag dahingestellt bleiben; sicher ist, daß die Leitung der »amerikanischen Zeitung für Deutsche« sich noch dem Irrtum hingab, sie müsse die wahre Bedeutung der Byrnesschen Ausführungen, die Anglo-Amerikaner seien entschlossen, im Westen Westpolitik zu treiben und nicht am Potsdamer Abkommen festzuhalten, mit Rücksicht auf die nationale Empfindlichkeit ihrer Leser, vernebeln, ja, ins Gegenteil verkehren. Dazu gab es keinen Anlaß: »Seit dem Zusammenbruch war keine Tat so befreiend empfunden als der durch die Rede des amerikanischen Außenministers proklamierte Wille, dem deutschen Volk die Möglichkeit zu eröffnen, sein eigenes Schicksal zu gestalten«, schrieb der spätere Wirtschaftsminister Ludwig Erhard am 7. September 1946 in der *Deutschen Zeitung*. Das Zitat steht bei Steininger[81] und wird dort, 1983(!), folgendermaßen kommentiert: »Allerdings galt dies nicht für das ganze deutsche Volk. Die Deutschen in der Ostzone wurden von den Briten und Amerikanern zunächst [?] abgeschrieben. Dies war der — o f f e n s i c h t l i c h g e r i n g e — [Hervorh. v. Verf.] Preis, den die Westdeutschen zu zahlen hatten...«
Ich frage mich, ob dem Verfasser nur eine sprachliche Flüchtigkeit unterlaufen ist und er eigentlich habe sagen wollen: ... der damals offensichtlich für gering gehaltene Preis; oder ob er meint, was er geschrieben hat? In diesem Fall handelte es sich um eine durchaus zutreffende

Feststellung, die aber in dieser Aufrichtigkeit selten zu finden ist.
Die Reaktion Erhards war die westdeutsche Reaktion schlechthin; zweifellos wurde sie von einem Mann mit größter Aufmerksamkeit registriert, dessen ganze Politik nicht möglich geworden wäre, wenn er es noch mit dem zu tun gehabt hätte, was man vor 1945 Nationalgefühl nannte: Adenauer. Er hatte den Tiefpunkt seiner Nachkriegslaufbahn – seine Entlassung aus dem Amt des Kölner Oberbürgermeisters am 6. Oktober 1945 durch die Engländer – im Herbst 1946 längst überwunden, war zögernd der CDU beigetreten, zu deren Gründungsmitgliedern er nicht zählte, hatte dann aber in der Partei einen steilen Aufstieg genommen, war Mitglied des Zonenbeirats in der Britischen Zone und Fraktionsvorsteher in dem ernannten, nicht gewählten Landtag von Nordrhein-Westfalen geworden, diesem deutschen Land, das ohne Befragung oder gar Beteiligung von Deutschen von den Engländern im Juni geschaffen worden war. (Die neu gegründeten deutschen Parteien erfuhren erst einen Monat später, daß es jetzt ein deutsches Land dieses Namens gab.) Der künftige Bundeskanzler befand sich also bereits in einer politischen Position, in der er Informationen über die anglo-amerikanischen Bestrebungen, einen Weststaat zu schaffen, aus erster Hand bekam und durfte infolgedessen sicher sein, daß ihm die Deutschen keine oder nur sehr geringe Schwierigkeiten machen, die Besatzungsmächte ihm jede Unterstützung geben würden, wenn es ihm gelänge durchzuführen, was er dann mit einer Schlauheit ohnegleichen den Westdeutschen mundgerecht serviert hat: die Teilung und den Weststaat als die von den Sowjets erzwungene Lösung.
Es braucht kaum gesagt zu werden, daß die Mitglieder der amerikanischen Militärregierung, soweit sie hofften und wünschten (und dafür tätig waren), daß ihre Zone so rasch als möglich aus dem wirtschaftlichen Chaos und

der Rechtsunsicherheit herauskomme, die Byrnes-Rede nicht anders einschätzten als die Deutschen. Captain D. hatte nicht die Gewohnheit, die Treppe heraufzukommen, um mich in meinem Büro aufzusuchen. Am Tage nach der Byrnes-Rede stürmte er aber herein, die neueste Ausgabe der Armeezeitung *Stars and Stripes* in der Hand.
»Haben Sie das gelesen?« rief er, »fabelhaft, jetzt werden sie vernünftig.«
Mit »sie« meinte er seine Regierung. Daß ich keine Euphorie erkennen ließ, begriff er nicht.
»Jetzt wird es doch aufwärtsgehen!« sagte er.
»Captain« — wir benützten als Anrede den militärischen Rang, verwendeten weder »Sir« noch »Mister« —, »daß Ihr Außenminister eine Politik verkündet hat, die auf die Zweiteilung dessen hinauslaufen muß, was vom Deutschen Reich derzeit in den vier Besatzungszonen übriggeblieben ist, macht sie für mich nicht unerträglich. Bis 1870 hat es dieses Reich gar nicht gegeben, und seitdem es als zentralistisch organisierte Macht vorhanden war, hat es nichts als Unglück verursacht. Was mich beunruhigt, ist das Motiv dieser Politik, ist der daraus hervorleuchtende Wille, der Sowjetunion streitig zu machen, was sie durch ihren Kampf gegen uns teuer genug gewonnen hat. Die Byrnes-Rede ist der endgültige Bruch des Bündnisses.«
»Ich hätte nicht gedacht, daß auch Sie ein Opfer der Goebbels-Propaganda sind«, war seine Antwort.
Die Sowjets begriffen natürlich, was der amerikanische Außenminister meinte, wenn er sagte, die Vereinigten Staaten strebten als Alternative zu Gesamtdeutschland die »größtmögliche Vereinigung« an. Davon hielten sie nichts. Wie ihr Deutschlandbild aussah, entwickelte Molotow noch einmal auf der Moskauer Außenministerkonferenz (März/April 1947) zu einem Zeitpunkt, zu dem die Kalte-Kriegs-Erklärung Trumans (12. März 1947) bereits ergangen war.

Molotow führte aus:
»1. Deutschland wird als einheitlicher, friedliebender Staat, als demokratische Republik mit einem aus zwei Klammern bestehenden gesamtdeutschen Parlament und einer gesamtdeutschen Regierung wiederhergestellt, wobei die verfassungsmäßigen Rechte der zum deutschen Staat gehörenden Länder zu sichern sind.
2. Der Präsident der Deutschen Republik wird vom Parlament gewählt...
6. Allen deutschen Staatsbürgern ohne Unterschied der Rasse, des Geschlechts, der Sprache und des Glaubensbekenntnisses werden durch die gesamtdeutsche Verfassung und die Länderverfassungen demokratische Freiheiten garantiert, einschließlich der Freiheit des Wortes, der Presse, der religiösen Kulthandlungen, der öffentlichen Versammlungen und der Koalition.«[82]
Die Kongreßrede Trumans vom 12. März 1947, als »Truman-Doktrin« in die Zeitgeschichte eingegangen, war sozusagen der Schuß in die Decke, die Programmierung einer US-Politik, die weltweit dafür sorgen sollte, weltweit dafür gesorgt hat, daß der sowjetische Einfluß eingedämmt wurde. Aus dem Willen zur Eindämmerung ist deshalb der Wille zur Vernichtung der Sowjetunion geworden, weil es dieser — die Zivilbevölkerung zu einem jahrzehntelangen und beispiellosen Konsumverzicht zwingend — gelang, ein militärisches Potential zu entwickeln, mit dem verhindert wurde und wird, was sich die Amerikaner ursprünglich von der Eindämmung versprochen hatten: eine derartige Schwächung der sowjetischen Macht, daß sie ohne Krieg, mit politischen Mitteln in die Knie hätte gezwungen werden können.
Truman hatte gesagt: »Ich bin der Ansicht, daß es die Politik der Vereinigten Staaten sein muß, die freien Völker zu unterstützen, die sich der Unterwerfung durch bewaffnete Minderheiten oder durch Druck von außen widersetzen.

Ich glaube, daß wir den freien Völkern helfen müssen, sich ihr eigenes Geschick nach ihrer eigenen Art zu gestalten.«[83]

Es mußte noch eine gewisse Zeit vergehen, bis den Deutschen selbst und der Welt unverhüllt mitgeteilt werden konnte, daß die Truman-Doktrin unter anderem verlangte, den gerade zu diesem Zweck verfügten westdeutschen Staat zur stärksten Landmacht Westeuropas zu machen. Es erwies sich dabei als ein ungeheurer, von den Amerikanern nicht eingeplanter Vorteil, daß der erste Bundeskanzler, der zum Selbstherrscher aufsteigende Antimilitarist Adenauer, im »Wehrbeitrag« die Voraussetzung sah, so rasch wie möglich und so weit wie möglich innerstaatliche Souveränität zu gewinnen. Es ist eine Scheinsouveränität daraus geworden, die, um überhaupt glaubhaft gemacht werden zu können, beständige Bemühungen erfordert, den wahren Charakter der BRD als eines amerikanischen Satelliten herunterzuspielen.

Der Einbeziehung Westdeutschlands in den militärischen Ring um die Sowjetunion ging die militärische Flurbereinigung unter den westlichen Partnern voraus. Neue Koalitionen mußen gebildet werden. Die erste entstand in Brüssel im März 1948 (Brüsseler Vertrag), wo Belgien, Frankreich, Großbritannien, Luxemburg und die Niederlande die schon bestehende Westunion (WEU) zu einem Bündnis für kollektive Selbstverteidigung ausbauten. Im September wurde, nun unter Teilnahme Italiens, beschlossen, sämtliche europäischen Truppenverbände zu koordinieren. Dies war die Vorstufe zum Nordatlantischen Verteidigungspakt, aus dem am 4. April 1949 die NATO (North Atlantic Treaty Organization) hervorging, zunächst nur eine Absprache, sich gegenseitig über alle militärischen Maßnahmen zu informieren. Erst nach und nach wurde daraus die heutige Befehlsstruktur.

In den Formulierungen des Paktes, in denen von seinem Sinn und Zweck gesprochen wird, kommt die Sowjet-

union nicht vor. Nicht einmal ein anonym gehaltener »Angreifer« war vorgesehen; es ist nur von der Möglichkeit eines »bewaffneten Angriffes« die Rede. »Aber es ist, als seien die Mündungskappen von den Geschützen genommen; jederman weiß, wohin die Rohre gerichtet sind.«[84]
Der britische Militärgouverneur in Berlin war General Robertson. Er nahm die militärische Koordinierung der westeuropäischen Staaten zum Anlaß, die Deutschen darüber zu beruhigen, daß angebliche Pläne bestünden, sie in dieses Abkommen einzubeziehen. Er erklärte, »die Westunion kann deutsche Sicherheit gewährleisten«, und führte aus: »Gerüchte über eine angebliche Remilitarisierung Westdeutschlands werden vom Osten ausgestreut. Deutschlands Zukunft wird am besten durch den Frieden gesichert. Es würde der Politik der Westmächte widersprechen, erst in einem Krieg die deutsche Rüstung zu zerschlagen und dann wieder herzustellen. Der General unterstrich, daß *eine deutsche Unterstützung solcher militärischer Pläne die Position jener Mächte erschwere, die Deutschland beim Wiederaufbau behilflich sein wollen* (Hervorh. v. Verf.).«[85]
Die Formierung der Westunion, noch mehr jene der NATO in ihrer ersten Gestalt erforderten unter anderem, sich darüber zu einigen, worin eigentlich das Ziel in einem nächsten Krieg zu sehen sei, daß heißt, an welcher Front die vereinigten Armeen aufzumarschieren hätten. Bei der NATO-Inkraftsetzung durch feierliche Unterzeichnung der Verträge in Washington am 25. August 1949 wurde bereits laut darüber nachgedacht, ob Westdeutschland in den Pakt miteinbezogen werden solle, woraus sich automatisch eine Verlagerung der Front vom Rhein, wo sie zunächst hingedacht worden war, an die Elbe ergeben würde. Es gab auch Erwägungen, um das Ruhrgebiet einen besonderen Schutzschild aufzubauen. »Also auf jeden Fall in Deutschland! Kaum eine Auto-

stunde von Fulda und Kassel stehen sich die Vorposten der Gegner von morgen gegenüber. Das ist kein Niemandsland. Ein Schlagbaum trennt zwei Lebensformen, zwei Arten der Selbstbehauptung, die absolut unvereinbar sind, und nicht müde werden, sich gegenseitig Tod und Verderben zu schwören. Aber dieser Schlagbaum steht mitten auf deutschem Gebiet.
Wohl niemals in der Geschichte ist ein Gefahrenzustand mit soviel Stimmkraft verkündet und mit einer solchen Gelassenheit praktiziert worden, wie der russisch-amerikanische Konflikt und seine Auswirkungen auf Europa. Nie wurde soviel Aufgeregtheit bei der propagandistischen und soviel Gemütsruhe bei der militärischen Behandlung an den Tag gelegt.«
Dieser Artikel ist überschrieben »Unsere Sicherheit« und läßt das Bedauern seines Verfassers darüber erkennen, daß die NATO noch nicht über die Waffen verfüge, die eine wirksame Verteidigung an der Elbe ermöglichen: »Auch dem in den Staub geworfenen Angreifer von einst [!] ist es erlaubt, auf seine Sicherheit bedacht zu sein.« Weil aber Pläne für die Wiederaufrüstung noch nicht konkret gefaßt sind, Frankreich leidenschaftlich dagegen aufbegehrt, die Westdeutschen könnten als zwölfter Staat in die NATO aufgenommen werden, ist »unsere Sicherheit wie ein welkes Blatt, das hilflos dahintreibt, ob der Wind nun von Osten oder von Westen bläst«[86].
Das ist der weltpolitische Hintergrund, vor dem diese in ihrer Wortwahl so sorgsame Hauspostille der Industrie und Finanz, *Die Gegenwart*, es Ende 1949 riskierte, über einen Artikel zu schreiben: »Präventivkrieg?« »Es gibt militärische Sachverständige, die die Ansicht vertreten, daß die absolute militärische Überlegenheit des Westens, seitdem auch die Russen hinter das Atomgeheimnis gekommen sind, nicht mehr vorhanden sei und daß der Vorsprung, soweit er noch zugunsten Amerikas bestehe, in absehbarer Zeit aufgeholt werden könne. Was

liegt für diese Sachverständigen näher, als sich zu überlegen, ob man nicht *jetzt* zuschlagen, ob man nicht *jetzt* Schluß machen soll.«[87]
Das deutsche Blatt bewegt sich damit auf einer Linie, die der erste amerikanische Verteidigungsminister — das Amt wurde 1947 geschaffen —, James V. Forrestal, schon Ende 1947 vorgezeichnet hatte: »Solange wir mehr als die übrige Welt produzieren, die Meere beherrschen und mit der Atombombe Eindruck machen können, können wir gewisse Risiken auf uns nehmen ... Die Jahre, die vergehen, ehe eine mögliche Großmacht die Fähigkeit erreicht, uns wirksam mit Massenvernichtungswaffen anzugreifen, sind die Jahre unserer Chance.«[88]
Klarer und kürzer läßt sich nicht zum Ausdruck bringen, worauf das amerikanische Überlegenheitsgefühl beruhte und wer im kalten Krieg in der Position des Angreifers gewesen war — Chancen sollten genützt werden, über die Moskau nicht, noch nicht verfügte.
Noch hatte niemand offen über die Wiederaufrüstung Westdeutschlands gesprochen, noch versicherte Adenauer, an eine Remilitarisierung könne nicht gedacht werden, da begann schon versteckt hinter dem Eingeständnis, ohne die Wehrmacht hätte Hitler sein außenpolitisches Programm nicht erfüllen können, demnach habe sie »Schuld« auf sich geladen, eine Propagandawelle anzulaufen, die den deutschen Soldaten rehabilitieren sollte: »Wer sich gegen die Auferstehung des Militarismus wendet, greift nicht die Ehre des deutschen Soldaten an, denn sie ist die Ehre des Krieges, nicht des Kasernenhofes.«[89]
»Sind auch Offiziere Menschen, die Rechte an den Staat und an die soziale Gemeinschaft haben, nicht nur jene sogenannten ›Menschenrechte‹ ... sondern auch die anderen, die man die ›wohlerworbenen‹ genannt hat?« So beginnt ein Artikel, der sich dafür einsetzte, daß der Rechtsanspruch auf Pensionen auch für das NS-Offi-

zierskorps anerkannt werde »in tragbaren Relationen zu den Ansprüchen der Kriegsopfer und deren Hinterbliebenen«[90].

Zahllose, in ähnlicher Richtung zielende Veröffentlichungen aus 1949/Anfang 1950 finden sich, die beweisen, wie sozusagen von hinten durch die Brust ins Auge der Besiegte von dem Wahn geheilt werden sollte, der ihm erst kurz zuvor vermittelt worden war: Haupttugend des neuen demokratischen Deutschen sei seine Friedfertigkeit — woraus sich vorübergehend die Ohne-mich-Ideologie entwickelt hatte, die es so rasch als möglich wieder unwirksam zu machen galt.

Zum Präventivkrieg kam es noch nicht, jedoch zum Koreakrieg (1950—1953), der den Aufrüstungsplänen für Westdeutschland gewaltigen Auftrieb gab. Er war »der Vater aller Dinge: nicht nur der Souveränität und der Bundeswehr, sondern — wenigstens zum Teil — auch des westdeutschen Wirtschaftswunders«[91].

Hitlers General der Panzertruppen, Graf von Schwerin, gehörte zu den ersten Militärexperten, die sich in Adenauers Auftrag mit den organisatorischen und technischen Problemen der Wiederaufrüstung zu beschäftigen hatten. Er erinnerte sich Jahre später: »Von ganz entscheidender Bedeutung für mein Amt war der Ausbruch des Koreakrieges ... Über General Hays, den militärischen Berater des Hohen Kommissars — es war McCloy —, [kam] die massive Aufforderung an die Bundesregierung und an den Bundeskanzler: Der dritte Weltkrieg steht vor der Tür, wir müssen sofort mit der Aufstellung deutscher Verteidigungskräfte beginnen.«[92]

Damit war der militärische Bann gebrochen, der als Konsequenz der bedingungslosen Kapitualtion und der Kollektivschuld immerhin fast fünf Jahre lange verhindert hatte, von den weltweit bewunderten soldatischen Qualitäten der Deutschen wieder angemessenen Gebrauch zu machen.

Noch im Dezember 1949 hatte der Bundestag eine Sitzung abgehalten, deren Ergebnis den Zeitungen erlaubte, in Schlagzeilen zu verkünden: Der Bundestag lehnt Wiederaufrüstung ab, alle Parteien sind gegen eine Remilitarisierung Westdeutschlands.

In dieser schönen Zeit gab es noch Kommunisten im Bundestag, der bekannteste, mit dem sich anzulegen Adenauer immer besonderen Spaß gemacht hat, hieß Max Reimann. In jener Sitzung forderte die KPD, im Besitz sicherer Informationen, daß der Bundeskanzler an Remilitarisierungplänen arbeiten ließ, diesen auf, fünf Fragen zu beantworten, die sich auf ein Interview bezogen, das Adenauer der amerikanischen Zeitung *The Plain Dealer* gegeben hatte:

1. Ob seine Antworten in dem Interview wirklich so gelautet hätten, wie sie in *The Plain Dealer* veröffentlicht worden seien;
2. ob er ähnliche Vorschläge [die Wiederaufrüstung betreffend, Anm. d. Verf.] den hohen Kommissaren habe zugehen lassen;
3. ob er mit anderen alliierten Stellen ähnliche Besprechungen geführt habe;
4. ob er Verpflichtungen in dieser Richtung eingegangen sei;
5. ob er beabsichtige, die Bereitschaft der Bundesregierung den westlichen Alliierten zur Aufstellung einer westdeutschen Streitmacht in irgendeiner Form zum Ausdruck zu bringen?

Adenauer stand auf, sagte, er sei nicht verpflichtet, diese Fragen zu beantworten, aber er werde es tun: »Zu eins: nein; zu zwei: nein; zu drei: nein; zu vier: nein; zu fünf: nein.«

Das Haus lachte schallend, und der Abgeordnete Heinz Renner (KPD) rief: »Dies Kind — kein Engel ist so rein.«
Ab Juli 1950 war es in dieser Frage nur noch notwendig, ein bißchen zu finassieren; glatt zu lügen erübrigte sich

ab jetzt. Um nicht gleich die öffentliche Meinung mit einer ganzen Armee vor den Kopf zu stoßen, lancierte der sonst so geschickte Adenauer auf denkbar ungeschickte Weise zunächst den Plan, eine Bundespolizei aufzustellen. Damit trat er vor allem ins Fettnäpfchen der Länderregierungen, die sich ein so wichtiges »Hoheitsrecht« wie das die innere Sicherheit betreffende nicht beschneiden lassen wollten. Diese Polizei habe, erklärte Adenauer vor dem Bundestag (am 23. August 1950), nicht mit der Wiedererrichtung einer deutschen Wehrmacht zu tun. Kurt Schumacher jedoch lehnte für die SPD jedes »Aufrüstungs-Schutzsurrogat« entschieden ab und forderte die Amerikaner auf, zunächst eine »offensive Verteidigung Europas nach Osten hin« — wie sie wohl aussehen sollte?! — sicherzustellen, bevor sie Westdeutschland zur Abwehr der kommunistischen Gefahr heranziehen wollten. Ungefragt habe der Bundeskanzler deutsches Militär voreilig angeboten. Von solchem Vorwurf war es nicht weit zu Schumachers emotionalem Zuruf, der ihm schwer verübelt wurde: »Kanzler der Alliierten«.

Adenauer wußte, daß den Amerikanern gar nichts anderes übrigblieb, als die Westdeutschen aufzurüsten und ihn damit zum politischen Chef eines »souveränen« Staates zu machen. Zur SPD gewandt, sagte er dem Sinne nach: Macht nicht so viele Fisimatenten, »ganz von selbst gestaltet der Strom der Zeit neue Verhältnisse«. Und selbstverständlich war es wieder eine »Stunde der größten Not«, die nur durchgestanden werden konnte, wenn man ihm aufs Wort folgte.

»Achselzucken ist keine Politik — für uns Deutsche liegt das eigentliche Ereignis in dem Streit um die Wiederaufrüstung ... In dem entschiedenen deutschen ›Nein‹, das zu Beginn der Erörterung laut wurde und das zur Stunde [das heißt nach zwei Monaten, Anm. d. Verf.] schon halb vergessen ist, stak mehr als Taktik ... Wer Deutschland Waffen gibt, der muß wissen, daß damit die volle Gleich-

berechtigung gegeben wird, bis in die mindesten Kleinigkeiten hinein.«[93]
Genau um dieses Effektes willen hatte Adenauer, der sich in seinem Alter sagen durfte, daß er den nächsten Krieg mutmaßlich nicht mehr erleben werde, und der die Unverfrorenheit hatte, Atomwaffen als etwas wirkungsvollere Kanonen zu bezeichnen, die Wiederaufrüstung betrieben und seine Autorität dafür in die politische Auseinandersetzung geworfen.
Schlagzeilen in der westdeutschen Presse lauteten in der zweiten Hälfte des Jahres 1950: »Deutschlands zukünftige Aufgaben«, »Radioansprache [des Hochkommissars] McCloy: Deutscher Beitrag zur Verteidigung Europas nur mit Zustimmung der Deutschen«, »Keine Nationalarmee, kein Aufleben militärischer Cliquen«, »Sicherheitsgarantie erneut bekräftigt«.
Es grenzt ans Wunderbare, wie die Presse umschaltete: »The Germans to the front. Überall in der Welt — in und außerhalb Deutschlands — geht ein Raunen durch die Menschen: Die Deutschen an die Front... Selbst der Ausspruch des alten Herzogs von Wellington am Tage der Schlacht von Waterloo wird schon wieder leicht geflüstert: Ich wollte, es wäre Nacht oder die Preußen kämen!
Es scheint beinahe zwangsläufig zu sein, daß die Preußen kommen. Überall greift der Zweifel um sich, ob man ›es schaffen werde‹. In Asien haben die Sowjets inmitten der hungernden und zum Haß gegen den weißen Mann erzogenen Völker einen ungeheuren Vorsprung gegenüber den USA. Europa taumelt noch immer von dem Knockout, den ihm Hitler einst [einst?!] versetzte. Die militärische Macht der europäischen Westmächte ist gegenüber der sowjetischen Kriegsmacht noch immer kläglich unzureichend.«[94]
Kurz und gut, ein Dreiviertel-Deutschland muß diese armseligen Vereinigten Staaten heraushauen! Hoffentlich

machen alle mit? Soweit war die »Umerziehung« in dem Volk, in dem ein Förster fünf Stempel brauchte, um ein Jagdgewehr in die Hand nehmen zu dürfen, doch wirkungsvoll geworden, daß man jenen, die nun partout nicht Soldat werden wollten, einen Notausgang öffnete. In Bayern war diesbezüglich eine Extrawurst gebraten worden mit dem »Gesetz Nr. 94 über die Straffreiheit bei Kriegsdienstverweigerung. § 1: Kein Staatsbürger kann zum Militärdienst oder zur Teilnahme an Kriegshandlungen gezwungen werden. Aus der Geltendmachung dieses Rechts darf ihm kein Nachteil erwachsen.«
In der Sitzung, in der dieses Gesetz verabschiedet worden war (Donnerstag, 23. Oktober 1947), war gesagt worden, eigentlich sei es überflüssig, da Bayern und Deutschland »auf unabsehbare Zeit« keine bewaffnete Macht aufstellen können. Jetzt konnten sie, jetzt durften sie, jetzt wollten viele, und es bedurfte, wie immer unter Deutschen, einer quasi-philosophischen Begründung für eine Wende, die auch eine moralisch-sittliche Dimension hatte und unvergleichlich folgenreicher geworden ist als zum Beispiel die Wende von Schmidt zu Kohl. Evangelische Akademien, damals politisch ungemein aktive Einrichtungen, veranstalteten Tagungen über das Militärische als solches, über den Soldateneid und über die Verantwortung vor Gott und Vaterland.
Dabei traten seltsame Gestalten ins Rampenlicht, die sich erst wieder hervorwagten, seitdem die Diskussion um die Wiederbewaffnung unter Adenauers Patronage offen geführt wurde. In der Evangelischen Akademie in Bad Boll fanden »Tage der Besinnung« statt, bei denen ein Dr. Hans Hagen auftrat, der als Ordonanzoffizier des Majors Remer diesen am 20. Juli zu Goebbels begleitet und Hilfestellung dabei geleistet hatte, daß die Verschwörer gefangen werden und aufgehängt werden konnten. In Bad Boll sagte dieser Hagen: »Ich stand im Eid, und ein Eid ist immer unabdingbar.«

Nach der Berichterstattung der *Neuen Zeitung* vom 30. November 1950, auf die ich mich stütze, gab es bei dieser Tagung nur einen ehemaligen General (er hieß Eberbach), »der menschlich sprach«.
Adenauer berief ins Kloster Himmerod in der Eifel eine Geheimkonferenz ein, in der sich nun schon eine Elite von Hitler-Offizieren zusammenfand, unter ihnen Adolf Heusinger und Hans Speidel, die es in der neuen Wehrmacht zu hohen Posten gebracht haben dank des Umstandes, daß sie als erste an den Drücker gelassen wurden. Daß sie Hitler nicht mit vollem Einsatz gedient hätten, konnte weder der ehemalige Generalstäbler noch der frühere Generalstabschef Rommels in Frankreich behaupten. Das Ergebnis der Beratung war, zunächst einmal ein Programm für zwölf Divisionen in Vorschlag zu bringen.
Amerika rüstete auf, der Rüstungshaushalt wurde von 13,5 auf 52 Milliarden Dollar angehoben, die Streitkräfte von einer Million auf dreieinhalb Millionen vergrößert. Der neue Außenminister Dean Acheson, dem in der Galerie der kalten Krieger ein Ehrenplatz gebührt, rief fast in Panik: »Wir müssen etwas tun, um dem schnell wachsenden Neutralismus-Denken in Deutschland entgegenzuwirken. Frankreichs Widerstand gegen den Aufbau einer europäischen Armee unter Einschluß der Westdeutschen muß gebrochen werden.«[95]
John J. McCloy kehrte im Juli 1951 von einer Informationsreise aus Washington mit neuen Weisungen für die deutsche Wiederaufrüstung zurück und gab sie am 13. Juli auf einer Pressekonferenz in Bonn bekannt. Europa, führte der Hohe Kommissar aus, solle so weit als möglich östlich verteidigt werden, und es unterliege keinem Zweifel, daß die Verteidigungslinie mit deutscher Hilfe weiter östlich liege als ohne deutschen Verteidigungsbeitrag.
Was Amerika eigentlich vorhabe, blieb den Deutschen immer noch unbekannt. Eine Stunde nachdem McCloy

gesprochen hatte, meldete sich der Vorsitzende der SPD, Kurt Schumacher, zu Wort und sagte: Die wichtigste Voraussetzung einer deutschen militärischen Beteiligung an der europäischen Verteidigung sei die Bekanntgabe der militärischen Konzeption der anderen Staaten, »die man uns bisher vorenthalten hat«. Ohne diese Kenntnis »bleibt alles für uns ein Hasardspiel«.
Der Vorsitzende der FDP-Bundestagsfraktion, August Martin Euler, trat Schumacher entgegen, bezichtigte ihn, mit seinem »System der Negationen« die größten außenpolitischen Fortschritte — darunter die Wiederaufrüstung — zu sabotieren, und setzte wörtlich hinzu: »Die deutsche Öffentlichkeit kann nicht nachdrücklich genug vor dem bösen Zersetzungswillen gewarnt werden.«[96]
Der französische Widerstand machte sich noch einmal störend bemerkbar, als die Nationalversammlung die geplante Europäische Verteidigungsgemeinschaft, eine Organisationsidee, die zu nichts anderem dienen sollte, als die westdeutsche Armee den Nachbarstaaten annehmbar zu machen, im August 1954 ablehnte. Aber sie erreichte damit nur eine aufschiebende Wirkung. Am 20. Januar 1956 besuchte Adenauer in Andernach das erste Kontingent von Freiwilligen in Stärke von 1500 Mann.
Noch waren die 56 Millionen Deutschen im neuen Weststaat nicht allesamt hypnotisierte Hühner, die auf die entsetzliche sowjetische Gefahr starrten, die ihnen Adenauer bei jedem seiner Auftritte an die Wand malte. Die Wehrdienstpflicht war schon mit einer Grundgesetzänderung im März 1954 auf dem Papier eingeführt worden, aber die Diskussion darüber riß nicht ab, obwohl inzwischen die neue Armee ihr Riesenwachstum begonnen hatte. 1956 schrieb ich in der *Süddeutschen Zeitung* einen Leitartikel zur Aufrüstung: »Der Bundeskanzler hat kürzlich vor dem Bundesverband der Industrie davon gesprochen, es sei plötzlich Unruhe in die Bevölkerung gekommen, und zwar durch die Erhöhung des Diskontsat-

zes. Wir wissen es besser. Von der Erhöhung des Diskontsatzes hat die Bevölkerung keinerlei Notiz genommen, und von einer plötzlich entstandenen Unruhe kann ebensowenig die Rede sein. Die Beunruhigung kommt von weit her. Sie hat 1950 begonnen und wurde nur durch die gute bis glänzende Entwicklung der wirtschaftlichen Verhältnisse zeitweilig überdeckt. Sie hat eine einzige Ursache: den Verdacht, daß die ›Politik der Stärke‹ der Regierung sich am Ende als falsch herausstellen könnte. Wir befinden uns bereits im Endstadium dieser Politik, und es läßt sich vor niemandem und durch keine Konjunkturfassaden mehr verheimlichen, daß sie in eine Sackgasse geführt hat. Die Fixierung der Politik der Bundesrepublik auf die Außenpolitik hat allmählich dazu geführt, daß Innenpolitik überhaupt nur noch ein Reflex der jeweiligen außenpolitischen Situation ist.
Der Blick nach draußen ist nicht nur der Blick der Regierung, sondern, und das macht die Sache noch gefährlicher, der Blick des Parlamentes, und hier wiederum nicht nur der Regierungsmehrheit, sondern auch der Opposition. Es wäre vollkommen ausgeschlossen, daß sich die knappe Mehrheit in solcher Brutalität in einer Schicksalsfrage über die Opposition hinwegzusetzen erkühnte, wäre sie nicht im Besitz der Erfahrung, daß der Opposition im Prinzip keine anderen Argumente zur Frage der Remilitarisierumg eingefallen sind als ihr selbst. Die Opposition hätte vor den Ohren des ganzen Volkes jene Diskussion über die Remilitarisierung führen müssen, die im Volk selbst nun seit Jahren nur als Gemurmel im Gange ist. Es denkt nicht daran, einen militärischen Geheimvertrag als legitime Basis für die Wiederaufrüstungspolitik anzusehen; und es glaubt auch nicht daran, daß seine politische Rolle für alle Zukunft darin bestehen wird, ein Außenfort des amerikanischen Imperiums zu bemannen; es glaubt auch nicht daran, daß die Verteidigung der Grenze dieses Imperiums, die mitten durch das eigene

Volk verläuft, am zweckmäßigsten mit Waffen geschieht. Es geht nicht mehr um die Frage: Militär oder nicht, sondern leider nur noch um die Frage: Wehrpflicht oder Berufsheer. Warum verwendet die Opposition ihre Militärexperten nicht, um mit unmittelbarer Hinwendung zum Volk darlegen zu lassen, mit welcher Wahrscheinlichkeit eine deutsche Armee in verhältnismäßig kurzer Zeit dazu wird übergehen müssen, sich eigene, das heißt nationalstaatliche Zwecke und Ziele auszudenken, weil die Zwecke und Ziele, für die sie jetzt angeblich aufgestellt wird, überholt sein werden. Es ist klar, was sich aus diesem Argument ergibt: Daß die Militarisierung nicht zu einem Herzstück der Innenpolitik gemacht werden darf, sondern nur zu einem Provisorium. Deshalb also Berufsarmee und nicht Wehrpflicht, denn der Berufssoldat kann mit seiner Löhnung abgefunden werden, während der Wehrpflichtige mit einer Staatsidee ausgerüstet werden muß.
Wir hatten kürzlich Gelegenheit, uns mit einer ersten Garnitur künftiger Stabsoffiziere zu unterhalten. Diese Männer haben ihre aussichtsreichen Zivilberufe nur deshalb verlassen, weil man sie glauben gemacht hat, es gelte, das Land vor den Russen zu schützen. Sie wiesen mit Entrüstung die Vermutung von sich, daß sie sich eines Tages wieder für nationalstaatliche Ziele verwenden ließen, ja, sie hielten es für unmöglich, daß ihnen solche Ziele noch einmal gewiesen werden könnten. Sie würden, sagten sie, den neuen Rock wieder auszuziehen, wenn sie fürchten müßten, daß der nationale Kram wiederkommt.
Der nationale Kram muß wiederkommen. Auch deutsche Soldaten lesen Zeitungen und sie werden erfahren, daß Amerika seine Rechnung mit Rußland ohne sie machen wird. Was dann? Schickt man die Soldaten wieder nach Hause?
Wir richteten diese Frage kürzlich an den Verteidigungs-

minister, und er hat in der Tat geantwortet, daß man den deutschen Soldaten vielleicht wieder nach Hause schikken könnte. Er hat die Antwort nur ironischerweise gegeben. Es liegt ihm ebenso fern wie seinem Herrn, sich einen Weltzustand vorzustellen, in dem dem Frieden in Europa weit mehr gedient wäre — und natürlich der deutschen Wiedervereinigung —, wenn es keine deutschen Soldaten gäbe, als dem Frieden der Welt in Adenauers Augen jetzt durch deutsche Soldaten gedient wird. Was veranlaßt die Opposition, ebenfalls so zu tun, als sei der kalte Krieg ein ewiger Krieg? Sie ordnet sich mutlos außenpolitischen Gesichtspunkten unter, die kaum noch als Bestandteil einer deutschen Politik bezeichnet werden können, sondern den Verzicht auf eigene Politik bedeuten.«
»Außenpolitische Gesichtspunkte, die kaum noch als Bestandteile einer deutschen Politik bezeichnet werden können« — das Sammelsurium aus zeitbezogen Richtigem, eingetaucht in den absurden Optimismus, die Amerikaner könnten mit den Sowjets einen Kompromiß aushandeln, kann wenigstens mit diesem letzten Satz Anspruch erheben, er treffe mehr denn je auf hier und heute zu. Im übrigen steht dieser Text auch deshalb hier, weil er zum anderen Mal den Titel dieses Buches rechtfertigt. Was waren das für schöne Zeiten, in denen man in einem bürgerlichen Blatt auf der ersten Seite die Existenzberechtigung der Bundeswehr noch derart in Frage stellen konnte!
Die Besorgnis, die Deutschen könnten nicht mitmachen, erwies sich trotz der kritischen Haltung der SPD alsbald als gegenstandslos. Bereits am 11. Oktober 1951 hatte die Freie Demokratische Partei Bayerns ein streng vertrauliches Rundschreiben an ihre Mitglieder herausgegeben, in dem es heißt: »Wir empfehlen vorsorglich, schon jetzt Einstellungsgesuche von Offizieren, Unteroffizieren und Beamten der ehemaligen deutschen Wehrmacht an

den Beauftragten des Bundeskanzlers für die mit der Vermehrung der alliierten Truppen zusammenhängenden Fragen (Büro Blank, Argelanderstr. 105) einzureichen. Die Bewerbungen sollen etwa folgenden Wortlaut haben:
Ich bewerbe mich um Verwendung für den Fall der Aufstellung eines deutschen Kontingentes im Rahmen einer europäischen Wehrmacht. Lebenslauf liegt bei, Freiumschlag ist beigefügt.
Der Lebenslauf muß ein lückenloses Bild der früheren Dienstlaufbahn enthalten... Als Referenzen sollen Persönlichkeiten mit einwandfreiem Namen aufgeführt werden...
Mit freundlichen Grüßen
gez. Brandt, Hauptgeschäftsführer.«[97]

Am Tor zur Hölle

Das Tor zur Hölle des Atomkrieges[98] ist derzeit noch das Tor zu seinem politischen und militärischen Vorraum, zu dem Ort, an dem wir uns befinden. Wo, wie, wann und warum wir aufgebrochen sind — gewiß nicht im Bestreben, dorthin zu gelangen, wohl aber blind für alle Signale, daß wir dorthin gelangen würden —, schilderten skizzenhaft die bisherigen Abschnitte dieses Buches. Werfen wir nun einen Rundumblick, wie dieser Vorraum möbliert ist, der offiziell die »Bundesrepublik Deutschland« heißt, aber landauf, landab, beispielsweise wenn die Fußballnationalmannschaft im Ausland spielt, »Deutschland« genannt wird — auch in allen Medien.
Handelte es sich dabei nur um eine lässige Verkürzung des Staatsnamens, es hätte weiter keine Bedeutung. So ist es nicht. Seitens der Obrigkeit wird mißbilligt, im amtlichen Schriftverkehr sogar verboten, nur von der

»Bundesrepublik« zu sprechen, unter Weglassung von »Deutschland«, hingegen gilt es keineswegs für unstatthaft, die »Bundesrepublik« zu unterschlagen, und damit den Staat mit dem historisch belasteten Begriff »Deutschland« zu benennen, den es in der politischen Geographie nicht mehr gibt und nie mehr geben wird, denn auch ein »wiedervereinigtes« Staatsgebiet wäre nicht, was es einmal gewesen ist: jenes Land der Deutschen, das »Deutsches Reich«, dann »Großdeutsches Reich« genannt worden ist, oder kurz »Deutschland«, wobei schon seit jeher jeder Versuch zu definieren, was darunter zu verstehen sei, gescheitert ist. Das Land der deutsch sprechenden Menschen? Dann gehörten große Teile der Schweiz auch zu Deutschland, um nur eine Minderheit von Deutschen zu nennen, die außerhalb der Grenzen sogar des Großdeutschen Reiches lebten. Staatsnation, Kulturnation, Deutschland, das Vaterland — so viele Begriffe, so viele Probleme der Abgrenzung.
Eines aber ist sicher: Die Bundesrepublik Deutschland ist nicht Deutschland, und wer sie »Deutschland« nennt, dem steht bewußt oder dem schwebt unbewußt ein größeres Ganzes vor Augen, zumeist identisch mit dem ehemaligen Reichsgebiet in den so oft zitierten Grenzen von 1937. Mit der Verwendung dieses Begriffes ist bei vielen ein verbalaggressiver Akt verbunden, bei den meisten das Gegenteil, eine geschichtslose Gleichgültigkeit gegenüber Begriffen, deren Sinn und Gewicht sich nur aus der Geschichte ableiten ließe.
Die Sonntagsreden, in denen von einem »wiedervereinigten Deutschland« getönt wird, gehören zu den Manipulationen der öffentlichen Meinung, mit denen Adenauer begann, als er die Wiedervereinigung als den sicheren Lohn für den kalten Krieg hinstellte. Durch fast zwei Jahrhunderte läßt sich verfolgen, daß deutsches Streben nach politischer und staatlicher Selbstverwirklichung allemal nur auf Kosten der Nachbarvölker und -staaten

verwirklicht werden sollte, daß also der Konflikt einprogrammiert gewesen ist. Hier läßt sich nun die Kausalität umkehren, und nur so erklärt sie deutsche Geschichte seit etwa 150 Jahren: *Das Konfliktbedürfnis schafft die Ansprüche!* Die Behauptung, sie hätten jeweils in der objektiven Situation ihre Rechtfertigung gefunden, ist eine der elementaren Selbsttäuschungen, mit denen unser Volk sich als Störenfried durch die Geschichte bewegt, seitdem es sich als Volk erfahren hat.

Da es seit dem Zusammenbruch des Staates im Jahre 1945 nicht mehr möglich ist, einen auf nationaler Basis geführten Krieg als letzte Steigerung und zugleich Scheinlösung des jeweils geschaffenen Konfliktes gleichsam anzupreisen oder wenigstens in verschlüsselter Form in Aussicht zu stellen, wie es die Regierungen des kaiserlichen und des nationalsozialistischen Reiches getan haben, so wurde gleichsam zum Hausgebrauch die Aggression in politische Programme verlagert, die sich in bestimmten Begriffen kristallisiert haben wie eben »Deutschland« oder »Alleinvertretungsanspruch«. Die entsprechende Propaganda hat beispielsweise aus dem von der SED eingeführten Begriff »Friedensgrenze« für ihre Grenze gegen Polen so etwas wie Vaterlandsverrat gemacht. Die Machtlosigkeit nötigt aber auch, die Aggression mehr denn je zu tarnen. Nirgendwo in der ganzen westlichen Welt wird seitens der Parteien, des Parlamentes, der Regierung — gleich, auf welcher Mehrheit sie stehen mag — so häufig und so laut vom Frieden getönt, von der Friedenssehnsucht, dem Friedenswillen, von der eigenen Friedfertigkeit wie bei uns. Es ist die Friedfertigkeit eines Mannes, der zu seinem Nachbarn sagt: Ich werde den Zaun zwischen unseren Grundstücken nicht einreißen, aber das ist doch klar, die Hälfte deines Grundstückes gehört mir. Wir selbst haben dafür gesorgt, daß die deutsche Decke kürzer geworden ist, als sie war (sagen wir genauer: als sie nicht einmal hundert Jahre lang gewesen war), aber wir wollen uns nicht nach der kürzeren strecken, obwohl, wie die BRD überzeugend beweist, wir damit ganz großartig existieren könnten. Das gute Recht, das gute Gewissen, Grenzveränderungen als unabdingbar anzusehen, wird mit dem »Selbstbestimmungsrecht« begründet, diesem verschlissenen Ladenhüter von vorgestern.

Nun sind wir aber in der glücklichen Lage, daß die Durchsetzung dieses Selbstbestimmungsrechtes verbunden wäre mit der »Befreiung« der Brüder und Schwestern drüben aus dem Joch der SED, so daß auf der Fahne, die da geschwungen wird, neben »Deutschland« das Wort »Freiheit« in großer Schrift steht. Wie es sich trifft: Unsere Schutzmacht tritt zum nächsten Krieg unter eben diesem Motto »Freiheit« an, womit sie ihren Imperialismus tarnt wie wir unseren Nationalismus. Dabei ist allerdings auf einen großen Unterschied hinzuweisen: Für die Kriegspolitik der Amerikaner ist der gegenwärtige Präsident nur die Leitfigur, hinter der die übergroße Mehrheit von 180 Millionen Amerikanern steht, vereint in ihrem missionarischen Wahn, zur Oberherrschaft auf unserem Planeten bestimmt zu sein. Wohingegen nur eine Minderheit von Deutschen, vorwiegend in älteren Generationen verdichtet, wirklich noch aus Gdansk Danzig und aus Wrozlaw Breslau machen möchte. Selbst Leipzig und Rostock liegen für die junge Generation keineswegs mehr in einem Deutschland, ohne dessen Wiederherstellung sie nicht leben möchten.

Einen wirklich fanatischen Nationalismus findet man unter Deutschen nur noch in breiten Bevölkerungsschichten der DDR als einen ideologischen Notausgang, besser gesagt, als eine ideologische Absetzung von der Ideologie des Kommunismus. Die Hauptstoßrichtung dieser nationalistischen Sehnsüchte ist natürlich westwärts gerichtet und kann, wie die inneren Machtverhältnisse in der DDR beschaffen sind, nur für eine Erwar-

tungshaltung gut sein, nicht ein politisch verwertbares Aggressionsgefühl tragen. Es handelt sich um einen Nationalismus, den das Regime nicht mit Mißtrauen zu beobachten hat, ganz im Gegenteil, er kommt ihm zupaß in seinem Bestreben, aus bestimmten, im Kapitalismus total vernachlässigten Bestandteilen (und Personen) der deutschen Geschichte Kommunismus und deutsches Nationalgefühl zur Deckung zu bringen. Wer die Entwicklung in der DDR verfolgt hat, weiß, daß der Konsolidierungseffekt dieser ideologischen Strategie beträchtlich ist.
In Westdeutschland wäre mit dem aus Eigenerzeugung hervorgehenden Nationalismus weniger für die Stabilisierung der inneren Verhältnisse anzufangen, ließe er sich nicht als lokal wirksamer Verstärker in die antisowjetische Politik der USA einbringen. Er macht uns zum Juniorpartner im amerikanischen Weltgeschäft.
In dieser Rolle können wir an der deutschen Wand zwei Feindbilder aufhängen, die einen hervorragenden Ersatz für den »Erbfeind Frankreich«, das »perfide Albion«, das »verräterische Italien« darstellen, mit denen wir in vergangenen Epochen unserer Angst, unserer Unfähigkeit zur spannungslosen Selbstidentifikation beigekommen sind. Sie reichten ursprünglich nur dafür aus, um mit ihnen die Bereitschaft zu zwei nationalen Kriegen zu entwickeln, die sich dann dummerweise zu Weltkriegen auswuchsen. Jetzt aber sind wir von Anfang an ganz unmittelbar in eine Konfliktsituation integriert, in der wir unser Schifflein im Wellenschlag der Weltpolitik gen Osten steuern können.
Das SED-Regime und der real existierende Kommunismus der Sowjetunion sind die aktuellen Feindbilder, an denen wir uns als vielerfahrene Protestler und Störenfriede wieder zur vollen Größe aufrichten können, die wir schon als verspielt angesehen hatten. (Zusätzliche, ziemlich neue Feindbilder, Stichwort: die Türken, wollen wir

zunächst außer acht lassen.) Die Frage ist, ob es sich wirklich um zwei in sich selbständige Feindbilder handelt oder ob nicht das DDR-Feindbild nur vom Feindbild »Sowjetunion« abgeleitet ist. Daß jenes spezifische Züge aufweist, ist unbestreitbar — beispielsweise ist das Honecker-Regime nicht allein deshalb verwerflich, weil es kommunistisch ist, sondern außerdem, weil es wegen seiner Unterwürfigkeit gegenüber Moskau als minderwertig angesehen werden darf. (Um diesen Ansatz für Aggression nicht einzubüßen, wird bei uns nicht registriert, daß Honecker der erste Chef der DDR seit Gründung ist, der seinen politischen Spielraum voll ausnützt.) Nichtsdestoweniger ist doch davon auszugehen, daß es sich eigentlich doch nur um *ein* Feindbild handelt, das wir nach Belieben die Russen, die Sowjets, den Kommunismus nennen können. Es wird so getan, als habe sich dieses Feindbild erst entwickelt, seitdem die UdSSR aus dem Zweiten Weltkrieg als Großmacht hervorgegangen ist und deshalb von einem Staat und dessen Bevölkerung, die sich der anderen Großmacht, den Vereinigten Staaten von Amerika, auf Gedeih und Verderb unterworfen haben, als Bedrohung begriffen werden muß. Diese Auffassung wie so viele Fehlinterpretationen aktueller Symptome konnte sich nur deshalb durchsetzen, weil die eigene Geschichte insgesamt tabuisiert worden ist. Es nicht zu tun, die Kontinuität auf allen Gebieten des politischen und kulturellen Lebens der Nation durch entsprechende schulische und Erwachsenenerziehung präsent zu halten, hätte bedingt, die deutschen Verbrechen vor 1945 nicht mit Hitler, sondern mit den Deutschen und ihrer Geschichte zu erklären. Um dies zu vermeiden, wurde der große Schwamm genommen und die jüngste deutsche Vergangenheit insgesamt ausgelöscht. Dieser gleichsam operativen Entfernung des wichtigsten Faktors, der ein Volk zur Nation im politischen Sinne macht (seine Herkunft, sein Dasein im Wandel der Jahrhunderte), fiel auch die Kenntnis davon zum Opfer, wie es um das deutsch-russische Verhältnis bestellt gewesen ist, seitdem von einem deutschen Volk, von deutscher Nation gesprochen werden kann — was erst seit den Befreiungskriegen gegen das napoleonische Frankreich berechtigt ist. Wir haben eine Zeitspanne vor uns, die etwa bis 1830 zurückreicht, in der die Russen als Bedrohung und minderwertig aufgefaßt worden sind.

»Was nutzt uns die beste Sozialpolitik, wenn die Kosaken kommen«, hat zu Anfang dieses Jahrhunderts der liberale Politiker Friedrich Naumann gesagt, als dessen »Testamentsvollstrecker« Theodor Heuss, der erste Bundespräsident, bezeichnet wurde. Den Satz haben Kohl und Geißler 1980, damals noch Oppositionspolitiker, wieder aufgegriffen, um die Sozialpolitik der sozialliberalen Regierung zu kritisieren.[99]

Was hier zum Ausdruck kam, liegt auf der Hand: soziale Maßnahmen, die den wirtschaftlich Schwachen, zumindest Schwächeren, zugute kommen sollen, sind der nationalstaatlichen Sicherung gegenüber dem Feind im Osten, die nur eine militärische sein kann, unterzuordnen. Dementsprechend hat die Aufteilung der Mittel im Staatshaushalt zu erfolgen. Das ist nur ein Beispiel von vielen dafür, daß die Sowjetunion dank des Umstandes, zum Feindbild Nummer eins aufgewertet worden zu sein — von absolut gleicher Stringenz wie das zuvor gültige Feindbild Nummer eins »Juden« —, der eigentliche Garant für die Stabilität der spätkapitalistischen Gesellschaftsordnung in der BRD ist. Daß eine gerechte Sozialpolitik ebenfalls ein geeignetes Mittel wäre, die bestehende Ordnung zu stabilisieren, wird in der Bundesrepublik — soll ich sagen: in Deutschland?! — nicht in zweiter, sondern nur noch in letzter Linie in Erwägung gezogen. Ich schreibe im Sommer 1984, die Streikbewegungen, die einer gerechteren sozialen Ordnung dienen sollen, befinden sich auf dem Höhepunkt, und es zeigt sich, daß der

»soziale Friede« kein politischer »Eckwert« mehr ist. Die Regierung kann es sich erlauben, sich in aller Offenheit mit den Interessen der Industrie und des Großkapitals zu identifizieren, was sie selbstverständlich nicht wagte, wüßte sie nicht, daß der gesellschaftliche Konsens deshalb jede innere Belastung übersteht, weil die benachteiligten Schichten unter gar keinen Umständen massiv aufbegehren werden. Warum nicht? Weil die Volksgemeinschaft eine Angstgemeinschaft ist, in der schichtspezifische Kriterien weitgehend aufgehoben sind. (Nicht einmal gegen die jedermanns Leben unmittelbar bedrohende »Nachrüstung« wurde die Anwendung des einzig probaten Mittels, das sie verhindert hätte, der Generalstreik, auch nur erwogen.) Die Politiker der BRD (auch das eine unerwünschte Abkürzung, weil »Deutschland« im Kürzel D untergegangen ist; die korrekten Kommunisten haben den Begriff gar nicht verwendet, Deutsche Demokratische Republik ist ein weit bescheidenerer, jeder Aggression entbehrender Staatsname!) — also: Die Politiker der BRD brauchten die Beschreibungen des Feindbildes, die selbstverständlich stets propagandistischer Natur sind, nicht neu zu erfinden: »Besinnt euch auf die Kosaken mit ihren kleinen Pferden ... Überall wo sie wegzogen, ließen sie Zerstörung, Gestank und Ungeziefer zurück. [Sie] brennen vor viehischer Begierde, Deutschland wieder auszuplündern und unsere kaum geborene Freiheit, unsere Kultur, unseren Wohlstand zu vernichten.« Wann geschrieben? 1848 in einem demokratischen Flugblatt!
Der Begriff »Rußland« oder »Sowjetunion« wird sehr häufig ersetzt durch »der Osten«, zuweilen auch durch »Asien«. Immer ist dabei ein Machtpotential gemeint (in der Sprache der Militärs: »Warschauer Pakt«), das unersättlich ist. Das *ZEITmagazin* verwendete am 15. Februar 1980 die Schlagzeile: »Wann ist der Bär satt? Geschichte des russischen Expansionsdrangs«.

Indem ich solche Propagandaformulierungen zitiere, ob sie nun 150 Jahre alt sind oder von heute stammen, kann ich sicher sein, daß nicht wenige Leser denken: Aber so ist es doch! Das Feindbild ist in Stahl gegossen. Die antikommunistische Litanei, besser gesagt, die antikommunistischen Gebetsmühlen benutzen entweder sowjetische Wortprägungen wie »Weltrevolution«, die seit einem halben Jahrhundert in der nationalen Politik Moskaus aus dem Verkehr gezogen sind (die ungebrochene Hoffnung, der Kapitalismus werde an seinen eigenen Widersprüchen zugrunde gehen, ist nicht die Basis einer Planung, die auf den von Moskau ausgelösten Atomkrieg abzielt!), oder sie wiederholen endlos »Prag«, »Afghanistan«, »Polen«, ohne daß jemals gesagt wurde:
»Prag« — für die Sowjetunion stand auf dem Spiel, ob sie die im Weltkrieg teuer bezahlte Machtstellung verlieren würde. Und: Was würden die USA tun, wenn zum Beispiel Italien ein moskauhöriger kommunistischer Staat würde und die amerikanischen Waffen und Einheiten hinauswürfe? (Sie würden Italien besetzen!);
»Afghanistan« — niemand weiß, was die Alternative gewesen wäre, hätten die Sowjets das Land nicht besetzt (daß es auf jeden Fall ein politischer Fehler war, ist eine ganz andere Frage);
»Polen« — was für eine bewundernswerte Mäßigung, nicht einmarschiert zu sein (daß der Einmarsch in Polen ein noch viel größerer politischer Fehler gewesen wäre, als es die Besetzung Afghanistans gewesen ist, ist eine ganz andere Frage).
Mit anderen Worten: Eine realistische Analyse sowjetischer Handlungen findet nicht mehr statt, sie wäre mit der Funktion des Feindbildes für die Stabilität der eigenen gesellschaftlichen Verhältnisse unvereinbar. Die Sowjets können tun, was sie wollen, es ist immer unannehmbar, hinterlistig, bösartig, gefährlich. Die Amerikaner können den »gewinnbaren« Atomkrieg proklamie-

ren, das wird weder als gefährlich noch als bösartig registriert, es muß so sein, wie gut, denn die Sowjets ... und so weiter. Obgleich die Amerikaner das vietnamesische Volk, das ihnen nie etwas getan hat, ausmorden wollten, die Sowjets etwas damit Vergleichbares nie begangen haben (sowjetische Soldaten ließen sich in Prag 1968 anspucken, ohne den Revolver oder die Maschinenpistole zu ziehen, ich war Augenzeuge!), wurden in einer empirischen Untersuchung im Jahre 1978 die Russen von 31 Prozent der Befragten, die Amerikaner zu acht Prozent als »grausam« bezeichnet.
Die antikommunistische Feindbildpropaganda hat eine Denkblockade ausgelöst. Sie läßt sich mehrfach motivieren: mit den deutschen Verbrechen auf sowjetischem Boden, die mit radikalem Antikommunismus gerechtfertigt werden sollen (den Bösen ist Böses zu Recht geschehen!); mit den Vergewaltigungen deutscher Frauen; mit Feindbildpropaganda zwecks Herrschaftssicherung; mit dem psychischen Bedürfnis nach kollektiven Feindbildern (eine Konstante in der deutschen Geschichte); mit der tradierten, eingeschliffenen Vorstellung von den insgesamt negativen Eigenschaften der Russen.[100]
Jene »Russen«, jene russische Macht — früher die zaristische, jetzt die sowjetische —, wovon das Feindbild abgeleitet ist, gibt es ebensowenig, wie es die jüdische Weltverschwörung gegeben hat, mit der der Nationalsozialismus Herrschaftssicherung betreiben konnte, die im Krieg und in der »Endlösung« ihre radikalsten Konsequenzen entwickelte. Zwischen der psychischen Disposition aller Deutscher vor und unter der Diktatur und der Westdeutschen unter der auf den ersten Blick — aber nur auf den ersten Blick! — so viel harmloser erscheinenden Herrschaft eines Schmidt oder Kohl besteht grundsätzlich kein Unterschied.
Wir sind gar nicht so weit von dem psychischen Mechanismus jenes KZ-Aufsehers entfernt, der seinen Hund

»Mensch« genannt hat, um ihn gegen die jüdischen Untermenschen abzugrenzen, nur haben wir die Juden gegen die Kommunisten ausgetauscht. Solche in der historischen Situation liegende Veränderungen werden immer als prinzipielle hingestellt, um damit zu sagen, nun sei natürlich alles ganz anders, aber im Kern ist überhaupt nichts anders.

»Schließlich besteht ja ein Ding nur durch seine Grenzen und damit durch einen gewissermaßen feindseligen Akt gegen seine Umgebung«, schreibt Robert Musil im *Mann ohne Eigenschaften*. So ist es mit uns: Unser selbst nicht sicher, die Verwirklichung entsetzlicher Möglichkeiten gerade hinter uns — auch von jenen nicht vergessen, die uns jetzt aus Opportunismus schmeicheln —, sicherer Form gänzlich entbehrend, sind wir auf Eingrenzung mehr denn je angewiesen. Unser sogenanntes Nationalgefühl war nie etwas anderes als der Reflex von Feindschaft gegen andere, sei es, weil wir sie beneideten, sei es, daß wir sie als bedrohlich empfanden.

Zu Kaisers Zeit addierten unsere Vorfahren die Schlacht bei Sedan, diesen glorreichen Sieg über die Franzosen, mit dem Einkreisungstrauma; in der Weimarer Republik wurden die Niederlage für den von uns im Verein mit Österreich verursachten Krieg und die Quittung, die wir dafür erhielten, der Versailler Vertrag, die Quellen des Hasses gegen die Sieger; der mit diesem Haß zur Macht gelangte Nationalsozialismus gewann politische Form durch Rassenhaß, zum Feindbild des Juden gesellte sich das Feindbild des russischen Untermenschen; das letzte haben wir ein wenig modifizieren müssen, weil eine Weltmacht nicht nur von Untermenschen geschaffen sein kann, alles in allem aber haben wir die Erbschaft Hitlers angetreten.

Nach wie vor ist unser Volk unfähig und unwillig, den konkreten Zustand der Welt zur Kenntnis zu nehmen. Unter der unsichtbaren, auf Staatspolizei nicht angewiesenen Diktatur eines erfundenen Feindbildes biegt es sich seine Weltsicht zurecht und läßt es zu, daß sein eigener Lebensraum, dieser Staat BRD, so viel bewundert wegen seiner ökonomischen Effizienz, seiner wenigstens bis vor kurzem an den Tag gelegten sozialen Harmonie, seiner von Millionen Touristen im Ausland vorgeführten Weltläufigkeit, zu einer Karikatur dieses verzerrten Weltbildes geworden ist dank deutscher Neigung, alles zu übertreiben.

Ich könnte mir die Beschreibung des westdeutschen Vorraums zur Hölle des dritten Weltkrieges einfacher machen, indem ich darauf hinweise, daß wir uns im Schoß einer imperialistischen Weltmacht eingerichtet haben, deren über Krieg und Frieden entscheidender Präsident die Sowjetunion als »das Reich des Bösen« bezeichnet hat. Damit sind wir zu Hilfswilligen bei der Vorbereitung eines Religionskrieges geworden, wie sie nur von Menschen befohlen, von Völkern geführt werden, die der Vernunft entlaufen sind.

So zu argumentieren käme dem Versuch gleich, im voraus für uns eine Generalentschuldigung auf den Tisch des Weltgerichtes zu legen, und trifft in dieser Simplifizierung, wir täten nur, was uns die Amerikaner zu tun befehlen, auch nicht zu. Gewiß wäre es einem Adenauer schwerer gefallen, jene Leute, die er die »Sofjets« nannte, glaubwürdig zu unseren Ur- und Erbfeinden zu ernennen, wenn es beispielsweise keine Carepakete und nicht den Marshallplan gegeben hätte, das heißt neben Zwangsmaßnahmen der Siegermacht auch die Zuckerbrotverführung zum Antikommunismus. Es durften sich jedoch die Amerikaner absolut sicher sein, ihre im ganzen eher bescheidenen Investitionen in die Westdeutschen würden sich politisch wie militärisch bezahlt machen, weil sie wußten, daß wir von ihnen das erwünschte Feindbild nicht erst zu erlernen brauchten. Es gereichte uns zur Genugtuung, daß der Propagandachef Dr. Goebbels richtig prophezeit hatte, das Kriegsbündnis werde nicht halten, die Amerikaner würden gegen die Russen vorgehen. Nach unserem Verständnis konnte es gar nicht anders kommen, denn anständige, im Kapitalismus das Heil erblickende Menschen müssen Antikommunisten sein, die auch ihre Kinder unter dem Feindbild erziehen. Wir importieren demnächst aus den USA Kinderspiele, welche heißen: *Der Dritte Weltkrieg, Der nächste Krieg in Europa, Der rote Sturm*. Die Familie sitzt abends zusammen und hat ein Spielfeld aus Karton vor sich, darauf ist der geographische Grundriß der BRD und kleiner Teile westlichen und östlichen Nachbarlandes zu sehen. Es verliert derjenige, der ein Friedensangebot macht oder dessen Gebiet so vergiftet ist, daß darauf niemand mehr leben kann.

Die Spielregeln setzen einen sowjetischen Überfall auf die Bundesrepublik Deutschland voraus, wobei der Feind sogenannte »konventionelle« Waffen einsetzt – auch ein Schwindelbegriff, der eher an 1870/71 als an Vietnam denken läßt. Der friedliebende Westen antwortet mit dem Atomschlag, aber die lieben Kleinen in Philadelphia oder Los Angeles gewinnen am Schluß keine gesicherten Erkenntnisse darüber, welche Seite in den Kämpfen um Deutschland siegt (in diesem Zusammenhang lassen sich keine Bedenken gegen die Verwendung des Begriffes »Deutschland« anmelden): »Ganz andere Ziele hat der für den 27. Juni 1998 angenommene Generalangriff der Sowjetunion. ›Objective Moscow‹ heißt das Invasions-Szenario: Vietnam hat sich mit den USA verbündet – der Dollars wegen. Westdeutsche und amerikanische Geheimdienstagenten haben in der DDR Aufstände angezettelt. Mit Duldung der USA annektiert China Taiwan und Südkorea – und schließt sich zum Dank der USA an. Auch der Iran schlägt sich nach dem Tode Khomeinis auf die Seite der USA. Nach einem russisch-chinesischen Grenzkonflikt ›intervenieren‹ die Ver-

einigten Staaten zusammen mit China und allen sowjetischen Nachbarstaaten. Ziel: Moskau.«[101]
Die amoralischen Aufrüster unserer Kinder mit Kriegsspielzeug aller Art sind hierzulande offenbar auf solche Mittel noch nicht gekommen, so daß diese noch importiert werden müssen, und auch sonst befinden wir uns aus naheliegenden Gründen noch nicht ganz auf der Höhe der amerikanischen Kriegsvorbereitungen. Wir sind zwar wohlhabend, aber doch nicht so reich, um wie die USA beschließen zu können, kurzfristig 180 Milliarden Dollar in neue Rüstung zu stecken, leisten indes nach unseren Möglichkeiten das äußerste. Dabei dreht es sich selbstverständlich keineswegs nur darum, einen erheblichen Teil des Steueraufkommens für eine Armee zu verpulvern, die, wenn sie zum Kämpfen käme, auch schon ausgekämpft hätte; mindestens ebenso wichtig sind die für den inneren Gebrauch vorgesehenen Einrichtungen. Um es in Symbolen zu sagen: Sie reichen vom Raketenwald bis Stammheim, von einer schießfreudigen Polizei über die Türkenverfolgung bis zu Demonstrationsverboten.

HÄNSEL UND GRETEL SPIELEN IM RAKETENWALD   Als sie sich in Südwestdeutschland herumtrieben, Händchen in Händchen furchtsam durch die Wälder gingen, kamen sie immer wieder an Stellen, wo es ihnen Stacheldraht und dahinter Mauern unmöglich machten weiterzugehen. Männer mit Gewehren und Hunden sagten ihnen, sie sollten sich schleunigst aus dem Staub machen. Den Staub wirbelten schwere Lastfahrzeuge auf, denen sie immer wieder begegneten, weil Tag für Tag Atomraketen mit ihren mobilen Rampen von einem Platz zum andern bewegt wurden, um die bösen Feinde daran zu hindern, seine Raketen auf bestimmte Ziele einzustellen.
Die Sprengköpfe befinden sich noch unter Verschluß, und das ist auch gut so, denn sie haben, verglichen mit

den auf Japan 1945 abgeworfenen Atombomben, pro Stück eine zwanzigfache Vernichtungskraft. Sie heißen »Pershing 1 A«.

Natürlich konnten sich Hänsel und Gretel ebensowenig wie ihre Eltern, sonstigen Verwandten und alle ihre Landsleute ein wirklich zutreffendes Bild vom Raketenwald machen. Hier muß noch einmal die Bombe, die Hiroshima zerstörte, zum Vergleich herhalten: In der Meßeinheit der Sprengkraft von Atombomben bzw. -geschossen, ausgedrückt in Kilotonnen, gingen auf die japanische Stadt zwanzig Kilotonnen nieder. Was auf Städte, Verkehrsanlagen, Fabriken, Truppenunterkünfte, Bereitstellungsräume in der DDR und in Polen, abgeschossen in westdeutschen Wäldern, binnen Minuten niedergehen könnte, entspricht 36 000 Kilotonnen.

Auch sie werden noch als durchaus ungenügendes Vernichtungspotential angesehen. 512 Atomköpfe können von vier U-Booten abgeschossen werden, die dem NATO-Oberbefehlshaber auf dem europäischen Kriegsschauplatz unterstellt sind. Deren Reichweite erlaubt, Ziele tief in der UdSSR zu treffen. Die »Nachrüstung« hat diesem Arsenal 108 Raketen vom Typ »Pershing 2« und rund 500 Cruise-Missiles hinzugefügt, womit Ziele, die 2500 Kilometer entfernt sind, erreichbar geworden sind.

Hänsel und Gretel haben ihre Wanderung fortgesetzt, sie sind jetzt im Bayerischen Wald, wo zwar der saure Regen die natürlichen Bäume erheblich lichtet, wo es aber keine Raketenwälder gibt, die sie umgehen müssen. Erinnerst du dich, sagt Gretel zu Hänsel, wir haben einmal Angst vor der Hexe gehabt. Ach ja, meint Hänsel, das ist aber lange her. Gibt es keine Hexen mehr? Doch, sagt Hänsel, aber sie sind ausgewandert, hier ist es zu gefährlich.

EIN ABGESCHLOSSENES, ABER SEHR LEHRREICHES KAPITEL DER AUFRÜSTUNG Im August 1982 feierte die Bundesluftwaffe ein einzigartiges Jubiläum, ihr 250. Kampfflug-

zeug, Typ »F 104 G«, unter dem Namen »Starfighter« bekannt geworden, war abgestürzt. Die fast vollständige Selbstvernichtung dieses »Gerätes« — im Tarnjargon der Bundeswehr heißen Waffen »Geräte« — und die Dezimierung der Piloten, die dieses »Gerät« fliegen mußten, haben sich über Jahre hingezogen. Noch 1966, fast sechs Jahre nachdem diese für deutsche Zwecke auf Befehl des damaligen Verteidigungsministers Franz Joseph Strauß aus einem amerikanischen Schönwetterjäger — der nicht die Gewohnheit hatte abzustürzen — entwickelte Maschine erste Probeflüge gemacht hatte, war noch nicht ein Drittel der in Lizenz nachgebauten Maschinen der Firma Lockheed einsatzfähig. In diesen frühen Jahren, in besonders dichter Folge 1965, häuften sich die Abstürze; bei 26 konnten sich 15 Piloten nicht mit dem Schleudersitz retten, sie waren tot.
Erwuchs daraus dem Initiator sowohl des Ankaufs der Lizenz wie der Umrüstung, die die Maschine fluguntüchtig machte, also Strauß, Ungemach? In der Tat, fast wäre ihm das Lockheed-Geschäft übel bekommen, wenn auch nicht deshalb, weil die Maschinen unvorschriftsmäßig herunterfielen und viele Piloten tot waren, sondern weil ein Verdacht aufkam ähnlich dem, der jetzt dem gräflichen Wirtschaftsminister so großen Ärger gemacht hat. Strauß kam nicht vor den Kadi, aber niemand weiß, ob die Lockheed-Geschäfte bei uns nicht ebenso schwere Folgen wie für höchste politische Würdenträger in Japan gehabt hätten, wäre die amerikanische Regierung nicht schutzengelhaft tätig geworden, indem sie verbot, das einschlägige Aktenmaterial komplett auf den Tisch zu legen. Das ist aber nur eine Randerscheinung der Starfighter-Affäre, und nicht einmal unter allen, die es sonst noch gibt, die wichtigste.
Der CDU-Politiker Kai-Uwe von Hassel sagte: Jede Luftwaffe der Welt muß bereits im Frieden mit einer gewissen Verlustrate rechnen. Das Wort »Verlustrate«, aus der

Manager-Sprache entlehnt, macht sich hier besonders gut. Zu dieser »Rate« gehörte 1970 von Hassels Sohn. Nein, weshalb noch 1984 an den Starfighter erinnert werden soll, ist die protestlose Hinnahme der »Verlustrate« durch die Öffentlichkeit. Nicht nur soziale, auch humane Grundsätze, ja, Sittlichkeit schlechthin sind durch das eigentliche Grundgesetz der BRD, durch den Antikommunismus, durch die Unterwerfung unter ein erfundenes, zusammenphantasiertes Feindbild außer Kurs gesetzt worden. Wenn es um Sicherheit vor dem »Feind« geht, eine Sicherheit, von der unglaublicherweise angenommen wird, die Bundeswehr trage zu ihrer Erhöhung bei, dann wird selbst eine so bodenlose Leichtfertigkeit, mit der man beim Umbau eines Flugzeugs trotz eindringlicher Warnungen seines Konstrukteurs Clarence L. Johnson am skandalösen Werke war, toleriert.

DIE EKD UND DIE ATOMWAFFEN   Die Bekennende Kirche war eine Gruppe in der evangelischen Kirche, die ihren faulen Frieden mit dem Nationalsozialismus nicht machen wollte. Der bekannteste Name in dieser Gruppe war der des Pastors Niemöller, politisch ein konservativer Patriot, aber nicht bereit zu Kompromissen mit einem verbrecherischen Regime. Von 1937 bis 1945 saß der Pastor in Festungs- und KZ-Haft, wurde später der Präsident des Ökumenischen Rates der Kirchen (1961—1968).
In der EKD, der Evangelischen Kirche in *Deutschland* (sic!), gibt es den Reformierten Bund mit zweieinhalb Millionen Christen dieser Richtung. 1982 fand in Ottawa (Kanada) eine Zusammenkunft des Reformierten Weltbundes statt, dem eine Erklärung von der Bundesleitung vorgelegt wurde mit dem Titel »Das Bekenntnis zu Jesus Christus und die Friedensverantwortung der Kirche«. Dieser Text hat in der BRD nicht die Aufmerksamkeit gefunden, die er verdient hätte: »Wo der Staat sich der Massenvernichtungsmittel bedient, wo er Waffen des An-

griffs, der Ausrottung und der Vergeltung unsinnig anhäuft, wo er in seinen militärischen und politischen Plänen die definitive Vernichtung eines Gegners und seines Gemeinwesens in Betracht zieht, ja, die Selbstvernichtung einkalkuliert und bei Anwendung der Kernwaffen hinnehmen muß, wo er schon jetzt für den Preis solcher Waffen den Hungertod Unzähliger in Kauf nimmt – da muß die Kirche ein bedingungsloses Nein, ein Nein ohne jedes Ja sprechen und die Forderung erheben und zu ihrer politischen Durchsetzung beitragen: Wir wollen ohne diese Waffen und ohne diese Rüstung leben.«

Der Göttinger Professor für reformierte Theologie H.-J. Kraus kommentierte diese Erklärung dahin, die Zweideutigkeit und Unentschlossenheit der EKD seien die eigentliche Ursache, daß es zu einem Text von solcher Schärfe in Ottawa gekommen sei. Bischof Lohse, Vorsitzender des Rates der EKD, hielt diesem Vorwurf entgegen, die EKD könne sich nicht hinter diese Erklärung stellen, denn andernfalls würde sie die Einheit der Evangelischen Kirche gefährden. Und: Den Besitz von Atomwaffen halte die EKD mit christlicher Friedensverantwortung vereinbar, nicht jedoch die Anwendung dieser Waffen, das heißt den Atomkrieg.

Daß es möglicherweise die sicherste Methode wäre, den Atomkrieg zu vermeiden, keine Atomwaffen aufzustellen, ist demnach eine Erkenntnis, die der Evangelischen Kirche eines aus Russenangst den Atomkrieg einkalkulierenden Volkes nicht zugemutet werden kann, ohne daß die Gefahr einer Spaltung innerhalb der kirchlichen Organisation entstünde. Eine Bekennende Kirche wird nicht mehr riskiert.

GROSSENGSTINGEN IST ÜBERALL Die »Nachrüstung« hat dazu geführt, daß die Diskussion um die Aufstellung der Pershing-Raketen und der Cruise-Missiles kreist und daß darüber vergessen wird, was außerdem und zuvor

schon auf westdeutschem Territorium an Atomwaffen stationiert worden ist. Lokal arbeitende Alternativgruppen sind von dieser Vergeßlichkeit nicht befallen, sie haben die Waffen sozusagen in Greifnähe vor sich. Schauen wir uns an, was eine von ihnen unternommen hat.
Neben dem Dorf Großengstingen auf der Schwäbischen Alb sind sechs Kurzstreckenraketen vom etwas veralteten Typ »Lance« stationiert. Sie dienen als Träger für Atomsprengköpfe. Für Bewachung, Sicherung und Transport dieser »Sondermunition« sind die USA zuständig. Sie unterhalten dort eine entsprechende Einheit. Die Lance-Raketen sollen »im Ernstfall« Sperrfeuer in die Gegend vor Augsburg legen, damit russische Panzerherden nicht weiter nach Westen vordringen können – was allerdings voraussetzt, daß sie schon derart weit nach Westen gekommen sind.
Die Sprengkraft einer Lance-Rakete beträgt vierzig Kilotonnen, an Vernichtungskraft das Doppelte der 1945 auf Japan niedergegangenen Atombomben.
Die »Sondermunition« ist in einem abseits in einem Wäldchen verborgenen Bunker gelagert. Von der US-Kaserne führt eine Verbindungsstraße zu diesem Lager. Eine Aktion der Friedensfreunde bestand darin, diese Straße zu blockieren. Ihr Zweck erschöpfte sich nicht darin, die amerikanischen Wachkommandos am Betreten der Bunker zu hindern – was ohnehin nur vorübergehend möglich war –; diese Aktion war vielmehr Teil einer im ganzen Raum Tübingen-Reutlingen über ein Jahr durchgezogenen Reihe solcher »kleinen Schritte«, mit denen unter anderem erreicht werden sollte, daß sich die Stadt Tübingen zur atomwaffenfreien Zone erklärte (Tübingens englische Patenstadt ist Durham, das diese Erklärung bereits abgegeben hat).
Großengstingen wurde nach und nach der Ort, um den sich die demonstrativen Akte konzentrierten. Es kam einmal dazu, daß 13 aneinandergekettete Demonstranten

das Haupttor der Kaserne für 24 Stunden unpassierbar machten. Zeltlager wurden am Dorfrand errichtet, wodurch auf Zeit und Abruf die Bevölkerung des Dorfes merklich zunahm, die durchaus nicht von vornherein zu einer inneren Solidarisierung mit den Demonstranten bereit war. Es galt also auch, Öffentlichkeitsarbeit zu leisten, und zwar mit immer neuen Flugblättern, von Haus zu Haus verteilt, mit Gesprächen auf den Straßen und in Kneipen. Die Einwohner begriffen, daß die Stationierung einer Raketenstellung für sie Gefahren heraufbeschwor, da sie den Feind im Kriegsfall veranlassen würde, seinerseits mit Raketen zu antworten.

Die Teilnehmer an diesen Aktionen hatten sich untereinander verpflichtet, jede Gewaltanwendung zu unterlassen, waren sich aber der Gesetzwidrigkeit beispielsweise einer Straßenblockade durchaus bewußt. Es wurden weder Sachen beschädigt noch der Versuch unternommen, in das Kasernengelände einzudringen, noch gar, die bewachte Umzäunung des Bunkers zu überklettern, was ohnehin nahezu unmöglich gewesen wäre. An den Brennpunkten der Aktionen zogen »Friedenswachen« auf, die Tag und Nacht besetzt blieben.[102]

Was war der Erfolg eines mit großen Opfern der Beteiligten über ein ganzes Jahr durchgehaltenen »Widerstandes«? Die Atomartillerie bei Großengstingen steht wie jede andere dort, wo sie stand, bevor es eine Friedensbewegung gegeben hat, bevor Zufahrtswege zu den Munitionslagern blockiert wurden. Welche Verwendung sie finden wird, ist höchst ungewiß geworden, und nichts läßt erwarten, daß sie ihren ursprünglichen Auftrag, sowjetischen Panzern bei Augsburg den weiteren Vormarsch nach Westen unmöglich zu machen, ausführen könnte. Nach dem »Erstschlag« der Amerikaner, dieser einzig einzukalkulierenden Eröffnung des dritten Weltkrieges, werden sowjetische Panzer kaum in der Gegend gesichtet werden, wo es bis dahin eine Stadt Augsburg

gegeben hatte. Großengstingen wird überall sein.
In seltenen Fällen geht es anders; sie sind es, die immer wieder zu lokal begrenzten Einzelaktionen im Rahmen der umfassenden Friedensbewegung Mut machen.
Das Städtchen Schlitz in Oberhessen, zwanzig Kilometer nordwestlich von Fulda, zwanzig Kilometer von der deutsch-deutschen Grenze entfernt. Ein verwinkeltes Fachwerkidyll abseits der großen Verkehrswege. Drei Burgen, die Kirche, der Marktplatz — alles auf einem Hügel zusammengedrängt, umgeben von einer mächtigen, efeubewachsenen Stadtmauer. Gärten ringsum. 5400 Einwohner.
Der Eisenberg hinter der Stadt ist das traditionelle Ausflugsziel der Schlitzer Bevölkerung — ein bewaldeter Hügel mit seltenen Pflanzen- und Tierarten, mit klaren Bächen und kleinen romantischen Weihern.
Der Eisenberg ist Privatbesitz. Er sollte verkauft werden. Die US-Army plante einen Truppenübungsplatz — 1500 Hektar. (Für die Startbahn West wurden 190 Hektar abgeholzt — ein Achtel.)
Lokalpolitiker, Pfarrer, Naturschützer schlugen Alarm. Heimatdichter dichteten Protestsongs. Bauern fuhren zum Traktorenkorso auf. Tausende versammelten sich im Freien, zündeten Mahnfeuer an, sangen Heimatlieder. Einstimmig drohte das Stadtparlament:
»Die Stadt Schlitz würde a) das Projekt nicht freiwillig an das Stromversorgungsnetz der Stadt anschließen, b) nicht durch den Ausbau von gemeindeeigenen Straßen oder Wegen das Gebiet verkehrstechnisch anbinden, c) bestehende gemeindeeigene Straßen und Wege im Umfeld des Eisenberges für militärischen Verkehr sperren, d) einen freiwilligen Anschluß an die kommunale Wasserversorgung verweigern, e) keine kommunalen Entsorgungseinrichtungen zur Verfügung stellen.«
Das Verteidigungsministerium schlief nicht, es schickte Propagandaredner an die Schlitzer Friedensfront, an der

überraschenderweise, weltanschaulich und sozial gesehen, ganz heterogene Gruppen für dasselbe Ziel kämpften. Eine Bürgerversammlung wurde im Frühjahr 1983 einberufen, in der ein Offizier der Bundeswehr auftrat. Ein Tonband hielt seine Ausführungen fest:
»Meine sehr verehrten Damen und Herren! Ich bin Oberstleutnant der Bundeswehr. Ich bin heute abend nicht hier als Vertreter des Verteidigungsministeriums, sondern als Berater der CDU-Bundestagsfraktion.
Wir sollten alle daran denken, daß wir 38 Jahre Frieden und Freiheit in Europa haben.
Und vor diesem Hintergrund sollten wir uns einmal überlegen, was notwendig ist, um diesen Frieden in Freiheit zu bewahren.
Das ist das eigentliche Thema, das hinter Cruise-Missiles, Pershing und Eisenberg zu sehen ist ...
Durch einen Zufall der Weltgeschichte gehört Schlitz zum freien Teil Mitteleuropas.
Und wir sollten nicht vergessen, daß amerikanische Soldaten ihr Leben dafür verloren haben, daß wir heute abend die Diskussion in Freiheit führen können ...
Wir müssen die Soldaten weiter an die Grenze heranbringen, damit sie dort grenznah verteidigen, damit, wenn es zu diesem Krieg kommen sollte, nicht die NATO innerhalb von Stunden, Tagen vor die Frage gestellt wird, Nuklearwaffen einzusetzen oder nicht ...
Natürlich, die Frage des Standorts – und hier komme ich zu der regionalen Situation – ist von Bedeutung ...
[Unruhe]
Sie können auch die Entscheidung – und das lassen Sie mich auch sagen – nicht verhindern. Aber Sie müssen auch akzeptieren, daß der Bund in der Lage sein muß, Entscheidungen durchzusetzen – ob das nun eine Autobahn ist oder ob das ein Kraftwerk ist oder solch eine Stationierung ... Hier muß doch der Bund noch die Möglichkeit haben, Politik zu betreiben! [Pfiffe]

Diese Entscheidung muß dann, nachdem man sich mit demokratischen Mitteln gegen diese Entscheidung gewehrt hat, akzeptiert werden ... [Zornige Zwischenrufe] Und ich kann nur empfehlen, wenn diese Entscheidung nicht zu verhindern ist, daß man Feindbilder abbaut, denn je schlimmer Sie hier ein Bild gegen die Amerikaner aufbauen, um so schwerer wird es möglich sein, hinterher gemeinsam in einer Gemeinde zu leben ...
Und wenn wir in Freiheit überleben wollen, müssen wir bereit sein, Opfer zu bringen. Denn ohne Opfer werden wir diese Freiheit nicht weiter halten können.
Damit bin ich am Ende meiner Ausführungen, es war mir klar, daß das nicht alles angenehm sein konnte.
Ich danke Ihnen ...«
Die Schlitzer gaben nicht nach. Im September 1983 erreichte die Stadt eine Entscheidung aus dem Bundesverteidigungsministerium, in der es hieß: »Überlegungen der US-Streitkräfte, auf Grund eines Grundstückangebotes am Eisenberg bei Schlitz einen Standortübungsplatz einzurichten, lassen sich ... nicht verwirklichen ... Damit wird den zahlreichen sachlichen Hinweisen aus dem parlamentarischen Raum und der Bevölkerung Rechnung getragen.«
Ungläubiges Staunen schlug in der Stadt in Erleichterung und Freude um. Nachbarn riefen sich die Nachricht über die Straße zu, an Privathäusern, am Rathaus wurden die Fahnen gehißt. Auf dem Marktplatz entwickelte sich am Abend spontan ein Volksfest. Der Bürgermeister, der eine Taubenzucht unterhält, brachte einen Korb voll seiner Tiere mit und ließ sie als Friedenssymbole davonfliegen. Der Sprecher der »Aktionsgemeinschaft Eisenberg«, Zahnarzt Heiner M., in Schlitz jetzt der »eiserne Heiner« genannt, sagte auf dem Fest: »Unser Erfolg macht einmal mehr deutlich, daß der Bürger militärischen und anderen Planungen nicht hilflos ausgeliefert ist.«
Der Sieg der Aktionsgemeinschaft war ein partieller. Die

Verlautbarung des Verteidigungsministeriums endete so: »Von der Entscheidung bleibt unbenommen, daß die amerikanischen Streitkräfte weiterhin Ausbildung und Übungen nach Manöverrecht durchführen.
Auch wird weiterhin sichergestellt werden, daß der Bundeswehr und den Streitkräften der Vereinigten Staaten das Gelände zur Verfügung stehen wird, das zu Übungszwecken unbedingt erforderlich ist.«[103]

DIE GERECHTEN RICHTER   Im März 1945 erhielten die Kriminalsekretäre O. und P. den Auftrag, die polnische Arbeiterin Malcik, die beim Plündern angetroffen worden war, zu erledigen. Sie haben es getan. Die beiden Mörder standen im Jahre 1955 vor dem Schwurgericht Würzburg. Die Polin, so ergab sich, war mit zwei Schüssen in den Kopf getötet worden. Der Komplize P., ein weichherziger Deutscher, hatte zu O. gesagt, die Frau sei schwanger, die dürfe eigentlich gar nicht getötet werden. Um dem werdenden Kind Leiden zu ersparen, schoß O. der Frau, die schon tot war, in den Bauch.
Das Schwurgericht entschied: »Nach ihrer Stellung war den Angeklagten nicht zuzumuten, die Straftaten zu unterlassen.« Sie waren gewohnt, »Befehle möglichst genau und gewissenhaft auszuführen«.
Freispruch.
Es gibt ein Bundesgesetz, nach dem alle während des »Zusammenbruchs« — nämlich zwischen Oktober 1944 und Juli (!) 1945 — begangenen Straftaten ungeahndet bleiben, wenn eine Strafe bis maximal drei Jahre zu erwarten ist. Für Mord auf Befehl liegen in der Bundesrepublik die Strafen unter drei Jahren.
Ein SS-Unterscharführer tötete im Frauenlager des KZ Neuengamme bei Hamburg das soeben geborene Kind der Jüdin Domeratzka. Das Hamburger Landgericht sah keine Möglichkeit, die Tat als Mord zu klassifizieren, denn der Ermordete, um nach dem Strafgesetz ermordet

werden zu können, muß arglos und wehrlos sein. Objektiv war der nur einige Stunden alte Säugling in der Tat arglos und wehrlos, aber subjektiv war er es nicht, denn er hatte noch keine Umweltvorstellung, die ihm erlaubt hätten, zwischen freundlichen und unfreundlichen Mitmenschen zu unterscheiden. Infolgedessen konnte bei dem unfreundlichen Mitmenschen nur auf Totschlag erkannt werden, der zur Zeit der Verhandlung (1960) verjährt war.
Freispruch.
Im Reichssicherheitshauptamt (RSHA), der Mordzentrale des Großdeutschen Reiches, waren 7000 Deutsche beschäftigt. Gegen sie begannen 1963 die Ermittlungen, rund zwanzig Jahre nachdem diese beamteten Schreibtischmörder ihre Tätigkeit zu ihrem Bedauern hatten einstellen müssen. Zwölf Staatsanwälte und entsprechendes Hilfspersonal haben sechs Jahre lang versucht, die Vorgänge im RSHA zu rekonstruieren und herauszubringen, wer was getan hatte. Es blieben nach dieser Siebung 35 Verfahren gegen 730 Personen übrig. Gegen 450 von diesen 730 konnten die Verfahren nach der gültigen Rechtsprechung nicht eröffnet werden. Schließlich blieben von den 7000 an der »Endlösung« direkt und indirekt Beteiligten elf Angeschuldigte übrig, denen die Regierung mit einer Änderung des Strafgesetzes Paragraph 50/2 1968 zu Hilfe kam, indem sie formulieren ließ: »Fehlen besondere persönliche Eigenschaften, Verhältnisse oder Umstände (besondere persönliche Merkmale), welche die Strafbarkeit des Täters begründen, so ist dessen Strafe zu mildern.« Es war eine Amnestie durch die Hintertür. Nach dieser Definition blieb keine Mordtat übrig, nur Totschlag stand noch zur Be- und Verurteilung an, und das heißt Freispruch wegen Verjährung.[104]

ÜBER DEN VON GOTT ZUR RECHTEN ZEIT GESCHICKTEN TERRORISMUS   Mit den sogenannten Terroristen ist es eine andere

Sache. Zur Auffrischung des Gedächtnisses zunächst ein paar Daten:
Am 27. Februar 1975 wurde der Berliner Vorsitzende der CDU, Peter Lorenz, entführt und nach Erfüllung der Bedingungen der Entführer wieder freigelassen.
Am 21. Mai 1975 begann in Stammheim der Prozeß gegen Ulrike Meinhof, Andreas Baader und andere. Ulrike Meinhof begeht Selbstmord (1976).
Am 7. April 1977 wird der Generalbundesanwalt Siegfried Buback von der »Rote Armee Fraktion« (RAF) ermordet.
Am 30. Juli 1977 wird bei einem Entführungsversuch der Bankier Jürgen Ponto tödlich verletzt.
Am 5. September 1977 wird der Präsident der Bundesvereinigung der Deutschen Arbeitgeberverbände, Hanns-Martin Schleyer, entführt. Während in der berühmten Aktion von Mogadischu die Befreiung der Geiseln aus einem entführten Flugzeug gelingt, wird Schleyer ermordet. Im Isolierzellenbau von Stammheim kommen die Terroristen Baader, Ensslin, Raspe zu Tode (18. Oktober). Die Version, sie hätten Selbstmord verübt, setzt sich in der öffentlichen Meinung durch.
Am 17. Februar 1978 verabschiedet der Bundestag das Antiterrorismusgesetz.
Diese Liste terroristischer Aktionen ist nicht vollständig, aber auch wenn sie vollständig wäre, ließe sie erkennen, daß weder der Staat und seine Ordnung noch die Sicherheit der Bevölkerung auch nur einen Augenblick lang bedroht waren. Die Propaganda hat jedoch gerade diesen Eindruck erweckt, der Staat sei in unmittelbarer Gefahr, um alle jene Maßnahmen treffen zu können, die inzwischen aus der BRD einen lückenlos überwachten Polizeistaat gemacht haben. Eine nahezu vollständige Beendigung solcher terroristischer Aktionen, wie sie sich in der zweiten Hälfte des Jahres 1977 gehäuft hatten, hat nicht dazu geführt, eine einzige dieser Maßnahmen wieder

rückgängig zu machen. Ihr eigentlicher Zweck war nicht die Bekämpfung des Terrorismus, es handelte sich um vorausschaubare Absicherungen des kapitalistischen Systems für die Zeit, in der die sogenannten Wachstumsraten des Sozialprodukts nicht mehr ausreichen, sich vielleicht sogar in Schwundraten verwandeln würden und demzufolge der »soziale Frieden« nicht mehr mit Geld aufrechterhalten werden könnte.

Daß die Russen in den siebziger Jahren noch immer nicht gekommen waren, tat der Überzeugungskraft des Feindbildes, diesem Fundament der Stabilität der BRD (und der NATO im ganzen), einen gewissen Abbruch. Da es aber dazu herhalten mußte, den ideologischen Konsens aufrechtzuerhalten, während für den sozialen Konsens der erreichte Wohlstand noch immer sorgte, nahm eine erkennbare Abnahme der Angst noch nicht die bedenkliche Dimension an, daß die militante antikommunistische Moral der Bevölkerung ernsthaft von dem Zweifel angenagt worden wäre, ob die Russen überhaupt kommen.

Soweit kam es nicht, aber sensible Staatsschützer, Arm in Arm mit den führenden Bankiers und Industriebossen, sahen die Gefahr heraufdämmern, daß just zu einem Zeitpunkt, in dem die Vorboten der Krise des Kapitalismus, in der wir uns jetzt befinden, erkennbar wurden, die Bevölkerung anfangen könnte, sich zu fragen, warum es eigentlich notwendig sei, jedes Jahr noch mehr Millionen für Rüstung auszugeben.

Schon die linke Studentenbewegung, unerachtet sie nirgendwo über den Campus hinauskam und dennoch gewisse verkrustete hierarchische Strukturen selbst außerhalb der Universitäten aufbrach, war insofern ganz nützlich, als die Bürger eine gewisse Verunsicherung überkam, wenn sie in den Großstädten von ihren Wohnungen aus, in geöffneten Fenstern liegend, die Ellbogen auf gestickte Kissen gestützt, auf Demonstrationszüge blickten,

deren Teilnehmer im Takt Ho Chi Minh skandierten. Nichts Besseres konnte einem Staat passieren, der Berufsverbote und Notstandsgesetze aus dem Ärmel zaubern sollte. Aber vor dem Hintergrund einer »Entspannungspolitik«, die es nicht wagte, die Ursachen der Spannung in Frage zu stellen, waren die aufsässigen Studenten doch kein ausreichender Ersatz für die Russen, die überhaupt keine Anstalten trafen, über die Elbe vorzurücken, und infolgedessen durch das, was sie nicht taten, für ihre Gegner fast gefährlicher wurden als durch das, was sie taten: der amerikanischen Rüstung mühsam genug nachhinken. Da waren die Terroristen, die für ein paar Jahre das verblassende Feindbild »die Sowjets« durch ein deutsches, generationsgebundenes Feindbild wirkungsvoll ersetzen. Sie waren für alle reaktionären Kräfte im Staat — und die regierende SPD läßt davon keineswegs ausschließen — ein Geschenk Gottes. Ihnen verdankt dieser Staat die Perfektionierung aller Einrichtungen, mit denen er jeden vorstellbaren sozialen Konflikt im Keim ersticken wird.
Einige dieser Einrichtungen gehören nach wie vor zu unserem Alltag, sie werden nicht mehr verschwinden. Die blödsinnigen Kontrollen auf den Flugplätzen werden von allen Passagieren protestlos hingenommen. Hätte man sie vor Jahren aufgefordert, auf allen vieren durch die Sperren zu kriechen, dann würden sie noch im Jahr 2000 kriechen und nicht fragen, warum eigentlich? Jedenfalls gilt das für deutsche Passagiere.
Ich war lange in einem Verlagsgebäude tätig, in dem rund 2000 Menschen arbeiteten. Hoch gerechnet, hätten fünf eine gewisse Chance gehabt, entführt zu werden und damit ihre Popularität ungeahnt zu steigern. Offenbar waren sie überzeugt, eine Entführung sei mit Unbequemlichkeiten verbunden, so daß eine private Hausbewacherfirma angeheuert wurde, deren Wächtertypen den Haupteingang Tag und Nacht sicherten.

Als der erste zu mir sagte: »Herr Kuby, bitte zeigen Sie mir Ihren Ausweis«, erklärte ich ihm, daß ich ihm den Ausweis zeigte, wenn er sich den Anschein gebe, mich nicht zu kennen.
»Aber ich kenne Sie doch«, sagte er, »ich tue nur meine Pflicht.«
»Das ist es«, sagte ich.
Ähnlich verwandelte sich das ganze Land in ein Narrenhaus. Die Wächter standen noch ein paar weitere Jahre nach der letzten Terroristenaktion. Sie stehen noch vor jedem Ministerium und führen frontgraugestrichene Militärfahrzeuge mit sich. Wie gut erinnere ich mich an den Hohn und Spott, der sich in vorterroristischen Jahren über die in der Tat ebenso kindischen Sicherheitsvorkehrungen in der DDR ergossen hatte.
Der westdeutsche Terrorismus, wie bescheiden er auch gewesen ist, vergleicht man ihn beispielsweise mit dem italienischen, reichte in einem Volk, das jede Veränderung als unmittelbare Existenzgefährdung begreift, völlig aus, die Motivationslücke in der antikommunistischen Propaganda, die sich ohne ihn möglicherweise gebildet hätte, zu überbrücken, bis uns jetzt die amerikanische Regierung an die Atomkriegskandare genommen hat, wodurch die Russenfurcht – eine bis dahin nicht einmal von Adenauer erzeugte – Intensität gewonnen hat. Um sie bis zum Explosionspunkt zu steigern, gibt es gar kein besseres Mittel, als die Atomrüstung auf die Spitze zu treiben – denn das ist ja klar: Wenn solche Anstrengungen notwendig sind für die Erhaltung der Freiheit – wie entsetzlich gefährlich muß dann der Feind sein, der dieser Freiheit ein Ende bereiten will.

Sofern es der Gerechtigkeit dient   »Artikel 1: Änderung des Einführungsgesetzes zum Gerichtsverfassungsgesetz § 31: Besteht eine gegenwärtige Gefahr für Leben, Leib oder Freiheit einer Person, begründen bestimmte

Tatsachen den Verdacht, daß die Gefahr von einer terroristischen Vereinigung ausgeht und ist es zur Abwehr dieser Gefahr geboten, jedwede Verbindung von Gefangenen untereinander und mit der Außenwelt einschließlich des schriftlichen und mündlichen Verkehrs mit dem Verteidiger zu unterbrechen, so kann eine entsprechende Feststellung getroffen werden ... Die Feststellung ist auf bestimmte Gefangene oder Gruppen von Gefangenen zu beschränken, wenn dies zur Abwehr der Gefahr ausreicht. Die Feststellung ist nach pflichtgemäßem Ermessen zu treffen.«

In der Praxis der westdeutschen Justiz war die Isolierhaftfolter längst gegen Häftlinge angewendet worden, die im Verdacht standen, einer terroristischen Vereinigung anzugehören, bevor die obige Gesetzesergänzung am 1. Oktober 1977 veröffentlicht wurde. Der damalige Justizminister Dr. Vogel — ganz recht, es war der jetzige Oppositionsführer Hans Jochen Vogel — deckte die Justizminister der Länder beim Rechtsbruch, den zu begehen sich nur der Berliner Justizsenator Baumann weigerte. Über mehr als neunzig Gefangene wurde ein totales, auch ihre Anwälte einschließendes Kontaktverbot verhängt. Nicht alle Haftrichter gaben der ausgebrochenen Hysterie nach, glaubten nicht, der Staatsnotstand sei ausgebrochen, und verfügten, Anwaltsbesuche seien zu gestatten. Ihr Rechtsbewußtsein nützte keineswegs allen, die davon hätten profitieren können, denn Gefängnisleiter beachteten die richterliche Anweisung nicht, ließen die Anwälte nicht zu ihren inhaftierten Klienten, und fügten so, einen Richterspruch mißachtend, dem Rechtsbruch den Verfassungsbruch hinzu. Die Gefängnisleiter holten sich dafür unter Umgehung des Haftrichters die Rückendeckung bei den Justizministerien ihrer Länder. So bekundete das Oberlandesgericht Stuttgart am 12. September 1977: »Diese Besuche [der Anwälte] sind zur Zeit trotz eindeutiger, auf gesetzlicher Grundlage beruhender Verfügung nicht durchführbar. Das Justizministerium Baden-Württemberg hat ... den betreffen Anstaltsleitungen die Weisung erteilt, keine Verteidigerbesuche zuzulassen.«[105]

Den letzten Anstoß für die westdeutsche Justiz, nicht mehr mit dem Gesetzbuch und der Verfassung unter dem Arm herumzulaufen, hatte die Ermordung jenes Hanns-Martin Schleyer gegeben, über den sich Hunderte von Journalisten in biographischen Darstellungen die Finger wund schrieben, wobei mit einer Sorgfalt, als habe man sich noch im Dritten Reich befunden und es läge eine diesbezügliche Anweisung aus dem Propagandaministerium vor, die Jahre ausgespart wurden, die Schleyer in hohen Positionen in der besetzten Tschechoslowakei verbracht hatte.

Während des Ungarn-Aufstandes 1956 war ich in München Schriftstellern begegnet, die auf Cocktailparties mit überschlagender Stimme schrien, jetzt wollten sie ein Gewehr nehmen, nach Ungarn fahren und Russen schießen. Nach der Schleyer-Ermordung schrieb Golo Mann, Sohn eines großen Vaters (für den es immerhin eines ganzen Weltkrieges, nämlich des Ersten, bedurft hatte, damit ihm der kühl abwägende Verstand, die sonst gepflegte Humanität abhanden gekommen waren und er die *Betrachtungen eines Unpolitischen* schrieb) – dieser Golo Mann verlor schon über *einen* Toten die Contenance und schrieb:

»Der Staat muß sein rechtliches und moralisches Verhältnis zu den Terroristen, wie er es bisher gesehen und praktiziert hat, in Frage stellen, überprüfen. Er muß sich Einwänden, neuen Gedanken dazu öffnen. Das Tabu ist fortzuräumen, welches verantwortlich geführte Debatten darüber bisher verhindert, das Tabu, von dem sich viele Politiker aus allen Parteien zu einer doppelten geistigen Buchführung zwingen lassen: das eine sagen, dazu aber anderes denken, was man um keinen Preis sagt, höch-

stens seinem besten Freund andeutet.
Läßt sich nichts ändern an der deprimierenden Ungleichheit der Überlebenschancen zwischen den Bandenmitgliedern einerseits, den von ihnen Verfolgten und ihren Geiseln andererseits?«
Diese in fast der gesamten bundesdeutschen Presse veröffentlichte Aufforderung, die Todesstrafe wieder einzuführen, wäre nicht ganz so widerlich, wie sie ist, wenn dieser Freiheitsverteidiger etwa schon den Auschwitzprozeß zum Anlaß genommen hätte, dasselbe vorzuschlagen. Dem Vernehmen nach soll Golo Mann historische Interessen haben – man fragt sich, was er über die »Endlösung« weiß, wenn er über das bißchen Terrorismus einen intellektuellen Nervenschock bekommen konnte. Damit befand er sich freilich in bester Regierungsgesellschaft und katapultierte sich außerdem ins Herz des Volkes; es war der einzige Augenblick in seiner öffentlichen Existenz, in der er zu einer populären Figur wurde. Der Feindbildmechanismus funktionierte fabelhaft.
Daß der Mord an dem Arbeitgeberpräsidenten sich nicht nur im Bewußtsein, sondern auch im Unterbewußtsein der westdeutschen Gesellschaft festgehakt hat, sagt viel über die verbindlichen Vorstellungen der breiten Schichten darüber aus, was heute unter Elite zu verstehen ist. Müller oder Meier zu ermorden wäre auch als unfreundlicher Akt angesehen worden, sich aber an einem Mann zu vergreifen, den sich so viele steinreiche Leute zum Präsidenten erkoren hatten, das war Königsmord unter republikanischen Voraussetzungen. Es gibt für mich keinen Zweifel, daß Golo Manns Aufforderung, terroristischen Mord mit gesetzlichem Mord zu ahnden, ganz wesentlich davon bestimmt worden ist, daß ein auf den Höhen des Kapitalismus wandelnder Mann das Opfer geworden war.
Ich würde davon nicht sprechen, wenn ich glaubte, ein in-

dividuelles, ein auf diesen Schriftsteller beschränktes Phänomen vor mir zu haben. Tatsächlich aber zeigt die ganze Terroristenverfolgung ein Element der Solidarität, man könnte auch sagen: klassenspezifischer Kumpanei der Herrschenden. Mögen einige der Terroristen auch aus sogenannten gebildeten Familien stammen, besitzlos waren sie allemal, und selbst wenn sie es nicht gewesen wären, so war auch bei ihnen neben ihrer politischen ihre klassenkämpferische Motivation nicht zu übersehen. Was sich hier ausgetobt hat und in der Brutalarchitektur des Gefängnis- und Gerichtsbaues von Stammheim seinen architektonischen Ausdruck gefunden hat, ist die Rache einer sich feudalistisch fühlenden Clique von Politikern und Wirtschaftsbossen, die sich von Besitzlosen in ihrem Besitzstand bedroht fühlte. Von einem demokratischen Selbstverständnis ist dabei nichts mehr übriggeblieben. Wäre es anders gewesen, so hätte nicht der kriminelle Aspekt im Vordergrund gestanden, an den sich die Verdammung der Terroristen nahezu ausschließlich klammerte; statt dessen hätte die politische Diskussion mit ihnen mit der äußersten Aufmerksamkeit geführt und publiziert werden müssen zur Belehrung darüber, was eigentlich faul ist in diesem Staate. Im Rückblick verstärkt sich der Eindruck, daß die Gedanken der Terroristen mehr gefürchtet wurden als ihre Pistolen und Sprengsätze. Nichts konnte konsequenter sein, als sie in den schalldichten Zellen zu vergraben, in denen sich viele nun seit Jahr und Tag befinden.
Was hier durchexerziert worden ist, kann als das Modell des Klassenkampfes gelten, wie er von oben nach unten geführt werden wird, wenn das sogenannte soziale Netz reißt, das heißt, wenn die Bestechungsgelder, mit denen den Ausgebeuteten und vor allem den lebenslänglich Arbeitslosen Wohlverhalten abgekauft wird, nicht mehr verfügbar sind. Die Begleiterscheinungen der Streiks der Metall- und der Druckergewerkschaft 1984 sollten sehr

sorgfältig von denen, gegen die die Regierung und Kapitalinteressen mobil gemacht haben, studiert werden. Der Lautsprecher des Großkapitals, die *Frankfurter Allgemeine*, rückt die Streikposten vor den Fabriktoren in die Nähe der SA Hitlers. In einem Spitzenkommentar (29. Juni 1984) beklagte sich das Blatt darüber, daß sich die Polizei im Arbeitskampf neutral verhalten habe: »Wer in den jüngsten Arbeitskämpfen um Polizeischutz bat ... erfuhr bald, daß auch die Polizeiführungen nur zögernd reagierten.« Also stellt sich für den Schreiber (Fk = Ullrich Fack, einer der Herausgeber der *FAZ*) die Frage: »Leben wir eigentlich noch in einem Rechtsstaat? *Bei vielen Bürgern werden Erinnerungen an das Ende der Weimarer Republik wach, als die Polizei ähnlich versagte, ›neutral‹ blieb und der Gewalt freien Lauf ließ* (Hervorh. v. Verf.).«
Schon nach wenigen Streikwochen wurde gebrüllt, die Wirtschaft befinde sich am Rande des Abgrunds. Wenn das eines Tages mehr als eine lächerliche Übertreibung im Rahmen der antigewerkschaftlichen Propaganda werden sollte, wenn wirklich Verhältnisse einträten, in denen sich aus welchen Gründen auch immer »die Wirtschaft« — und das ist nur ein anderes Wort für »das herrschende System« — am »Rande des Abgrunds befinden sollte«, dann werden sämtliche Gefängnisse der Bundesrepublik Deutschland nicht groß genug sein, um die Verhafteten aufzunehmen, denen vorgeworfen werden wird, sie seien schuld daran. Dann wird das Feindbild des Proletariats aus der Weimarer Zeit, ja, auch aus der Kaiserzeit zu neuer Wirkung kommen. Anzeichen für eine solche Entwicklung sind unübersehbar, und niemand sollte sich der Täuschung hingeben, daß der klassenspezifische Haß, dem die Terroristen ausgesetzt waren und ausgesetzt sind, nicht auf einer drehbaren Lafette montiert ist.

Die Mohren haben ihre Schuldigkeit getan   Es ist Jahre her, daß ich, geführt von einem Beamten des Arbeitsam-

tes in Mostar, zu einem Gebirgsdorf hinauffuhr, in dem es sechs junge unverheiratete Frauen gab, die sich zur Arbeit in der Bundesrepublik gemeldet hatten. Ich begleitete sie auf ihrem Weg, auf dem sie zwei Monate nach der ärztlichen Untersuchung in einer württembergischen Fabrik für Radio- und Fernsehgeräte ankamen, und lernte noch das von dem Unternehmen errichtete Wohnheim kennen, in dem diese Töchter von Bauern, die bis dahin kaum ein Auto gesehen hatten, dafür große Schafherden, freundlich ausgestattete Zimmer bezogen, eine Gemeinschaftsküche hatten, Bäder und einen Fernsehraum. Sie hatten es ausgesprochen gut getroffen.
Es war die Zeit, in der die Bundesrepublik in Belgrad ein großes Anwerbebüro für jugoslawische »Gastarbeiter« unterhielt und von Zagreb aus ein Transport nach dem andern das Land verließ. Über Jahre setzte ich diese journalistische Recherche fort, indem ich mich an Ort und Stelle davon überzeugte, wie es diesen Mädchen erging.
Von diesen Frauen ist 1984 keine mehr in unserem Land. Das Unternehmen, seinerzeit selbständig und angesehen, ist von einem ausländischen Konzern aufgekauft worden. Was man Betriebsklima nennt, hat sich völlig verändert. Soweit es in der kleinen Stadt noch Jugoslawen gibt, es waren ungefähr zwanzig Prozent auf dem Höhepunkt des Menschenimports, so hat unter dem verbliebenen Rest eine starke soziale Differenzierung stattgefunden. Er besteht einerseits aus der Aristokratie, das heißt aus den Tüchtigsten, die zu eigenen Geschäften gekommen oder auf irgendeine Weise zu »Chefs« aufgestiegen sind, zum Beispiel zum Führer einer Kolonne, die man für die Haus- und Büroreinigung mieten kann; andererseits aus einem sozialen Bodensatz, aus Männern, die nach wie vor die niedrigsten Arbeiten verrichten, sei es als Hilfsarbeiter in Betrieben, sei es als Straßenkehrer und Mülltonnenleerer. Sie haben ihr Auskommen; auch

die Arbeitslosen unter ihnen, deren Quote nicht abnorm hoch ist, sind vor Not geschützt wie deutsche Arbeitslose, aber die Hoffnungen, mit denen sie einmal zu uns gekommen sind, haben sich nicht erfüllt. Jeder fragt sich jetzt, wann auch er seinen Arbeitsplatz verlieren wird. Jugoslawien ist in die schwerste Wirtschaftskrise gestürzt, die es seit dem Krieg erlebt hat, eine Krise, von der noch ungewiß ist, ob sich daraus eine innenpolitische entwickeln wird. Rückkehr in solche Verhältnisse mit Kindern, die besser deutsch als kroatisch sprechen? Die Familien leben mehr denn je in einer unaufhebbaren Isolation — viele wissen jetzt, daß sie zu lang geblieben sind, sie fühlen sich wie in einem Käfig ohne Ausgang.

Stünden diese Gäste und das gastgebende Land nur vor Problemen wie Integrierung, ja oder nein, Nachzug der Familien, ja oder nein, den Willen zur Rückkehr durch Geld mobilisieren, ja oder nein, gemischte Schulen oder separate, und so weiter — es wäre weiterhin vorwiegend Sache der Regierung, Lösungen zu finden. Dabei aber ist es nicht geblieben. Das Gastarbeiterproblem ist hoch emotionalisiert. Das von den Siegern verordnete demokratische Schaffell, das sich die Besiegten einst übergezogen haben, hat Löcher bekommen, und das Wolfsfell ist wieder sichtbar geworden. Ein zusätzliches Feindbild entwickelt sich rapid, besetzt vorwiegend mit türkischen Familien.

Drei Kinder, zwei waren türkisch, spielten im Frankfurter Stadtteil Preungesheim vor dem Haus in der Nähe eines betonierten, mit einer eisernen Tür verschließbaren Kastens, in dem die Mülltonnen stehen. Ein Deutscher, der im selben Haus wohnt wie die türkische Familie, öffnet mit einem Vierkantschlüssel die eiserne Tür, ergreift den dreijährigen Alaatin, schiebt ihn in den Kasten hinein und schließt ab. Die nur ein Jahr ältere Spielgenossin des Jungen brüllt und alarmiert andere Mieter im Haus. Das Kind wird befreit, der Täter wird zur Rede gestellt.

Er weigert sich, sich bei der Mutter zu entschuldigen. Er sagt: »Das ist ein Drecksvolk, dieses Drecksvolk muß raus.«
Jeder Zeitungsleser weiß, daß ich ohne weiteres hundert Seiten mit ähnlichen Geschichten aus dem Leben türkischer Gastarbeiter in der Bundesrepublik füllen könnte. Vielleicht sollte ich noch an den nazistisch imprägnierten Mörder Oxner erinnern, der mit dem Ruf: »Ich schieße nur auf Türken« in Nürnberg die Falschen erwischte, nämlich zwei farbige Amerikaner und einen Ägypter, bevor er sich selber eine Kugel in den Kopf jagte — vermutlich deshalb, weil er plötzlich begriff, daß er keine Türken erschossen hatte.
Auch deutscher Humor entzündet sich an den Türken: Ein Türke sitzt auf einer Mülltonne, was ist das? Hausbesetzung! — Der Meister sagt im Betrieb zu einem türkischen Arbeiter: Weißt du, mir sind zehn Türken lieber als ein Deutscher. Der Türke wundert sich. In der Leichenkammer, ergänzt der Meister.
Die gnadenlose Grausamkeit, mit der mein Volk Völkermord betrieben hat, trug ihm die Verachtung und den Abscheu der Welt ein. Seit vierzig Jahren hat es sich bemüht, den Eindruck von Sittsamkeit zu erwecken. Mit tausend journalistischen und politischen Zungen ist ihm bestätigt worden, daß es wieder auf dem Pfad der demokratischen Tugenden wandelt, gepflastert mit harter D-Mark. Eine die ökonomische Substanz noch keineswegs berührende wirtschaftliche Krise hat genügt, seinen wahren Charakter wieder durchbrechen zu lassen. Das will nicht sagen, jeder erwachsene Deutsche zeige Neigung, wie dieser Mörder Oxner Türkenjagd als Wochenendvergnügen zu betreiben. Auch unter der Hitler-Diktatur wäre die Mehrheit nicht bereit gewesen, Juden mit eigener Hand umzubringen. Der Rückfall manifestiert sich vielmehr in der allgemeinen Gleichgültigkeit gegenüber verbrecherischen Gesinnungen und Handlun-

gen einer Minderheit. Der Staatsanwalt hat den Verbrecher von Preungesheim nicht vor Gericht gestellt, die Nachbarschaft hat ihn nicht ausgestoßen, er braucht nicht zu befürchten, daß er in den Geschäften nicht mehr bedient wird. Er wird als ein ganz gewöhnlicher Deutscher angesehen — und das mit Recht, er ist ein ganz gewöhnlicher Deutscher, der es satt hat, den zivilisierten Demokraten zu spielen. So gut wie wehrlos, vom Staat nicht geschützt, ist die türkische Minderheit zu einem ungemein brauchbaren Ersatzobjekt für Welthaß geworden.

Jüngst sah ich (am 28. Juni 1984) im ZDF eine Sendung, in der eine illustre Runde über das Bild der Deutschen im Ausland diskutierte. Der Rückfall in verbrecherische Aggressionen wurde mit keinem Wort auch nur gestreift. Die Formel, auf die sich die Gesprächsteilnehmer bei sonst unterschiedlichen Auffassungen schließlich einigten, lautete: Die Deutschen normalisieren sich. Nichts ist wahrer! Vor einem neuen Krieg endlich angekommen, werden sie wieder ganz normal. Der »Urlaub« ist vorbei, unser Volk kehrt heim zu sich selbst. An diesem Prozeß haben die »Gastarbeiter«, in erster Linie die Türken, ungewollt einen schwerlich zu überschätzenden Anteil.

Anmerkungen

[1] Henry Morgenthau, *Germany Is Our Problem*. New York 1945, zitiert nach: Rolf Steininger, *Deutsche Geschichte 1945—1961. Darstellung und Dokumente in zwei Bänden*. Frankfurt a. M. 1983, Bd. 1, S. 43 ff

[2] H. v. Siegler, *Dokumentation zur Deutschlandfrage*. Bonn, Wien, Zürich 1961, Hauptband I, hier zitiert nach: Huster, Kraiker u. a., *Determinanten der westdeutschen Restauration 1945—1949*. Frankfurt a. M. 1972, S. 269

[3] Johannes R. Becher, *Deutsches Bekenntnis*. 1945, zitiert nach: *Vaterland, Muttersprache, Deutsche Schriftsteller und ihr Staat von 1945 bis heute*. Zusammengestellt von Klaus Wagenbach, Winfried Stephan und Michael Krüger. Vorwort von Peter Rühmkorf. Berlin 1979, S. 39

[4] Zitiert nach *Vaterland, Muttersprache*, a. a. O., S. 37

[5] *DER RUF*, 15.5.1947

[6] W. Conides, H. Volle, *Um den Frieden mit Deutschland*. Oberursel 1948, S. 58 ff

[7] John Gimbel, *Amerikanische Besatzungspolitik in Deutschland, 1945 bis 1949*. Frankfurt a. M. 1971, S. 22

[8] Ebenda, S. 19 f

[9] Aus diesem Manuskript wurde ein Buch: Heinz Berggruen, *Angekreidet. Ein Zeitbuch mit Zeichnungen von Jo R. von Kalckreuth*. Stuttgart, Hamburg 1947
Der die Kontrolleinrichtungen widerspiegelnde Druckvermerk lautet: »Veröffenlicht unter Zulassung Nr. US-W-1014 der Nachrichtenkontrolle der Militärregierung. Die Veröffenlichung des Buches ist dem freundlichen Entgegenkommen der Publishing Operations Branch, Information Control Division der amerikanischen Militärregierung zu verdanken... Die Veröffentlichung wird unternommen zugunsten der Aktion ›Verlorene Kinder‹, die die im Rowohlt Verlag, Stuttgart, erscheinende Zeitschrift ›Pinguin‹ ins Leben rief. Der Erlös fließt ausschließlich diesem gemeinnützigen Unternehmen zu.«
Leutnant Heinz Berggruen wurde einer der größten Kunsthändler für moderne Malerei in Paris, nach Kahnweiler entwickelte sich die »Galerie Berggruen« über Jahre zum zweitgrößten Umschlagplatz für Picasso.

[10] *Die Gegenwart*, Jg. 1, Nr. 2/3, 24.1.1946

[11] Hans Windisch, *Führer und Verführte. Eine Analyse deutschen Schicksals*. Seebruck am Chiemsee 1946, S. 110 ff

[12] Kasimir Edschmid (eigentlich Eduard Schmid, 1890—1966), *Das gute Recht. Autobiographischer Roman*. München 1946. Edschmid war einer der Wegbereiter des Expressionismus, lebte vorwiegend in Italien, schrieb u. a. *Zauber und Größe des Mittelmeeres, Afrika nackt und*

angezogen. 1930 (Neudruck 1951) Nahm nach dem Krieg Ehrenstellen im Literaturbetrieb ein. Im Krieg Schreibverbot.

[13] *Münchner Tagebuch*, Jg. 1, Nr. 9, 9.11.1946

[14] Vgl. dazu Rolf Steininger, *Deutsche Geschichte 1945—1961. Darstellung und Dokumente in zwei Bänden.* Frankfurt a. M. 1983, Bd. 1, S. 88 ff

[15] Hugo Ball (1886—1927), begann als Dadaist und endete im Schoß der katholischen Kirche. Pazifist, Freund Hermann Hesses, über dessen Leben und Werk er schrieb. Er gehört zu den schärfsten Kritikern der deutschen Intelligenz in unserem Jahrhundert. Sein Buch *Die Flucht aus der Zeit* (1927) wurde 1946 neu aufgelegt.

[16] Hans Schwab-Felisch (Hg.), *DER RUF.* München 1962; Hans A. Neunzig (Hg.), *DER RUF.* München 1976

[17] Jérôme Vaillant, *Der Ruf. Unabhängige Blätter der jungen Generation (1945—1949). Eine Zeitschrift zwischen Illusion und Anpassung.* Aus dem Französischen übersetzt von Heidrun Hofmann und K.H. Schmidt. Mit einem Vorwort von Harold Hurwitz. München, New York, Paris 1978

[18] *DER RUF*, Jg. 1, Nr. 6, 1.11.1946

[19] Vgl. z. B. Volker Christian Wehdeking, »Der ›magische‹ Realismus einer ›jungen‹ Nachkriegsliteratur«, in: Heinz Ludwig Arnold (Hg.), *Westdeutsche Literatur von 1945—1971.* Frankfurt a. M. 1972, 3 Bde., hier Bd. 1, S. 1 ff (Zitat S. 2)

[20] Alfred Andersch, »Die sozialistische Situation. Versuch einer synthetischen Kritik«, in: *DER RUF,* Jg. 2, Nr. 15, 15.3.1947

[21] Vaillant (a. a. O., S. 136) datiert dieses Angebot erst auf den 10. April. Sollte ihm diese Information vom Verlag geliefert worden sein (er nennt als Quelle »Archiv Spangenberg«), dann handelt es sich um eine bewußte Irreführung, die vermutlich schon damals in die Akten eingegangen ist.

[22] Zitiert nach *Kürbiskern*, 1980, H. 3, S. 124

[23] Barbro Eberan, *Luther? Friedrich »der Große«? Wagner? Nietzsche?. . .? Wer war an Hitler Schuld? Die Debatte um die Schuldfrage 1945—1949.* München 1983, S. 198

[24] Die letzte Zeile lieferte den Titel der Ausgabe seiner zwischen 1946 und 1977 entstandenen Gedichte und Nachdichtungen.

[25] Carl Zuckmayer, »Mit travel-order nach Deutschland zurück«, zitiert nach: *Vaterland, Muttersprache,* a. a. O., S. 27

[26] Hans Erich Nossack, *Aus einem Brief,* zitiert nach: *Vaterland, Muttersprache,* a. a. O., S. 31

[27] Vgl. Steininger, a. a. O., S. 89 f

[28] Alle Angaben nach *Die Neue Zeitung* vom 24.6.1948

[29] Schreiben Bevins an seinen Militärgouverneur in Deutschland, Sir

Brian Robertson, vom 9. Juni 1948, zitiert nach: Steininger, a.a.O., Bd. 2, S. 306

[30] *Die Gegenwart,* Jg. 3, Nr. 13, 10.7.1948

[31] *Die Gegenwart,* Jg. 3., Nr. 20, S. 7

[32] *DIE ZEIT,* 20. 12. 1982, Dossier, S. 9 ff

[33] *Konrad Adenauer und die CDU der britischen Besatzungszone, 1946—1949.* Herausgegeben und bearbeitet von H. Puetz, Konrad-Adenauer-Stiftung. Bonn 1975

[34] Susanne Miller, *Die SPD vor und nach Godesberg.* Bonn 1974, S. 75 f

[35] Theo Pirker, *Die blinde Macht. Die Gewerkschaftsbewegung in Westdeutschland.* München 1960, S. 55

[36] Huster, Kraiker u. a., a. a. O., S. 70

[37] *DER RUF,* Jg. 1, Nr. 17, 15.4.1947

[38] Vaillant, a.a.O., S. 155

[39] Arthur Seehof (Zürich), »F.W. Foerster und Deutschland«, in: *Die Weltbühne,* Jg. 2, S. 519

[40] Theodor Eschenburg, *Jahre der Besatzung 1945—1949.* Stuttgart 1983, S. 275 ff

[41] Ebenda, S. 278

[42] Ebenda, S. 280

[43] Alexander Abusch, »Brief an einen Freund im Westen«, in: *Die Weltbühne,* 1947, Nr. 12, S. 513 ff

[44] Ebenda, S. 516

[45] *Die Neue Zeitung,* 20.10.1947, S. 1

[46] Vaillant, a. a. O., S. 170

[47] *DER RUF,* Jg. 3, Nr. 1, 11.1.1948

[48] Erschienen in der *Süddeutschen Zeitung* unter dem angegebenen Datum. Kürzungen sind nicht kenntlich gemacht.

[49] *Süddeutsche Zeitung,* 16.9.1949, S. 1

[50] Erich Kuby, »Das Idyll und die Macht«, in: *Süddeutsche Zeitung,* 16.7.1955

[51] Thomas Mann in einem »Offenen Brief an Deutschland«, vom 28.9.1945, zitiert nach: *Vaterland, Muttersprache,* a.a.O., S. 48

[52] Thomas Mann, »Warum ich nicht zurückkehre. Offener Brief an Walther von Molo« (12.10.1945), in: J.F.G. Grosser (Hg.), *Die große Kontroverse. Ein Briefwechsel um Deutschland.* Hamburg 1963

[53] Paul Wilhelm Wenger, »Thomas Manns Faust-Roman«, in: *Goldenes Tor,* Jg. 3, S. 635—643, S. 642, hier zitiert nach Barbro Eberan, a.a.O., S. 91

[54] Frank Thieß am 18.8.1945, zitiert nach: *Vaterland, Muttersprache,* a.a.O., S. 47

[55] Thomas Mann, *Politische Schriften und Reden.* Frankfurt a.M., Hamburg 1968, 1. Bd., S. 49

⁵⁶ Ulrich von Hassell, *Vom Andern Deutschland. Aus den nachgelassenen Tagebüchern 1938—1944.* Zürich 1946, Frankfurt a.M., Hamburg 1964, S. 82 (Neuauflage München 1984)
⁵⁷ Ebenda, S. 249
⁵⁸ Margret Boveri, *Der Verrat im 20. Jahrhundert.* Hamburg 1957, 2. Bd., S. 29 f
⁵⁹ Ulrich Sonnemann, *Das Land der unbegrenzten Zumutbarkeiten.* Hamburg 1963
⁶⁰ »Nicht um Menschen, um Dokumente geht es«, in: *Süddeutsche Zeitung,* 5.4.1949
⁶¹ Auch ich habe in der *Süddeutschen Zeitung* Weizsäcker insoweit in Schutz genommen, als ich schrieb, man dürfe ihm nicht seitens des Gerichts vorwerfen, daß er nicht Vaterlandsverrat betrieben habe, da man es in anderen Fällen auch nicht getan habe. *Süddeutsche Zeitung* vom 31.5.1949: »Das Urteil der Geschichte steht noch aus«.
⁶² Werner Filmer/Heribert Schwan (Hg.), *Richard von Weizsäcker. Profile eines Mannes.* Düsseldorf, Wien 1984. Das sich mit Ernst von Weizsäcker beschäftigende Kapitel hat Rainer A. Blasius geschrieben: »Ein konservativer Patriot im Dienste Hitlers«, S. 313 ff, S. 337
⁶³ *DER RUF,* Jg. 1, Nr. 4, 1.10.1946, S. 13
⁶⁴ Karl Jaspers, *Hoffnung und Sorge. Schriften zur deutschen Politik 1945—1965.* München 1965, S. 48
⁶⁵ Der ZEIT-Artikel und die Antwort Foersters ist enthalten in: *Friedrich Wilhelm Foerster, das Gewissen einer Nation.* Herausgegeben von der Friedrich-Wilhelm-Foerster-Gesellschaft e.V., Recklinghausen 1953
⁶⁶ Ebenda, S. 10
⁶⁷ *konkret,* Nr. 6, 1984
⁶⁸ Emil Barth, »Rheinische Tage 1945. Aufzeichnungen und Meditationen«. Erste Teilveröffentlichung in: *Die Gegenwart,* Jg. 1, Nr. 22/23, 30.11.1946, S. 32
⁶⁹ Ebenda, S. 34
⁷⁰ Augenzeugenbericht Edward Crankshaws, zitiert nach: David Horowitz, *Kalter Krieg.* Berlin 1969, S. 21
⁷¹ Horowitz, a. a. O., S. 29
⁷² »Public Record Office, London, CAB 129/9«, zitiert nach: Rolf Steininger, a. a. O., Bd. 1, S. 189
⁷³ Steininger, a. a. O., Bd. 1., S. 41 f
⁷⁴ Ebenda, S. 43
⁷⁵ J. Daniels, *The Man of Independence.* Philadelphia 1950, S. 266
⁷⁶ D.F. Fleming, *The Cold War and its Origins 1917—1960.* London 1961, Bd. 1., S. 135
⁷⁷ Kurt Tucholsky, *Ausgewählte Werke.* Hamburg 1965, S. 331

[78] Alexander Abusch, »Um Deutschlands Zukunft«, in: *DIE WELT-BÜHNE,* Nr. 1, 1.1.1947, S. 1 ff
[79] *Der große Ploetz. Auszug aus der Geschichte.* Freiburg, Würzburg 1980, S. 1272
[80] C.H. Ebbinghaus in: *Die Neue Zeitung. Eine amerikanische Zeitung für die deutsche Bevölkerung,* 4.10.1946, hier zitiert nach: Hans Werner Richter (Hg.), *Bestandsaufnahme, eine deutsche Bilanz.* München 1962, S. 16
[81] Steininger, a.'a. O., Bd. 1, S. 205 f
[82] Wjatscheslaw Michailowitsch Molotow, *Fragen der Außenpolitik.* Moskau 1949, S. 430 f, zitiert nach: Huster, Kraiker u. a., a. a. O., S. 55 f
[83] *Europa-Archiv,* 1947, S. 819 f
[84] *Die Gegenwart,* Jg. 4, Nr. 7, 1.4.1949, S. 5
[85] *Süddeutsche Zeitung,* 23.12.1948
[86] *Die Gegenwart,* Jg. 4, Nr. 18, 15.9.1949, S. 5/6, Kürzungen im Zitat sind nicht kenntlich gemacht.
[87] *Die Gegenwart,* Jg. 4, Nr. 21, 1.11.1949, S. 9 f
[88] Zitiert nach Horowitz, a. a. O., S. 232
[89] *Süddeutsche Zeitung,* 9.4.1949
[90] *Die Gegenwart,* Jg. 5, Nr. 9, 1.5.1950, S. 7 f
[91] Steininger, a. a. O., Bd. 2, S. 383
[92] Zitiert nach Steininger, a. a. O., Bd. 2., S. 386 f
[93] *Die Gegenwart,* Jg. 5, Nr. 18, 15.9.1950
[94] *Die Gegenwart,* Jg. 5, Nr. 16, 15.8.1950
[95] Steininger, a. a. O., Bd. 2, S. 393
[96] Sinngemäß in der gesamten westdeutschen Presse vom 14./15. Juli 1951 (Wochenendausgaben), unter anderem in der *Süddeutschen Zeitung*
[97] *Süddeutsche Zeitung,* 26.10.1951, unter der Überschrift: »Betr.: Neue Wehrmacht«
[98] Manfred Coppik, Jürgen Roth, *Am Tor der Hölle. Strategien der Verführung zum Atomkrieg.* Köln 1982
[99] Auf dem internationalen Schriftsteller- und Journalistenkongreß in Kiel (20.−22. Juni 1984) wurde das Thema »Feindbilder« behandelt. Das Manuskript des Referats von Peter Jahn: »Tradition und Funktion eines deutschen Feindbildes« war für diese Ausführungen hilfreich.
[100] Zu dieser Motivationsanalyse vgl. ebenda, S. 5
[101] *stern,* Nr. 26, 20.6.1984, S. 165
[102] Vgl. *die tageszeitung,* 28.7.1982, S. 3
[103] Die Unterlagen zu »Schlitz« wurden zur Verfügung gestellt von Helmut Kopetzky, Journalist. Vgl. auch *Ästhetik und Kommunikation,* H. 55, März 1984: »Hier könnte der dritte Weltkrieg beginnen.«

[104] Vgl. Lea Rosh, »Holocaust. Die Tat und die Täter. Die Amnestierung der NS-Gewaltverbrecher durch deutsche Gerichte und Nachkriegsgeschichte«, eine Sendung des ZDF vom 9.11.1982
[105] Zitiert nach: *die tageszeitung,* 13.9.1982, S. 8

Dem Abschnitt »Das Reichsinnenministerium verfügt ...«, S. 114 f, liegt ein von Frau Dr. Gisela Bock, 1000 Berlin 12, im Verlauf langjähriger Arbeit recherchiertes Dokument über die Regelung von Abtreibung bei Vergewaltigungen von Anfang 1945 zugrunde.

Wolfgang Herget
Leben im Knast
Selbstzeugnisse
Die unbekannte Welt von »Santa Fu«

»Santa Fu« ist die Hamburger Strafvollzugsanstalt Fuhlsbüttel für Schwerverbrecher und Lebenslängliche. Gefangene und Personal, zu dem auch weibliche Beamte gehören, berichten in ungeschönten Selbstzeugnissen. Der Fotograf Wolfgang Herget dokumentiert mit eindringlichen Fotos ein umstrittenes Modell modernen Strafvollzugs.

168 Seiten, davon 8 Seiten 4farbige Abbildungen, durchgehend Schwarz-weiß-Abbildungen
16,3 x 21,5 cm, broschiert, DM 28,–

Gernot Jochheim
Die gewaltfreie Aktion
Idee und Methoden, Vorbilder und Wirkungen

Eine populärwissenschaftliche Gesamtdarstellung von Theorie und Praxis der gewaltfreien Aktion. Ein grundlegendes Standardwerk für alle, die an gesellschaftlichen Konflikten interessiert oder von ihnen betroffen sind.

336 Seiten, 13,5 x 21,0 cm, broschiert, DM 29,80

Rasch und Röhring Verlag